全国教育科学规划课题"青少年校园欺凌复合治理的教育法学研究"
（课题批准号：DAA170425，课题类别：教育部重点）之成果

青少年校园欺凌
复合治理研究

姚建涛　牟昱凝　著

WUHAN UNIVERSITY PRESS
武汉大学出版社

图书在版编目(CIP)数据

青少年校园欺凌复合治理研究/姚建涛,牟昱凝著. —武汉:武汉大学出版社,2023.2(2023.11 重印)

ISBN 978-7-307-23322-5

Ⅰ.青… Ⅱ.①姚… ②牟… Ⅲ.校园—暴力行为—预防—研究 Ⅳ.G474

中国版本图书馆 CIP 数据核字(2022)第 175879 号

责任编辑:沈继侠　　　　责任校对:汪欣怡　　　　版式设计:马　佳

出版发行: **武汉大学出版社** （430072　武昌　珞珈山）

（电子邮箱: cbs22@whu.edu.cn　网址: www.wdp.com.cn）

印刷:武汉乐生印刷有限公司

开本:720×1000　1/16　印张:15　字数:242 千字　插页:1

版次:2023 年 2 月第 1 版　　2023 年 11 月第 2 次印刷

ISBN 978-7-307-23322-5　　　定价:49.00 元

前　　言

　　本书是全国教育科学规划课题《青少年校园欺凌复合治理的教育法学研究》（课题批准号：DAA170425，课题类别：教育部重点）的最终研究成果。其中收录了作者已发表的本课题研究的三篇论文及专著的相关部分成果，最终成稿为《青少年校园欺凌复合治理研究》。

　　校园欺凌古已有之，中外皆然，已成为世界各国教育领域的治理难题，是影响青少年健康成长的一大障碍。因此，加强校园欺凌问题研究，对完善欺凌治理理论、有效遏制校园欺凌、保障青少年全面发展，以及建设社会主义法治国家具有重要意义。

　　为有效根治校园欺凌，我国出台了一系列政策法规，取得了明显的治理成效，但仍未达到预期防治目的，欺凌现象时有发生，这不得不引起人们对原有治理模式的反思。我国原有治理模式采用的是单一治理模式，主要表现为治理结构单一，治理主体单一，治理措施单一。而校园欺凌是一个复杂的社会问题，单一治理模式难以奏效，只有建构一套德法结合、多元主体协同、多种措施并举的复合治理模式，才能有效根治欺凌问题。

　　本书以校园欺凌的复合治理为研究对象，重点探讨复合治理原则、多元治理主体、复合治理结构，以及多种治理措施等内容，尝试建构一套适合我国实际的校园欺凌复合治理体系。

　　本书首先对校园欺凌、校园暴力、网络欺凌概念及其相互关系进行了界分，分析了校园欺凌种类、欺凌当事人种类及特征、欺凌群体行为特征，以及校园欺凌的危害。利用依法治国基本理论、破窗理论、协同治理理论，以及整体性治理理论，对我国校园欺凌治理困境及内外因进行了客观、全面剖析。在此基础上，结合我国实际情况，借鉴域外发达国家及我国台湾地区在治理校园欺凌方面取得的成功经验，建构一套符合我国实际的校园欺凌复合治理体系。复合治理体系包括：（1）复合治理原则：综合治理原则、学生为本原则、事前事中事后系统防治原则、解决问题与修复关系相结合原则、司法的法律效果与社会效果相统一原则、公正与效率相结合原则。（2）复合治理结构：德法结合、以法为主的。（3）多元主体体系：国家主导、学校主体、学生重心、家长源头、社会参与。（4）复合措施体系：多措并举、系统治理。包括健全完善法律法规体系，建立健全少年司法制度、构建反欺凌政策支持体系、加大依法治校力度、建立欺凌预警评估处理机制、完善家庭教育指导制度，以及营造健康社会文化环境等。

　　总之，校园欺凌事件的发生具有复杂的内因和外因，需要结合青少年的自身因素，以及学校、家庭、社会和国家层面因素进行具体分析，对症下药，方能药到病除，有效根治校园欺凌，还青少年一个健康成长的良好环境。

目　　录

第一章 绪 论

一、问题的提出及研究价值

(一) 问题的提出①

校园欺凌古已有之，中外皆然，已成为世界各国教育领域的治理难题，尤其是近年来欺凌呈多发态势。2017 年南京大学和中南大学联合发布的《中国校园欺凌调查报告》，"我国中东西部普遍存在校园欺凌，且中部地区>西部地区>东部地区>东北地区，其中中部地区校园欺凌发生率为 46.23%"。② 2016 年末到 2017 年初成为校园欺凌案例新闻报道的高峰期。③

联合国教科文组织 2017 年报告指出："全世界每年有将近 2.46 亿名儿童遭受欺凌。"④ 2019 年世界教育论坛发布《数字背后：终结校园暴力与欺凌》指出："最近一个月内约有 32%的学生至少遭到一次欺凌，其中约 33%是身体欺凌。"⑤ 在英国中小学中"有 14.8%的学生认为最初逃学就是因为遭受欺凌，

---

① 本部分来自姚建涛：校园欺凌治理的重心调适：一种教育法学的思考 [J]. 河北师范大学学报，2022，24（2）：135-140.

② 张云. 中国校园欺凌调查报告：语言欺凌是主要形式 [EB/OL]. (2017-05-21) [2017-06-08]. http：//www. china. com. cn/education/2017-5/21/content-40858249. htm.

③ 陈新平、李堃. 校园欺凌和暴力事件报道的伦理反思 [J]. 新闻战线，2017（6）：48-51.

④ 联合国报告：全球每年有 2.46 亿儿童遭受校园霸凌 [EB/OL]. (2017-01-17) [2021-12-01]. https：//news. un. org/zh/story/2017/01/269362.

⑤ 联合国教科文组织：数字背后：终结校园暴力与欺凌 [EB/OL]. (2019-01-22) [2021-12-01]. https：//unesdoc. Unesco. org/ark：/48223/pf000366483.

18.8%的学生将欺凌当作持续逃学的原因"。① 日本《儿童青年白皮书》统计，"2015 到 2016 学年，全日本中小学校园欺凌事件高达 224540 起"②。为此，2018 年联合国向各成员国提议，"面对校园欺凌这样一个全球社会公共危机，各国应该认识到，校园欺凌是可防可治的，因此应加强对欺凌防治的投入和研究，同时应积极学习来自他国的最佳防治经验"。③ 联合国教科文组织也于 2019 年 12 月 11 日公布每年 11 月的第一个星期四为 "反对校园暴力和欺凌国际日"。④ "亚洲有 30.3%的青少年在校园内遭受过欺凌，即使是更早对校园欺凌予以重视的欧洲和北美，校园欺凌的比例也达到了 25%和 31.7%，在撒哈拉以南的非洲的比例甚至达到了 48.2%。"⑤ 我国校园欺凌事件分布范围广，发生率高于国际平均水平。经济合作与发展组织（OECD）2015 年度开展的国际学生评估项目（PISA）数据显示："我国被调查的四省市学生遭受一种及一种以上校园欺凌行为的比例为 22.5%，高于 OECD 调查平均值 18.7%。"⑥ 可见，欺凌已成为世界各国面临的治理难题。

为规制欺凌，各国纷纷出台政策法律。我国的校园欺凌治理也经历了一个从政策指导到法律规范的过程。李克强总理指出："校园应是最阳光、最安全的地方。但我国校园欺凌事件频发，不仅伤害未成年人身心健康，也冲击社会道德底线。"⑦ 2016 年 3 月 8 日上午，在政协教育界别联组讨论会上，教育部长袁贵仁谈起近来备受关注的校园欺凌话题时说道，"如果你们问，教育部现在最大的压力是什么，我告诉你们，就是（学生）安全问题"。⑧ 可见欺凌问题已经引起

---

① 许明. 英国中小学校园欺凌现象及其解决对策 [J]. 青年研究，2008 (1)：44-49.

② 田辉. 日本多管齐下治理校园欺凌 [N]. 光明日报，2017-04-05 (15).

③ 联合国大会第七十三届会议第三委员会议程项目：保护儿童免遭欺凌 [EB/OL]. (2018-03-12) [2021-10-13]. https：//www. un. org/zh/documents/view_doc. asp? symbol = A/RES/73/154.

④ 许浙景. UNESCO 确立 "反对校园暴力和欺凌国际日" [J]. 世界教育信息，2020 (2)：73.

⑤ 李积鹏，周长缨. 归因理论研究视域下校园欺凌行为探析 [J]. 石家庄学院学报，2018，20 (3)：137-144.

⑥ 黄亮，赵德成. 中学校园欺凌：现状、后果及其应对策略——基于中国四省（市）与 OECD 国家数据的研究 [J]. 现代教育管理，2018 (12)：103.

⑦ 中华人民共和国中央人民政府. 李克强：校园应是最阳光、最安全的地方 [EB/OL]. (2016-12-12) [2020-03-19]. http：//www. gov. cn/xinwen/2016/12/12/content5146858. htm.

⑧ 教育部长袁贵仁谈校园暴力现在最大的压力是安全问题 [EB/OL]. (2016-03-09) [2021-11-03]. www. guancha. cn/politics/2016_03_09_353369. shtml.

国家层面的高度重视。

从 2016 年 4 月国务院教育督导委员会办公室发布《关于开展校园欺凌专项治理的通知》（国教督办函〔2016〕22 号），2017 年 11 月教育部等十一部门联合印发《加强中小学生欺凌综合治理方案》（教督〔2017〕10 号），2018 年 4 月国务院教育督导委员会办公室印发《关于开展中小学生欺凌防治落实年行动的通知》，2019 年国务院教育督导委员会办公室发布了第 5 号预警《防治学生欺凌暴力建设阳光安全校园》，到 2020 年《中华人民共和国未成年人保护法》《中华人民共和国预防未成年人犯罪法》的修订，再到 2021 年教育部印发《防范中小学生欺凌专项治理行动工作方案》（教基厅函〔2021〕5 号）等，多项治理手段与措施强力推行，欺凌治理取得了可喜成绩，但仍未完全达到预期目标。相关政策法规见表 1-1。

表 1-1 　　　　　　　　　　　校园欺凌防治的政策法规

时间	部门	名称	内　　容
2016.04	国务院教育督导委员会办公室发布	《关于开展校园欺凌专项治理的通知》	明确了发生在学生之间蓄意或恶意通过肢体、语言及网络等手段，实施欺负、侮辱造成伤害的校园欺凌事件的治理措施，具体分两个阶段进行专项治理。通过专项治理，加强法制教育，严肃校规校纪，规范学生行为，促进学生身心健康，建设平安校园、和谐校园。
2016.11	教育部等九部门	《关于防治中小学生欺凌和暴力的指导意见》	指出通过切实加强中小学生思想道德教育、法治教育和心理健康教育、预防欺凌和暴力专题教育，严格学校日常安全管理，强化学校周边综合治理等措施积极有效预防学生欺凌和暴力。要求依法依规处置学生欺凌和暴力事件，保护遭受欺凌和暴力学生身心安全，强化教育惩戒威慑作用，实施科学有效的追踪辅导。教育、综治、人民法院、人民检察院、公安、民政、司法、共青团、妇联等部门组织，应成立防治学生欺凌和暴力工作领导小组，明确任务分工，强化工作职责，完善防治办法，加强考核检查，健全工作机制，形成政府统一领导、相关部门齐抓共管、学校家庭社会三位一体的工作合力。

续表

时间	部门	名称	内 容
2016.12	国务院教育督导委员会办公室	《关于中小学（幼儿园）安全教育督导暂行办法》	将校园欺凌防治纳入中重点治理范围，明确规定教育部门会同公安等部门及时打击涉及学校、学生安全的违法犯罪行为，维护正常教育教学秩序，建设平安校园情况。教育部门及学校健全未成年学生权利保护制度，防范、调查、处理侵害未成年学生身心健康事件，开展心理、行为咨询和矫治活动情况。
2017.04	国务院办公厅	《关于加强中小学幼儿园安全风险防控体系建设的意见》	明确指出要构建重点针对校园欺凌的风控指标，包括组织管理、制度建设、预警防范、教育演练、重点治理、事故处理等指标。
2017.11	教育部等十一部门	《加强中小学生欺凌综合治理方案》	明确指出加强中小学生欺凌综合治理是中小学校安全工作的重点和难点，事关亿万中小学生的身心健康和全面发展，事关千家万户的幸福和社会和谐稳定，事关中华民族的未来和伟大复兴。明确了治理原则、内容措施，包括欺凌界定，建立健全防治学生欺凌工作协调机制，积极有效预防，依法依规处置，建立长效机制。明确了职责分工及工作要求。
2018.04	国务院教育督导委员会办公室	《关于开展中小学生欺凌防治落实年行动的通知》	明确要求建立健全国家、省、市、县、学校五级学生欺凌防治工作责任体系和制度体系，基本形成学生欺凌防治部门齐抓共管、责任落实到位、管理制度健全、预防措施有效、处置程序规范的工作局面，推动形成学生欺凌防治工作长效机制，有效遏制学生欺凌事件发生。提出落实工作机构、部门分工、日常管理、预防措施、处置程序、长效机制。
2019.08	国务院教育督导委员会办公室	《防治学生欺凌暴力建设阳光安全校园》	要求地方各级政府、有关部门、学校、家长要严格落实学生欺凌防治工作要求，群策群力，切实把校园建设成最阳光、最安全的地方。重点完善协调机制、做好隐患排查、开展专题教育、做好预防处置、落实家长责任等工作。

续表

时间	部门	名称	内　容
2020.05	最高人民检察院	《关于建立侵害未成年人案件强制报告制度的意见（试行）》	明确规定未成年人身体存在多处损伤、严重营养不良、意识不清，存在或疑似存在受到家庭暴力、欺凌、虐待、殴打或者被人麻醉等情形的属于强制报告情形。国家机关、法律法规授权行使公权力各类组织及公职人员，密切接触未成年人行业的各类组织及其从业人员，在工作中发现未成年人遭受或者疑似遭受不法侵害以及面临不法侵害危险的，应当立即向公安机关报案或举报。
2020.12	教育部	《中小学教育惩戒规则（试行）》	规定打骂同学、老师，欺凌同学或者侵害他人合法权益的，学校及其教师应当予以制止并进行批评教育，确有必要的，可以实施教育惩戒，明确了欺凌属于教育惩戒范围。
2021.01	教育部	《防范中小学生欺凌专项治理行动工作方案》	要求方案全面排查欺凌事件，及时消除隐患问题，依法依规严肃处置，规范欺凌报告制度，切实加强教育引导，健全长效工作机制。
2021.06	教育部	《未成年人学校保护规定》	专项保护中明确学校应当建立学生欺凌防控和预防性侵害、性骚扰等专项制度，建立对学生欺凌、性侵害、性骚扰行为的零容忍处理机制和受伤害学生的关爱、帮扶机制。成立学生欺凌治理组织，组织教职工学习预防、处理学生欺凌的相关政策、措施和方法，对学生开展相应的专题教育，给予相关学生家长必要的家庭教育指导。
2020.01	全国人民代表大会	《民法典》	无民事行为能力人在幼儿园、学校或者其他教育机构学习、生活期间受到人身损害的，幼儿园、学校或者其他教育机构应当承担侵权责任，但是，能够证明尽到教育、管理职责的，不承担侵权责任。限制民事行为能力人在学校或者其他教育机构学习、生活期间受到人身损害，学校或者其他教育机构未尽到教育、管理职责的，应当承担侵权责任。无民事行为能力人或者限制民事行为能力人在幼儿园、学校或者其他教育机构学习、生活期间，受到幼儿园、学校或者其他教育机构以外的第三人人身损害的，由第三人承担侵权责任；幼儿园、学校或者其他教育机构未尽到管理职责的，承担相应的补充责任。

续表

时间	部门	名称	内　　容
2202.10	全国人民代表大会常务委员会	《中华人民共和国未成年人保护法》	明确规定学校应当建立学生欺凌防控工作制度，对教职员工、学生等开展防治学生欺凌的教育和培训。对学生欺凌行为应当立即制止，通知实施欺凌和被欺凌未成年学生的父母或者其他监护人参与欺凌行为的认定和处理；对相关未成年学生及时给予心理辅导、教育和引导；对相关未成年学生的父母或者其他监护人给予必要的家庭教育指导。对实施欺凌的未成年学生，学校应根据欺凌行为的性质和程度，依法加强管教。对严重的欺凌行为，学校不得隐瞒，应当及时向公安机关、教育行政部门报告，并配合相关部门依法处理。
2020.12	全国人民代表大会常务委员会	《中华人民共和国预防未成年人犯罪法》	规定未成年学生有偷窃少量财物，或者有殴打、辱骂、恐吓、强行索要财物等学生欺凌行为，情节轻微的，可以由学校依照不良行为规定采取相应的管理教育措施。家校合作机制，对有严重不良行为的未成年人进行专门教育，开展社区矫正。

2020 年 "儿童侵害问题" 相关搜索热度同比上涨 195%。[①] 《全国未成年人互联网使用情况研究报告》统计显示："2019 年我国未成年网民规模为 1.75 亿，未成年人互联网普及率达 93.1%。其中，78.2% 未成年人经历过讽刺、谩骂、恶意骚扰以及信息泄露。"[②] 2016 年最高人民法院审结涉及校园欺凌犯罪案件 213 件。就目前的案例来说，"校园欺凌行为主要集中在故意伤害、故意杀人、寻衅滋事、抢劫、聚众斗殴等几类。在涉案主体性别上以男性为主，女中学生群体欺凌犯罪明显增加。案件中学生欺凌大多源于突发的琐事矛盾，动机较为简单，常

---

① 管弦士. 治理校园欺凌的一个现实问题 [N]. 广西日报，2021-04-09（3）.

② 共青团中央维护青少年权益部. 中国互联网络信息中心：2019 年全国未成年人互联网使用情况研究报告 [EB/OL]. (2020-05-13) [2021-01-06]. http：//www.cac.gov.cn/2020-05/13/c_2020-05/130c_1590919071365700.htm.

常以多欺少"。① 最高人民法院工作报告显示："2019 年审结的校园欺凌相关案件有 4192 件。"② 最高人民检察院发布《未成年人检察工作白皮书（2020）》中披露，"2020 年检察机关批准逮捕校园欺凌和暴力犯罪 583 人，提起公诉 1341人"。③ 一系列的数字足以说明欺凌问题的严重性。

校园欺凌轻则违背校纪校规，严重者触犯刑事法律，造成重伤或死亡的严重后果。我们虽然不能把校园欺凌等同于刑事犯罪，但有些欺凌事件已经构成了"实质犯罪"，具有主观恶意性、暴力倾向性、刑事违法性等特点，危害性不言而喻。《福州晚报》报道，永泰 15 岁男生被 3 名同学围殴致脾脏切除，打人学生被刑拘。④ 以网络视频为例，"欺凌者主要采用身体暴力和精神暴力实施欺凌行为。身体暴力形式有辱骂、推搡、扇耳光、脚踢等。这其中出现最多的暴力行为是扇耳光，占比 80%；其次是脚踢，占比 78%，在所有施暴视频中，在 74% 的施暴过程中伴有语言辱骂。除了徒手施暴，有 14% 的施暴者使用了棍棒、砖头、板凳等工具击打受害者，其中使用棍棒的最多，占比 50%"。⑤

从校园欺凌防控工作制度的建立到"家校社治理模式"的建构，校园欺凌治理既有政策指导、立法规定，也有专项治理，但为何校园欺凌屡禁不止？原有治理理论与实践为何不能有效遏制校园欺凌？需要构建何种治理体系才能根治校园欺凌？这些问题都是学界亟待思考与解决的问题。

（二）研究的价值⑥

欺凌治理现状反映出原有治理模式的不足，因此，需要重新反思原有治理模

① 治理校园欺凌需预防与惩治并举 ［EB /OL］. （2018-03-24）［2021-09-13］. http：//news. ifeng. com/a/20n0510/51070362_0. shtml.
② 2020 年最高人民法院工作报告 ［EB /OL］. （2020-05-25）［2021-12-01］. http//www. xinhuanet. com/politics/2020-06-01/c-1126059430. htm? baike.
③ 最高人民检察院. 未成年人检察工作白皮书（2020）［EB /OL］. （2021-06-01）［2021-12-02］. http：//www. Spp. gov. cn/spp/xwfbh/wsfbt/202106/t20210601_519930. shtm1#2.
④ 永泰 15 岁男生被 3 名同学围殴致脾脏切除 打人学生被刑拘 ［N］. 福州晚报，2015-06-28 （4）.
⑤ 姚建龙. 防治学生欺凌的中国路径：对近期治理校园欺凌政策之评析 ［J］. 中国青年社会科学，2017 （1）：20.
⑥ 本部分来自姚建涛. 校园欺凌治理的重心调适：一种教育法学的思考 ［J］. 河北师范大学学报，2022 （3）：136.

式存在的单一化问题，将欺凌治理重心从"单一治理模式"调适为"复合治理模式"，这对有效根治校园欺凌、促进青少年健康发展、建构和谐安全校园具有基础性作用。

1. 理论之维：完善欺凌治理理论之需

通过对校园欺凌复合治理模式建构研究，反思原有治理模式不足，对于进一步深化对校园欺凌复合治理的认识，反观学校教育、家庭教育、社会教育以及法律制度等问题具有重要的理论启示价值，为校园欺凌复合治理提供新的研究视角，为欺凌根治提供一定的依据和理论基础，也为其他学者深入研究欺凌问题提供参考，具有一定的学术价值。因此，本书研究有利于补充完善校园欺凌治理的理论研究体系。

2. 现实之维：有效遏制校园欺凌之需

校园欺凌实质上是人际暴力，是社会冲突在校园的特殊表现形式，轻则触碰道德底线，违反校纪校规，重则演变为暴力事件，触犯法律，危害不言而喻。欺凌者主要表现为采用身体暴力和精神暴力。施暴者使用棍棒、砖头等攻击受害者的占14%，其中棍棒占50%。[①] 全球校园欺凌防治经验表明："法治是校园治理的优选策略，法治思维和法治方式成为解决校园欺凌问题金钥匙。"[②] 因此，建构复合治理模式，突出青少年法治思维培育，引导其用法治思维与方式解决人际冲突既是源头治理欺凌的需要，也是建设文明安全校园的需要。

3. 目标之维：保障青少年全面发展之需

青少年是实现中国梦的主力军，其素质如何事关国家的长治久安，需要全社会关心关爱，并为其健康成长创造良好条件。校园欺凌危害巨大，对被欺凌者而言，其身心健康受到极大损害，可能引发精神紧张，产生消极、孤独自闭、抑郁。有的被欺凌者会因长期受到欺凌，从而产生报复行为，变成新的欺凌者。对

---

① 参见姚建龙.防治学生欺凌的中国路径：对近期治理校园欺凌政策之评析 [J].中国青年社会科学，2017（1）：19-25.

② 张新民.校园欺凌治理的跨学科对话 [J].华东师范大学学报，2017（2）：12-15.

欺凌者而言，因其实施欺凌行为，会遭受道德谴责，出现人际关系紧张，情绪不稳定的情况，有甚者可能会参与到反社会的暴力行为中。苏兰德研究揭示："8岁时频繁的欺凌行为能够预测个体 8~12 年后的犯罪记录。"① 挪威心理学家欧维（Olweus，2011）研究显示："青少年早期的欺凌行为能够预测后继的犯罪行为，很多登记在册的犯罪者都有校园欺凌的前科。"② 对旁观者而言，道德冷漠和起哄行为会导致校园欺凌有恃无恐，也会对被欺凌者造成间接伤害，受到道德谴责。可见，欺凌行为已经成为影响青少年健康成长的巨大障碍。校园欺凌行为背后的深层次原因是青少年法治思维的缺失。欺凌者法治意识淡漠，只讲权利、不讲义务，责任观念淡化，被欺凌者缺乏自我保护意识和维权意识。无论是欺凌者还是被欺凌者均缺乏正确的权利义务观。遇到校园欺凌问题，被欺凌者、旁观者缺乏救济知识。正是由于法治思维的缺陷，导致校园欺凌有禁无止。教育的目的在于帮助受教育者健康发展，因此，加强复合治理模式研究，积极培育青少年法治思维，引导其用法治思维和法治方式解决问题，修复同学关系，有利于青少年健康全面发展。

4. 时代之维：建设社会主义法治国家之需

亚里士多德曾说："邦国虽有良法，要是人民不能全部遵循，仍然不能实现法治。"③ 法治思维是社会主义法治国家公民的基本修养，更是青少年的基本素养，但法治思维不会自动养成，需要进行长期的、全面的、系统的、持之以恒的培育。因此，通过复合治理模式建构，突出多元主体、多重手段、复合结构研究，能有效遏止欺凌，培养社会主义合格建设者和接班人，这是建设社会主义法治国家的迫切需要。

二、国内外研究评述

我国关于校园欺凌的研究始于 20 世纪 80 年代，部分学者对各国的研究成

---

① 张新民. 校园欺凌治理的跨学科对话 [J]. 华东师范大学学报，2017（2）：12-15.

② 王玥. 心理学视域下校园欺凌的形成机理及对策 [J]. 北京师范大学学报（社会科学版），2019（7）：32-45.

③ 亚里士多德. 政治学 [M]. 吴寿彭，译. 北京：商务印书馆，1965：90.

果进行翻译并推行。围绕本书研究内容，笔者对国内外相关研究资料进行收集，收集的学术著作中影响力较大的有奥维尤斯的《学校中的攻击：欺凌者与替罪羊》（1978）、卡斯·雷恩的《校园欺侮与骚扰：给教育者的法律指导》（2006）、丹尼尔·公爵的《创建安全的学校——学校安全工作指南》（2006）、芭芭拉·科娄罗索的《陪孩子面对霸凌：父母师长的行动指南》（2011）、阿恩特·施泰因的《孩子作出侵犯行为时》（1999）、Keith Sullivan 的《反欺凌手册》（2014）、贾斯汀·W. 帕钦、萨米尔·K. 辛社佳的《反欺凌行为案例研究》（2014）、王美恩的《终结霸凌：洞察孩子内心世界，打破霸凌的恶循环》（2011）、张文新和纪林芹的《中小学生的欺负问题与干预》（2006）、翁福元的《校园霸凌：学理与实务》（2013）、徐久生的《校园暴力研究》（2004）、陈岚的《我们为什么被霸凌》（2017）、王大伟的《校园欺凌：问题与对策》（2017）等。文献研究方面近期以学术期刊论文居多，内容上不仅有对国内校园欺凌治理的研究，也涵盖对美国、英国、澳大利亚、日本等国外校园欺凌治理的经验介绍。学者们大多从心理学、教育学、社会学等视角提出了治理设想。上述成果研究内容主要集中在以下方面：

（一）关于心理干预研究

学者们从心理学视角提出了各种心理干预方案。著名的有挪威 DanOlweus 教授（1978）提出的反欺凌三级（学校、社区、家庭）干预方案，该方案被广泛推广并取得了显著效果。Goldstein、Gibbs & Glick（1998）提出对具有欺凌行为的服务对象使用攻击替代训练方案。我国的张文新教授（2006）采用行动研究法对部分实验学校的老师和学生进行短期的干预，包括质量环、自信心训练、头脑风暴法、角色扮演技术和需求表达训练等取得了积极效果。孙时进（2016）、杨婉秋（2004）、张琪（2017）、桑标（2000）、杜红梅（2005）、魏晓旭（2014）、魏重政（2015）、章恩友（2016）、罗怡（2016）等提出移情干预、家庭干预、团队心理辅导、个体心理干预、认知行为干预等措施。

（二）关于社会防治研究

学者们主张校园欺凌是一个社会问题，应当采取社会防治措施。Hanish 和

Tolan（2001）主张开展家庭教育，强化家庭责任。L. Leton（1989）主张加强学校纪律干预，强化学校纪律处罚权。我国学者王大伟提出综合建议，包括预防犯罪与被害的思路，制订应急预案，建立被欺凌者救助机制，创新安全教育形式，明确治理欺凌的各种法律手段等。① 刘晓梅（2007）提出以复合措施处理校园欺凌。田家龙认为，加强合作沟通，完善协商治理机制，制定课程实施制度，建立"应欺团队"，提升综合治理能力。② 朱彦蓉主张需要建立教师、校内外安全监察员、家长为一体的防欺凌"安全链"。③ 李汉学提出秉持综合治理理念，汇集政府、学校、家庭、社区等力量，构建统筹协调机制。④ 程斯辉（2015）、石连海（2016）、魏叶美（2016）、杨岭（2016）、孙晓冰（2015）、张文新（2004）、李旭（2014）、张旭（2006）、徐艳国（2004）、曾培芳（2007）、冯卫国（2007）、梅志罡（2007）、袁华（2010）、顾晓伟（2012）、李鹏程（2016）等提出，从公众舆论引导、社会文化防控、社会秩序重构、社会协同教育、增强社会支持、社会治安营造等方面入手，制定社会防治综合措施。

（三）关于法律干预研究

学者们主张加强反欺凌立法、严格执法和司法。彼得·史密斯（1999）、Kathleen Conn（2006）、密歇尔艾略特（2005）、Joseph P. Hester（2006）等提出加强专门校园欺凌立法。国内学者申素平（2017）、湛中乐（2016）、姚建龙（2003）提出加强法律规制，构建特色司法制度解决校园欺凌问题。任海涛提出要建立专项立法为核心、现有立法完善为基础、学校细化方针为补充的多层次反欺凌立法体系。⑤ 杨立新（2013）从侵权角度提出严格家长侵权法律责任。王大伟（2016）主张对严重欺凌者进行法律严惩。尹力主张建立起刑罚、治安行政处

---

① 参见王大伟.校长如何应对校园欺凌？——基于公安学与教育学视角的综合思考〔J〕.中小学管理，2016（8）：13-15.

② 田家龙.社会学视角下校园欺凌行动的动因与应对〔J〕.教学与管理，2017（22）：23-25.

③ 朱彦蓉.中小学校园欺凌治理的现实困境与路径选择〔J〕.陕西学前师范学院学报，2017（8）：38.

④ 李汉学.校园欺凌问题检视〔J〕.当代教育论坛，2016（5）：27.

⑤ 任海涛.我国校园欺凌法治体系的反思与重构——兼评11部门《加强中小学生欺凌综合治理方案》〔J〕.东方法学，2019（1）：129-133.

罚和教育监管三位一体的欺凌治理体系。田友谊建议国家尽快出台反校园欺凌的专项法律，由学校构建反校园欺凌的制度体系。① 王志祥提出用刑法治理校园欺凌，但要注意刑法应当是最后手段。刘建主张要构建和完善以《反校园欺凌法》为核心的专门性、针对性法制体系。② 许锋华等提出成立欺凌治理委员会，引入恶意年龄补足制度，完善欺凌法律救济制度。③ 江水长主张建立欺凌信息收集机制、科学处理程序，以及赋予学校欺凌处置权。④ 卜卫认为，防治儿童的暴力要在儿童权利框架内进行。⑤ 王静主张应依法界定欺凌行为与暴力行为，严格法律责任，细化法治教育，建构校园安全体系，明确学校安全保护义务。⑥ 吴会会、姚荣呼唤"软法"之治，实现道德引导与法律规制的良性互动。⑦ 解立军（2016）、颜湘颖（2017）、任海涛（2016）、王玉萍（2017）、陶建国（2015）、沈亮（2016）、杜海清（2013）、李婧（2008）、李静（2010）、邓希泉（2010）、黄少华（2008）、胡卫（2016）等学者主张制定、修改完善法律，以达严惩校园欺凌目的。

李婉楠（2016）、乔磊（2017）从犯罪学视角提出，正确利用矫治手段、重建被欺凌者认知，加大对个案惩处来实现特殊预防。⑧ 构建虞犯保护处分制度，开展社区教育矫治，也能有效防治欺凌发生，起到良好的预防犯罪效果。⑨

（四）关于道德教育研究

学者们认为导致欺凌发生的主要原因是学校、家长重智轻德，忽视德育教

---

① 李琦，田友谊. 依法治校视角下校园欺凌现象的审视与防治 [J]. 教育科学研究，2018 (4)：22.

② 刘建，闻志强. 法治中国建设背景下校园欺凌的法治化防控 [J]. 教育科学研究，2019 (3)：38.

③ 许锋华，徐洁，黄道主. 论校园欺凌的法制化治理 [J]. 教育研究与实验，2016 (6)：52.

④ 江水长. 建立惩治校园欺凌的法律机制 [J]. 中国德育，2016 (6)：34.

⑤ 卜卫. 从人权角度对校园欺凌和校园暴力的认识 [J]. 人权，2016 (5)：24.

⑥ 王静. 校园欺凌和校园暴力治理法治化探析 [J]. 河北工业大学学报（社会科学版），2016 (4)：42.

⑦ 吴会会，姚荣. 校园欺凌的道德引导与法律规制 [J]. 中国德育，2017 (14)：18.

⑧ 李婉楠. 校园欺凌现象的犯罪学评价及预防路径 [J]. 重庆交通大学学报（社会科学版），2016 (4)：17.

⑨ 乔磊. 虞犯视角下的校园欺凌防治 [J]. 江西广播电视大学学报，2017 (3)：70.

育，主张治理校园欺凌应加强中小学的道德教育，认为道德教育是根除校园欺凌内在动力。Caparat 研究表明道德推脱在教师对欺凌的反应与青少年欺凌行为间起中介作用，① Yang 等人研究表明道德推脱在学校氛围和青少年欺凌行为中起中介作用。② 我国学者李冬研究表明道德推脱与身体欺凌、言语欺凌、关系欺凌、网络欺凌呈正相关。③ 靳玉乐认为欺凌问题实质上是道德问题，治理校园欺凌不能仅仅从外部干预，更重要的是要对实施欺凌者进行道德情感熏陶和认知引领。④ 刘桂海认为治理学生欺凌要慎用"零容忍"，要通过法治教育、道德教育和心理疏导关爱学生。张茂聪认为教育惩戒是解决校园欺凌的核心途径。⑤ 马雪玉等认为从早期情感干预、家庭情感支持、道德教育跟进三个方面着手。⑥ 苏春景等认为家长要注重孩子品行与健康个性培育引导；要转变教育方式方法，重视孩子的认知教育及规则教育；通过家庭教育立法，明确家长责任；家社会合作形成教育合力。⑦ 王嘉毅等提出建构校园文化及人际交往文化伦理，实现对欺凌事件的伦理干预，从根本上减少欺凌事件发生。⑧ 只有加强学生的道德教育，增强其公德意识，使学生形成积极正确的人生观、价值观、世界观和交友观，才能有效预防校园欺凌（高德胜，2016；钱再见，2016；刘济良，2010；李婉楠，2016；李汉学，2016；檀传宝，1993；黎燕，2013；王康秀，2012；蔡连玉，

① Caprara G V, Tisak M S, Alessandri G. The Contribution of Moral Disengagement in Mediating Individual Tendencies toward Aggression and Violence ［J］. Developmental Psychology, 2014, 1（50）：71.

② Yang J, Wang X, Lei L. Perceived School Climate and Adolescents' Bullying Perpetration：Amoderated Mediation Model of Moral Disengagement and Peers' Defending ［J］. Children and Youth Services Review, 2020, 109：190-198.

③ 李冬. 初中生道德推脱对校园欺凌行为的影响 ［J］. 心理月刊, 2020, 15（6）：71-229.

④ 全晓洁，靳玉乐. 校园欺凌的"道德推脱"溯源及其改进策略 ［J］. 中国教育学刊, 2017（11）：93.

⑤ 张茂聪，李玉蛟. 校园欺凌惩戒权的理性回归 ［J］. 教育科学研究, 2020（1）：13.

⑥ 马雪玉，王凌霞，张恒泽. 教育感化视角的校园欺凌治理 ［J］. 中学政治教学参考, 2017（7）：88.

⑦ 苏春景，徐淑慧，杨虎民. 家庭教育视角下中小学校园欺凌成因及对策分析 ［J］. 中国教育学刊, 2016（11）：20.

⑧ 王嘉毅，颜晓程，闫红霞. 校园欺凌现象的校园伦理分析及建构 ［J］. 中国教育学刊, 2017（3）：58.

2012；华敏，2010；纪瑞，2016；刘天娥，2009）。

（五）关于域外校园欺凌治理实践介绍

学者们主要围绕美国、英国、加拿大、日本、韩国等展开。首先是日本以《校园欺凌防止对策推进法》为核心的校园欺凌防治体系（任海涛、闻志强，2013；贺江群，2013；顾磊，2016；陶建国，2015；庹丽珍，2016；邱关军，2010；康树华，1983），欧美国家如美国、英国、挪威、瑞典等应对校园欺凌的防治策略，包括反欺凌立法、严惩欺凌者和对被欺凌者的救济研究（杜海清，2013；陶建国，2013；陈荣鹏，2015；方海涛，2016；马倩、马焕玲，2016；许明，2008；王志美，2012；张宝书，2016），加拿大校园预防欺凌计划研究（杨廷乾，2016），菲律宾预防校园欺凌政策（张素雅，2016），韩国的法律先行、全员重视做法（陈晓慧，2013），等等。

随着研究不断深入，目前学界出现了由单一学科向交叉学科发展的研究趋向，如教育社会学、教育心理学、教育哲学等。

以上研究成果为本书研究打下了良好基础，交叉学科研究趋势为本书研究提供了研究视角启发，但仍存在薄弱环节：一是研究视角主要集中在心理学、教育学、法学、社会学等视角，交叉学科视角探究不足，如缺少教育法学探究。二是缺乏复合治理探讨。校园欺凌是一个综合性社会问题，需要系统思维，单一治理主体、治理结构、治理措施难负重任。本书尝试从多学科综合视角，探讨校园欺凌治理多元主体、复合结构、多种措施等有机结合的复合治理，以期根治校园欺凌。因此，本书研究具有重要意义。

三、研究的基本思路、主要内容与研究方法

（一）研究的基本思路

本书以青少年校园欺凌治理为背景，以法学基本理论、协同治理理论、破窗理论、整体性治理理论等为基础，以问题—对策为路径，以构建复合治理体系为目的，通过文献检索、案例分析、比较研究等方法，借鉴域外国家欺凌治理的经

验做法，重点探讨我国校园欺凌治理面临的现实困境。基于多学科理论的欺凌复合治理分析，域外国家欺凌治理经验的借鉴、构建校园欺凌复合治理体系等问题，以期根治校园欺凌。研究思路如图1-1所示。

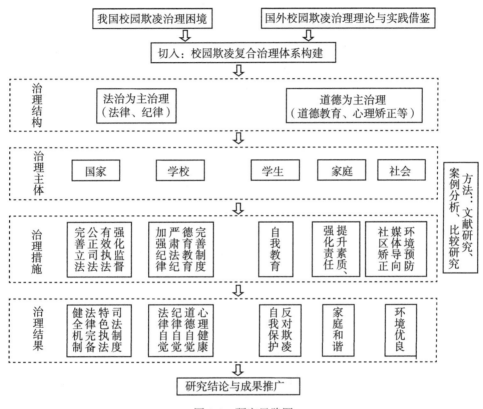

图 1-1　研究思路图

（二）研究的主要内容

本书以校园欺凌的复合治理为研究对象，重点探讨治理原则、多元治理主体、治理结构、治理措施等内容，拟构建复合治理体系。具体内容包括以下方面：

第一章：绪论。主要介绍研究欺凌治理背景及意义、国内外文献梳理及研究趋势、研究的方法、重点难点，以及创新点。

第二章：校园欺凌复合治理的理论基础。本部分主要采用社会主义法治理论、协同治理理论，整体性治理理论以及破窗理论等分析校园欺凌防治问题，为复合治理体系建构研究打下基础。

第三章：校园欺凌相关问题界定。本部分主要界定校园欺凌、校园暴力、网络欺凌界限，分析校园欺凌者、被欺凌者、旁观者特征及群体行为特征，探究欺凌形式及发展趋势，追溯校园欺凌的危害，为困境剖析提供支撑。

第四章：国内校园欺凌治理的困境剖析。针对近来校园欺凌花样翻新、屡禁不止，且出现了许多新特点，通过文献梳理、典型个案分析以及比较研究等，全面了解教育行政主管部门、学校、欺凌者、被欺凌者、家长、公检法司以及社会对校园欺凌的认识、对根治校园欺凌态度。分析既有校园欺凌治理主体、治理结构、治理措施等存在的问题，并从国家、学校、学生、家庭、社会层面深入探究原因。在此基础上探讨复合治理的必要性、可行性，为复合治理体系构建打下基础。

第五章：域外校园欺凌治理的经验借鉴。他山之石，可以攻玉。域外治理校园欺凌理论与实践起步较早，已经形成了较为成熟的理论体系、法律法规和实践经验，可以为我所用。本书将重点选取英国、美国、澳大利亚、韩国、日本，重点分析其在治理青少年校园欺凌方面的理论与实践，包括反欺凌立法、多措严惩、建设防卫体系、反欺凌预防教育，强化学校、家庭、社会责任、对被欺凌者实施救济等。具体探讨英国应对校园欺凌的综合对策，分析美国尊重教育、纪律与干预措施、法律规制等，探讨挪威欺凌预警和识别系统、结构化的欺凌干预措施和干预机制，以及澳大利亚的《国家安全学校框架》，思考日本在进行道德教育、强化学校、家庭、社会责任等方面的做法。通过分析以上国家在治理青少年校园欺凌理论与实践方面取得的成功经验，以期为我国复合治理体系的构建提供经验借鉴。

第六章：校园欺凌复合治理体系的建构。校园欺凌形式多样，原因复杂，出现了低龄化、群体化、女性化、暴力化、网络化特点。既有治理理论与实践出现了困境，难以根治校园欺凌，需要构建一套包含治理原则、治理主体、治理结构与治理措施的复合治理体系。

首先，坚持以学生为本、事前预防与事后惩戒相结合、宽容但不纵容、系统治理等原则。

其次，构建国家主导、学校主体、学生中心、家长源头、社会支持的治理主体体系。

再次，探讨刚柔结合、突出刚性的复合治理结构。以法治为主的刚性治理主要突出法律和纪律干预，以道德为主的柔性治理主要是强化道德、心理矫正等。刚性治理是柔性治理的保障，柔性治理是刚性治理的有效补充，二者缺一不可。

最后，强化多措并举。国家层面：通过制定反欺凌法和完善相关立法、加强执法与特色司法，构建完备法律体系、科学有效的执法和特色少年司法制度。学校层面：要通过强化师资队伍建设、严肃法纪教育、强化道德教育、心理健康教育、建设校园法治文化、加强预防和校园警务建设等措施提升主体法律自觉、纪律自觉、道德自觉和预防欺凌意识。家庭层面：完善教育指导制度和亲职教育制度，转变重智轻德教育理念，加强家风建设，明确家长教育管理责任和法律责任，形成和谐家庭氛围，发挥好源头教育作用。学生层面：通过强化自我教育，形成自我保护和反欺凌意识。社会层面：通过优化环境、公众舆论引导、社会文化防控、社区矫正等积极参与欺凌治理。

（三）具体的研究方法

本书综合运用文献研究、典型个案分析、比较研究等多种方法，拟构建复合治理体系。具体为：

（1）文献研究法。通过对校园欺凌相关文献收集、整理、分析，掌握前人的理论思想和研究成果，为本书研究框架设计提供整体思路和理论准备。

（2）案例研究法。针对校园欺凌治理困境及原因，本书选取社会关注度较高、讨论热度较高的校园欺凌案件进行分析，分析欺凌形势、诱因、欺凌者与被欺凌者态度、学校态度、处理方式等，为复合治理体系的构建打下基础。

（3）比较研究法。一方面通过纵向比较分析既有治理存在的问题及原因，为复合治理体系构建打下基础。另一方面通过横向比较研究域外国家治理校园欺凌的理论与实践，分析借鉴其成功经验，拟构建根治校园欺凌的复合治理体系。

四、可能的创新之处

本书研究可能的创新点表现为以下几方面：

(一) 研究视角的创新

本书尝试从复合治理角度研究校园欺凌治理体系，拟构建包括复合治理原则、复合治理主体、复合治理结构和复合治理措施的治理体系。

(二) 内容上的创新

本书尝试从复合治理角度研究校园欺凌治理体系，拟构建包括复合治理原则、复合治理主体、复合治理结构和复合治理措施的治理体系。

(三) 观点上的创新

本书提出在治理校园欺凌中学生是治理主体而不是治理对象。因此，必须提高学生的法律自觉、纪律自觉、道德自觉和反欺凌意识。同时，根治校园欺凌既不能"一罚了之"，也不能"一放了之"，要从法律上界定校园欺凌性质，遵循特别程序。

第二章　校园欺凌复合治理的理论基础

党中央作出了全面推进依法治国的重大战略部署，要求把国家和社会生活基本方面纳入法律轨道，接受法律的调控和处理。校园欺凌治理同样必须遵守依法治国基本理论的要求，这一理论对解决欺凌问题具有重要指导价值。

一、依法治国基本理论①

党中央作出了全面推进依法治国的重大战略部署，要求把国家和社会生活基本方面纳入法律轨道，接受法律的调控和处理。校园欺凌治理同样必须遵守依法治国基本理论的要求，这一理论对解决欺凌问题具有重要指导价值。

依法治国的基本理论自党的十一届三中全会提出后，到党的十五大确立，再到党的十八大全面推进大体经历了四个阶段：

初步提出阶段（1978.12—1988.8）：党的十一届三中全会提出要加强法制建设，主张法律面前人人平等，同时提出了新时期十六字法制建设的基本方针，成为依法治国的起点。之后，党的十二大报告提出了民主与法治关系问题。《中国共产党章程》也明确提出，党必须在宪法和法律范围内活动。1982年宪法确立了法治原则，树立了宪法的最高权威。

初步形成阶段（1988.8—1995）：这一阶段提出了实行法治、反对人治，为依法治国基本方略提出打下了坚实的基础。1991年3月2日召开的七届全国人大常委会第十八次会议强调，坚持依法办事，促进依法治国和依法管理各项事业。1992年10月党的十四大提出加强立法工作，1993年3月八届全国人大一次会议

---

① 本部分来自姚建涛. 高校师生法律关系研究［M］. 北京：中国政法大学出版社，2018：29.

通过了宪法修正案。

正式提出阶段（1996—1999.3）：1996 年 3 月八届全国人大四次会议提出依法治国、建设社会主义法治国家。1997 年 9 月党的十五大提出依法治国基本方略。1999 年 3 月九届全国人大二次会议通过的宪法修正案，把"依法治国，建设社会主义法治国家"正式写进宪法，标志着我国民主法制建设进入了新阶段。

全面落实阶段（2002 年以后）：这一阶段是从理念到实践的全面落实阶段。2002 年 11 月党的十六大报告提出，依法治国是党领导人民治理国家的基本方略。2004 年 3 月《全面推进依法行政实施纲要》确立了建设法治政府目标。2004 年 9 月，党的十六届四中全会首次正式提出"必须坚持科学执政、民主执政、依法执政，不断完善党的领导方式和执政方式"。① 2007 年 10 月，党的十七大提出"全面落实依法治国基本方略"。2012 年 11 月，党的十八大提出"全面推进依法治国"。② 2013 年 11 月党的十八届三中全会召开，标志着我国的法治理论与实践进入一个新阶段。2014 年 10 月，党的十八届四中全会提出"全面推进依法治国，总目标是建设中国特色社会主义法治体系，建设社会主义法治国家"。

（一）依法治国理论内涵

"法治是一种政治精神，即按照社会的根本大法和准则所确定的方式行事，而不只是拘泥于具体的法律条文和刻板的规则。"③ 依法治国理论的提出、发展与完善，与党的历任集体领导的贡献是分不开的。以毛泽东同志为核心的第一任集体领导从中华人民共和国成立之初就进行了探索。毛泽东、刘少奇、董必武等老一辈无产阶级革命家作出了突出贡献。早在 1954 年 6 月毛泽东同志在关于中华人民共和国宪法草案的讲话中指出：宪法草案由全国人民代表大会通过以后，"全国人民每一个人都要实行，不实行就是违反宪法"。④ 再如董必武指出，依法

① 中共中央文献研究室编. 十六大以来重要文献选编［M］. 北京：中央文献出版社，2006：274.
② 中共中央文献研究室编. 十八大以来重要文献选编［M］北京：中央文献出版社，2014：14.
③ 孙国东. 转型中国的法治研究［M］. 上海：格致出版社，2016：48.
④ 毛泽东文集（第 6 卷）［M］. 北京：人民出版社，1999：328.

办事有两方面的意义，一是必须有法可依，二是有法必依。①

以邓小平同志为核心的党的第二代中央领导集体为依法治国奠定了重要基础，尤其是邓小平同志作出了突出贡献。正如李步云教授所言："邓小平在依法治国或建设法治国家方略和目标上，有两大贡献。第一是理论上的，他提出一个国家的兴旺发达和长治久安关键的、决定性的条件，不在于一两个好的领导人，而在于要有一个好的法律和制度。这就为我们依法治国奠定了一个坚实的、必不可少的理论基础。第二，十一届三中全会后，邓小平的一系列言论，实际上是今天我们要建设社会主义法治国家所应当坚持的那些基本要求和基本准则。因此也可以说，邓小平为法治国家初步地勾画了一个蓝图。"② 以江泽民同志为核心的党的第三代中央领导集体对依法治国思想作出了突出贡献，主要表现在"第一，通过党内的民主和国家的民主程序正式将依法治国作为基本的治国方略确定了下来；第二，对依法治国的含义和它的性质作了准确的阐述和定位；第三，正式提出和肯定法治国家这个概念；第四，对法治国家应该是什么样子，应该有哪些原则作了阐述，丰富了法治国家的内涵；第五，党的十六大将建设社会主义政治定位为社会主义政治文明，具有重大的意义"。③ 以胡锦涛为总书记的党中央也作出了重要贡献，十七大提出坚持依法治国基本方略，十八大提出法治是治国理正基本方式。

党的十八大之后这一理论得到独创性发展。2013年1月，习近平总书记首次提出了建设法治中国的宏伟目标。之后，"推进法治中国建设"成为新时期法治建设的新目标。法治中国是指法治是中国整个国家运行的基础，是从事各项活动的基本准则，是集依法治国、依法执政、依法行政和法治国家、法治政府、法治社会于一体的新要求。④ 其主要内容有：一是法治是治国理政的基本方式。这是法治中国的核心内容，也是法治在我国的基本定位。二是要遵守法律。国家、政

---

① 董必武选集［M］. 北京：人民出版社，1985：413.

② 李步云. 依法治国是如何提出的［J］. 新华社-瞭望东方周刊（电子版），2014，11（3）：40.

③ 李步云. 依法治国是如何提出的［J］. 新华社-瞭望东方周刊（电子版），2014，11（3）：40.

④ 杨伟东. 推进法治中国建设［EB/OL］.（2014-06-13）［2020-11-09］. http://news. xinhuanet. com/politics/2014-06/13.

府、社会和个人都要遵守法律。国家经济建设、政治建设、文化建设、社会建设和生态文明建设都要实现法治化。三是依法保障公民权利与自由，使公民能够获得更多安全感、幸福感和尊严感。

法治中国建设包括四个方面的基本要求：第一，科学立法。要做到立法的科学性、统一性和民主性；第二，严格执法。行政机关要带头守法，严格依法办事，积极维护公共利益、人民权益和社会秩序。第三，公正司法。要让人民群众在每一个司法案件中都感受到公平正义。第四，全民守法。这是法治国家建设的必由之路，也是建设法治中国不可或缺的组成部分。至此，中国特色的依法治国理论有了新的发展。

第一，社会治理需要法治思维方式。法治思维是在治国方略层面上使用的一种价值追求、治国方法和治国手段。侧重于法律规则和法律手段运用，强调依法办事。在社会治理中，各种社会矛盾的化解要注重法律方法和法律手段的运用，确立公民和各级政府机关的规则意识，引导人们寻求理性解决的方式和手段，构建社会治理的法治化模式。

第二，坚持党的领导是法治中国建设的根本要求。党的领导是实现依法治国的根本保障。所以党法关系是我国法治建设的核心问题，离开了党的领导，中国特色社会主义法治体系就无从谈起。党同人民一同制定法律，党必须在宪法与法律规定范围内活动。只有这样，法治中国才能成为现实。

第三，社会主义法治体系是依法治国的根本保障。社会主义法治体系包括法律规范、法治实施、法治监督、法治保障和党内法规五大体系，涉及法治建设的各个环节，它是提升国家治理体系和治理能力、实现法治现代化的根本保障。

第四，德治与法治在社会治理中发挥重要作用。以德治国与依法治国是国家和社会治理中的重要手段，二者在维护社会秩序中发挥重要作用，缺一不可。社会治理既要发挥法律功能，也要重视道德功能，二者并重是我国社会治理的最佳选择。

第五，良法之治。法律是治国之重器，良法是善治之前提。所以，法治首先是良法之治，这是现代法治的基本理念。李步云认为："法治国家良法标准是法制完备、权力制约、人权保障、主权在民、法律平等。良法要得到最严格遵守必须符合下列标准，即法律至上、依法行政、司法独立、程序公正、党要守法。"①

第六，宪法至上。依法治国首先是依宪治国，要树立宪法权威，使其在整个法律体系中具有至上的权威性和最高的法律地位。要完善人大的宪法监督制度，弘扬宪法精神，建立宪法宣誓制度，提升人们的宪法观念。

（二）依法治国理论对校园欺凌复合治理的指导价值

依法治国的基本理论内涵丰富，它对正确处理欺凌问题具有重要指导价值。

1. 法律保障

有法可依是依法治国前提，也是依法治校、教育管理者处理欺凌问题的依据。这里的法是一个广义概念，既包括国家根本大法（宪法），也包括普通法律（刑法、民法、行政法等）；既包括一般法，也包括特别法；既包括实体法，也包括程序法；既包括法律法规，也包括学校规章制度，等等。欺凌问题关系复杂，国家层面它涉及宪法法律关系、民事法律关系、行政法律关系和刑事法律关系等，校内层面涉及学校规章制度。处理这一问题需要有相关的民事法律、刑事法律、专门法律法规等，这就要求有完备的法律体系。同时要完善校内规章制度。2011年中国特色社会主义法律体系形成，这是法治国家的一个显著标志，在中国法制建设史上具有里程碑意义，也为解决欺凌问题提供了法律保障。

2. 法治理念

法治理念是关于法治的思想观念、价值判断的总和，表现为人们在知识、感情、意志、信念等层面对于法治的理性化观念。社会主义法治理念体现了法治的基本要求，包含公平正义、自由平等、法律权威、监督制约、保障人权等内容的一系列观念、信念、理想和价值的集合体。法治理念要求我们解决欺凌问题，要落实好学生主体地位，明确学生的权利与义务，依法保障他们的知情权、参与权、表达权与监督权。惩戒应于法有据、公正合理。因此，法治所要求的严格执

---

① 李步云. 法治国家的十条标准［EB/OL］.（2015-07-06）［2021-05-14］. http://www.chinalaw.org.cn.

法、人权保障、法律平等、法律至上、程序公正等理念是依法治校、处理欺凌问题的运行保障。

3. 多元纠纷解决机制

依法治国除了要求科学立法外，还要求严格执法和公正司法。这就为解决欺凌问题提供了价值指导。要把法治作为解决校园欺凌的基本方式，建立多元纠纷解决机制。就校内来讲可以"以学生为主的同辈支持与调解、以教师为主的协商解决法和多方修复会议三种实践方式"①。

建立信访、调解、和解、申诉、听证等各种争议解决机制。如果校内不能化解，要按照法定程序进行申诉、仲裁或诉讼。目前，我国已经建立起以宪法为核心、以立法保障与司法保障为主要内容的权利保障体制保护公民的权利，这种保障机制是一种综合性的融诉讼与非诉讼为一体的多元纠纷解决模式，不同纠纷解决方式之间功能互补，满足社会主体的多样需求，这就为治理欺凌提供了有利的司法保障。

4. 主体守法

法治中国的实现要求必须做到全民守法，这是依法治国的基础。法律权威源自人民内心的拥护与真诚的信仰。要建设好法治社会首先就要做到全民守法，人人崇尚法律、自觉遵守法律和坚定捍卫法律。作为国家公民的学生主体同样需要守法。既要遵守国家法律法规，也要遵守校纪校规。只有青少年法律素养提高了，才能明确自己的权利和应正确履行的义务。但是，目前青少年法治素养参差不齐，法治思维缺失。要解决校园欺凌问题，提升主体的法律自觉尤为必要，这既是法治社会建设的要求，也是解决欺凌问题的现实需要。

总之，依法治国基本理论为解决欺凌问题提供了法律保障、价值理念、纠纷解决方式、主体守法等方面的有效指导。要解决校园欺凌问题，必须在依法治国基本理论指导下，通过转变理念、完善法律制度、提升主体法律自觉、多措并举、多主体协同等完成。

---

① Bradshaw, C. P. Translating Research to Practice in Bullying Prevention [J]. American Psychologist, 2015 (7): 322.

二、协同治理理论

（一）协同治理理论内涵

何为治理？治理一词原意是控制、操纵和引导。治理理论的创始人之一罗西瑙（James. N. Rosenau）指出治理是各治理主体竞争协作的过程，治理的基本特征是主体相互依存，通过协商达成目的，以信任为基础，各主体之间有一定程度的独立性。① 联合国全球治理委员会的观点是"治理"是公或私、个人或团体等诸多行为主体共同参与、共同管理其共同事务的多种方式方法之和，在这一持续过程中，诸多行为主体通过相互作用以及采取联合的行动，彼此之间的矛盾冲突、利益纠纷有望得以缓解和调和。② James. N. Rosenau 认为"治理"活动主体并非政府独有，其活动目的的实现既包括政府强制力也包括未经正式授权的非政府强制力。③ 我国学者陈振明指出："治理是包括公部门或私部门在内的众多行为主体，在彼此依赖的环境中通过密切合作来同享公共权力，在共同参与管理公共事务的过程中来获得和强化公共利益。"④ 俞可平教授认为"治理"的含义是一个特定范围内的运用权威来维护正常社会秩序，并以此来增进社会公众需要满足感的过程。治理的目的在于运用权力去规范、引导、控制公民在各不同制度关系中的各种活动，最大限度地去增进公共利益。所以"治理是一种公共管理活动和公共管理过程，它包括必要的公共权威、管理规则、治理机制和治理方式"。⑤ 可见，治理不同于管理，治理主体是多元的，而非单一的，它既包括政府组织，也包括非政府组织。多元主体在相互信任与利益共享基础上形成一种密切的、平等的网络关系，通过自主表达与协商对话而达成共识，形成与整体利益相符合的

① 詹姆斯·N. 罗西瑙. 没有政府的治理：世界政治中的秩序与变革［M］. 张胜军，刘小林，译. 南昌：江西人民出版社，2001：78.

② 全球治理委员会. 我们的全球伙伴关系［R］. 伦敦：牛津大学出版社，1995：23.

③ 詹姆斯·N. 罗西瑙. 没有政府的治理：世界政治中的秩序与变革［M］. 张胜军，刘小林，译. 南昌：江西人民出版社，2001：91-94.

④ 陈振明. 公共管理学［M］. 北京：中国人民大学出版社，2005：76.

⑤ 俞可平. 治理与善治［M］. 北京：社会科学文献出版社，2009：5.

公共政策。

何为协同治理？John. M. BrySon 等从跨部门协同治理的角度将"协同治理"定义为"两个及以上的部门通过彼此之间共享资源、资讯、行动等，来实现由单独一个部门无法实现的结果或目的"。① C. Ansell 和 A. Gash 教授认为"协同治理"为若干个公共机构通过直接的方式，与非公共机构或私人机构展开以共同目标为行为导向的、非临时性的集体审议决策过程，目的是出台或推行公共政策。② 全球治理委员会给出的权威定义为"协同治理是调和相互冲突的不同利益主体之间的矛盾，并采取合作行为的持续的过程"。③ 这一定义强调了治理主体的多中心化、治理权威的多样化、子系统之间的协作性、系统的联合动态性、自组织的协调性和社会秩序的规范化。④

我国学者杨志军将协同治理定义为"多中心主体通过共同合作，构建协同性的组织网络以共同参与社会治理的行动过程"。⑤ 田培杰则主张"协同治理是跨部门的公共利益相关群体，通过正规途径开展沟通协商，目的是为了推动这些利益相关群体间共同关注的社会问题得以有效解决"。⑥ "在协同治理过程中，政府通过协商的方式将原先由其独自承担的社会责任转移给非政府组织，而后者慢慢承担起原先完全由政府承担的责任。"⑦ 由此可见，协同治理理论是协同论与治理理论有机结合的一种新型治理理论，协同治理的直接目的是维护和增进公共利益，提高治理效能。协同治理具有各子系统协同性、治理主体多元性、治理效能

① John M. Bryson, Barbara C. Ccrosby, Melissa Middleton Stone. The Design and Implementation of Cross-Sector Collaborations：Propositions form the Literature ［J］. Public Administration Review, 2006, 66：44-45.

② C. Ansell, A. Gash. Collaborative Governance in Theory and Practice ［J］. Journal of Public Administration Research and Theory, 2007：543-571.

③ 全球治理委员会. 我们的全球伙伴关系 ［R］. 伦敦：牛津大学出版社, 1995：23.

④ 黄思棉, 张燕华. 国内协同治理理论文献综述 ［J］. 武汉冶金管理干部学院学报, 2015（3）：3.

⑤ 杨志军. 多中心协同治理模式的内涵阐析 ［J］. 四川行政学院学报, 2010（4）：29-32.

⑥ 田培杰. 协同治理概念考辨 ［J］. 上海大学学报（社会科学版）, 2014（1）：124-140.

⑦ 罗伯特·罗茨, 杨雪冬. 新治理：没有政府的管理 ［J］. 经济管理文摘, 2005（14）：41-46.

的最优性、序参量主导性等特征。

（二）协同治理理论对校园欺凌复合治理的指导价值

协同治理理论提出的多元主体共同处理繁杂的社会公共事务，通过相互沟通协调，消除不同己见，达成共识，实现多个主体的共同长远利益观点，以及序参量主导性等对治理校园欺凌具有指导意义。

我国原有治理模式存在的典型问题是治理主体单一，即学校是唯一治理主体，而家庭、社会、学生本人未参与到治理当中，这是校园欺凌屡禁不止的重要原因之一。因此，借鉴协同治理理论，构建多元主体协同治理体系是有效遏制校园欺凌的必要措施之一。

三、整体性治理理论

（一）整体性治理理论内涵

整体性治理理论诞生于 20 世纪 90 年代的英国，以学者佩里·希克斯和数字治理研究者帕却克·邓利维为代表。佩里·希克斯从功能视角提出，"新公共管理在治理碎片化现象方面出现了诸如转嫁方面问题、重复或者互相冲突目标、彼此冲突的项目、缺少沟通、在需要作出反应时的地盘战无法获取服务、在服务的提供或者干预过程中的遗漏或者偏差等"。① 这一理论是在反思和弥补新公共管理导致的部门化、碎片化和裂解性基础上形成的。整体性治理就是坚持公民需求治理导向，综合运用信息技术作为治理手段，建构整合、协调、责任的综合治理机制，对治理层级、功能、公私部门关系及信息系统等碎片化问题进行整合与协调，为公民提供整体性服务的政府治理图式。整体性治理强调以公民为中心，注重公民参与，发挥公民监督作用。以整体行为取向，注重信任、责任感、信息系统、预算和制度化等要素，强调建立责任机制。

整体性治理理论基础是"协调"和"整合"。佩里·希克斯认为，协调是整

---

① 参见翁士洪．整体性治理及其在非结构化社会问题方面的运用——以西藏林芝地区"希望工程"政策运作为例［J］．甘肃行政学院学报，2009（5）：71-79.

合的基础，整合是贯彻执行协调的结果，二者既相互区别又各自独立，在实际应用中必须相互切换和联合使用。为适应数字时代的到来，帕却克·邓利维提出了"政府改革的三大理论主张，即部门和职能的重新整合、以需求为基础的整体主义改革取向、政府的数字化变革过程"。① 整体性治理的目的就是降低社会治理成本，增加社会治理效果，提供便捷有效的社会服务，它强调治理手段方式的多样性、治理目标与手段一致性、预防功能大于治理的理念。

（二）整体性治理理论对欺凌复合治理的指导价值

这一理论与校园欺凌治理具有高度一致性。（1）校园欺凌防治必须坚持学生治理主体的理念，把学生作为治理主体而不是当成治理客体，改变过去错误的做法，充分发挥学生主观能动性，实现其自我管理、自我防治功能。（2）其协调与整合理念对欺凌治理具有指导作用。校园欺凌防治必须整合社会资源，坚持多元主体协同治理，明晰职责，各司其职，实现治理效能最优化。（3）整体性治理理论强调建立责任机制同样有指导意义。欺凌防治必须强化政府、学校、家庭、社会、学生社会责任，建立欺凌治理长效机制，形成政府主导、学校主体、家长源头、学生中心、社会支持的多元联动机制，以期有效根治欺凌。（4）治理手段方式的多样性与欺凌治理具有契合性，欺凌治理必须坚持德法融合、以法为主的治理结构、多元主体参与的治理方式和多种措施并举的治理手段。

四、破 窗 理 论

（一）破窗理论内涵

破窗理论是法国克洛德·弗雷德里克·巴斯夏（Claude Frédéric Bastiat）提出的经济学谬误破窗理论，最早源于经济学著作《看得见的与看不见的》一书，指"谬误的产生是由于决策者只看到眼前或短期可见的后果"。② 后来亨利·黑

---

① 赵石强. 数字时代的整体性治理理论及其启示［J］. 重庆科技学院学报（社会科学版），2011（15）：39.

② 克洛德·弗雷德里克·巴斯夏. 看得见的与看不见的：商界、政治及经济生活中的隐形决策思维［M］. 刘霈，译. 北京：北京台海出版社，2018：原序 1-2.

兹利特（Henry Hazlitt）拓展了这一理论，"强调了行为或政策对所有群体造成的影响"。①

1969 年，美国斯坦福大学心理学家菲利普·津巴多进行了一项实验，他找来两辆完全一样的汽车，把一辆没有牌照和引擎盖的汽车停在 Bronx 区的一条街上，把另一辆对比车辆停在加利福尼亚 Palo Alto 的一条街上。停在 Bronx 区的车辆在被遗弃后不到十分钟就遭到了破坏者的袭击。首先接近车辆的是一个由父亲、母亲和年幼的儿子组成的家庭，他们拆走了散热器和电池。而 24 小时之内，事实上所有值钱的东西都被拿走了。然后随机的破坏也开始了——窗户被打碎，零件被拿走，内饰被撕毁。孩子们开始把这辆车当成游戏场所。而大多数成年"破坏者"则是衣着得体、外表整洁的白人。而停在 Palo Alto 区的车则超过一周也无人碰触。然后，菲利普·津巴多教授抢起大锤开始砸车。不久，过路者也开始加入。几个小时之后，车辆被掀翻了，而且完全被毁坏了。这次，破坏者仍是一些外表看起来相当可敬的白人。② 以这项实验为基础，政治学家威尔逊和犯罪学家凯琳 1982 年在《大西洋月刊》上发表了文章《破窗理论：警察和邻里安全》，他们"用一扇破窗图像，解释若无人确实地维护，邻里社区可能堕入失序，甚至犯罪的境地"，③ 由此提出了一个"破窗效应"理论。

"破窗理论"揭示了一种社会现象：如果打碎的第一扇玻璃不被及时修复，就会引起更多的人仿效，这可能就是"中国式过马路"的原因。

国内学者赵秉志认为，破窗理论回答了"犯罪如何发生，以及环境对犯罪有重大影响、不良环境对犯罪具有诱导作用"。④ 刘晓农教授指出破窗理论在防控利用特定环境进行犯罪方面具有突出的优势，它揭示了犯罪动机产生的情境、犯罪发生的周边环境，以及受害人受保护程度等。⑤ 李本森教授认为这一理论对我

① 亨利·黑兹利特. 一课经济学［M］. 蒲定东，译. 北京：中信出版社，2008：11.

② James Q. Wilson and George L. Kelling. Broken Windows：The Police and Neighborhood Safety［J］. Atlantic Monthly，1982（3）：33.

③ James Q. Wilson，George L. Kelling. Broken Windows：The Police and Neighborhood Safety［J］. Atlantic Monthly，1982（3）：29-42.

④ 赵秉志，金翼翔. CPTED 理论的历史梳理及中外对比［J］. 青少年犯罪问题，2012（3）：34.

⑤ 刘晓农，叶萍. 破窗理论与流动人口犯罪控制［J］. 河南社会科学，2013（4）：54.

国制定犯罪防控政策、打击和预防街区和居民类犯罪具有借鉴与启示意义。①

"破窗理论"给我们的启示是，任何不良现象如果得不到有效制止，就会给群体产生心理上的暗示，诱导更多的人效仿，结果不良现象就会迅速蔓延，造成所有人对某种错误的漠视和纵容，不但使得他本人继续犯更大的错误，而且这种效应会逐步扩散到周围人群中，进而产生更严重的后果。

（二）破窗理论对校园欺凌复合治理的指导价值

破窗理论对校园欺凌的指导意义在于，治理欺凌要以预防为主，防治结合。

（1）积极预防欺凌现象。防微杜渐，未雨绸缪，治理欺凌要关口前移，及时修好被弄坏的第一块玻璃。要通过建立健全班级规章制度和校纪校规，细化各主体责任，鼓励师生之间、生生之间加强交流，随时化解矛盾纠纷。同时要完善欺凌防治工作体系，加强学生、教师的反欺凌培训、开展专题活动，提升反欺凌意识，以及应对欺凌事件的技巧和能力，将欺凌现象消灭于萌芽之中，以防出现"多米诺骨牌效应"。

（2）发现欺凌及时处理。对待欺凌要采取零容忍态度，发现欺凌要第一时间采取措施，不回避，不迁就，杜绝破窗效应的蔓延，及时做好被欺凌者的心理疏导，引导欺凌者反思并换位思考被欺凌学生的心理感受，修复同学关系，重塑和谐校园。

（3）优化校园环境。破窗理论告诉我们不良环境对犯罪具有诱导作用，环境有强烈的暗示性和导向性。因此，防止欺凌首先要优化环境，加强校园文化建设，构建和谐家庭文化，净化社会环境，实现全环境育人。

---

① 李本森．破窗理论与美国的犯罪控制［J］．中国社会科学，2010（5）：154.

第三章　校园欺凌相关问题界定

近年来，随着校园欺凌事件的频频发生，校园欺凌事件备受人们的关注。尤其是 2020 年 9 月 26 日贵州瓮安人民法院通报"初中生刺死霸凌者获刑 8 年案"更是一石激起千层浪。2014 年 4 月 30 日，贵州瓮安四中初三学生陈某某在校遭李某某等人殴打两次，放学后又被强行拉到校外"单杀"，结果一死一伤。幸存下来的陈某某以故意伤害罪被判刑 8 年。那什么行为属于校园欺凌？校园欺凌有何特征？欺凌与网络欺凌、校园暴力有何不同？如何界分？

"凡立言，先正所用之名以定名义之所在"，以做到"限其义之所止，使无越畔也"。① 界定欺凌概念目的在于其应用性、可操作性。因而，有必要首先对"校园欺凌""网络欺凌""校园暴力"等核心概念进行阐析与确认。

一、校园欺凌的界定

"校园欺凌"与"校园霸凌""校园暴力"的内涵具有相似性，因此，明确"校园欺凌"的内涵范围对于该问题的规制具有重要意义。根据《现代汉语词典》的解释，以上三类概念均有欺侮、蛮横无理之意，但是从逻辑关系来看，根据 2017 年 1 月联合国教科文组织发布的《校园暴力与欺凌全球现状报告》认定校园暴力是校园欺凌的上位概念："校园欺凌包含身体暴力、心理暴力、性暴力欺凌。"此种观点为大多数国家和学者所接受，但在治理模式上所采纳的观点各执一词，有学者将"校园暴力"作为直接规制的对象，也有学者认为仍应将"校园欺凌"作为直接规制对象。前者之优势在于可以对"校园暴力"的下位概念进行整体的法律规制，具有宏观指导意义，但是从微观角度也体现出缺乏对

---

① 辞海（缩印本）[M]．上海：上海辞书出版社，1989：1658.

"校园欺凌"的针对性治理，不易寻找适合所有下位概念的规制路径，并且缺乏具体问题具体分析的可行性。而后者虽然具备仅针对"校园欺凌"问题的可行性，但与其他下位概念之间会产生缺乏契合度的效果。因此，明确校园欺凌的概念可以解决不同概念的交叉关系所造成的混乱。

（一）校园欺凌概念

关于校园欺凌的概念不同国家学者对于校园欺凌问题都进行了深入广泛的研究，但其所给出的答案却有所不同，到目前为止各国尚未形成统一概念。

"欺凌"一词最早诞生于 1538 年的德语。1885 年贝克（Burk）将 bullying 描述为，"男生及女生间的暴行，参与者有大学生、中学生甚至幼儿园的儿童，手段通常为威胁、伤害或者恐吓，目的是操控他人"。[1] 20 世纪 70 年代，海纳曼将欺凌界定为群体针对某个不良行为个体的突发性暴力行为。[2] 被誉为"欺凌研究先驱"的挪威学者丹·奥维斯教授较早针对校园欺凌进行了深入研究，1973 年在出版了《校园欺凌：恶霸和替罪》（*Aggression in the Schools：Bullies and Whipping Boys*）。1978 年他将"校园欺凌"定义为一名学生长时间并且重复地暴露于一个或多个学生主导的负面行为之下，欺凌并非偶发事件，而是长期性且多发性的事件。[3] 赛米瓦力（Salmivalli）认为："欺凌是力量较强的一方对较弱的一方实施的攻击，通常表现为以大欺小、以强凌弱、以众欺寡。"[4] 英国的史密斯教授基于欧维斯的表述，进一步对校园欺凌的概念提出以下几点：第一，欺凌者具有主观上的故意；第二，欺凌行为的重复次数较高，并不是一种低频现象；欺凌者与被欺凌者之间身体力量对比差距较大。肯·瑞格比（RIgby，K）拓展了奥维斯的双方力量不平衡这一部分，增加了"不公平"内容。[5] 而作为法律发展比较先进的美国对于校园欺凌行为的定义则是在 2010 年美国《新泽西州反欺

---

① Burk, F. L. Teasing and Bullying［J］. Journal of Genetic Psychology, 2012（3）：51-55.

② Heinemann, P. P. Mobbning：Gruppvald Blant Barn Ogvokane Bullying：Group Violence Aamong Children and Adults［M］. Stockholm：Natur och Kultur, 1973：73.

③ 张文新，纪林芹. 中小学生的欺负问题与干预［M］. 济南：山东人民出版社，2006：89.

④ Salmivalli C. Participant Role Approach to School Bullying：Implications for Linterventions［J］. Journal of Adolescence, 1999, 22（4）：453.

⑤ RIGBY K. New Perspectives on Bullying［M］. London：Jessica Kingsey, 2002：51.

凌法》规定中有所提及，"将校园欺凌定义为采取不同的行为方式使他人精神或身体受到损害或者影响其学习的行为"。① 根据定义可看出其认为校园欺凌具有方式多样性、侵害法益多方面等特点。英国政府教育与技能部（DFES）对校园欺凌的定义是"反复的、有意的或持续的意在导致伤害的行为，但偶发的事件在某些情况下也可被看作欺凌；个人或群体施加的有目的的有害行为；力量的失衡使得被欺凌的个体感觉失去抵抗"。② 加拿大安大略省校园预防欺凌计划将欺凌定义为："欺凌是一种对受害者身心健康有害的、动态过程；欺凌者凭借优势力量对受害者进行物理的、心理的或者其他形式的侵犯。"③ 日本文部科学省将欺凌定义为："指对比自身弱的人，在身体上或心理上实施单方面持续性的攻击，令对方深感痛苦的行为。"④ 芬兰教育界给校园欺凌的定义是"发生在校园的，从口头、身体和心理上反复、故意地侵犯受害者的行为，欺凌会对受害者的精神和身体健康产生长期的不良影响，主要有身体欺凌、心理欺凌、网络欺凌等"。⑤ 法国教育部将欺凌定义为"力量较强的一个人或一群人对另一个人或一群人，重复的造成身体和情感伤害的行为。韩国对校园欺凌的定义是学生之间在校内外发生的以暴行、胁迫、孤立等方式造成身体、精神伤害及财产损失等结果的行为"。⑥

现代汉语词典（2002 年增补版）对欺凌的解释有两重含义："一是欺负，形容用蛮横无理的手段侵犯、压迫或侮辱他人；另一个是凌辱，指对别人的人格不尊重，用尖刻的语言或动作使对方受伤害。"⑦ 学者胡春光认为校园欺凌是"发

---

① 杨立新，陶盈. 校园欺凌行为的侵权责任研究［J］. 福建论坛，2013（8）：178.

② 魏叶美，范国睿. 社会学理论视域下的校园欺凌现象分析［J］. 教育科学研究，2016（2）：20.

③ 杨廷乾，接园，等. 加拿大安大略省校园预防欺凌计划研究［J］. 比较教育研究，2016（4）：62.

④ 杨立新，陶盈. 校园欺凌行为的侵权责任研究［J］. 福建论坛（人文社会科学版），2013（8）：177.

⑤ Brian Noland. Effects of the KiVa Anti-Bullying Program on Adolescents' Perception of Peers，Depression，and Anxiety［D］. Lawrence：University of Kansas，2011：1-80.

⑥ 韦婷婷. 回顾与反思：国内外校园欺凌研究综述［J］. 现代教育科学，2018（7）：145.

⑦ 现代汉语词典（2002 年增补本）［M］. 北京：商务印书馆，2002：253.

生在学生之间（无论是校内还是校外）的一种恃强凌弱行为，即欺凌实施主体对另一方实施的蓄意攻击行为，包括网络、语言、肢体等多种形式，导致被欺凌者遭到精神、财产以及身体等方面损害"。① 佟丽华指出"校园欺凌是发生在校园内的针对学生身体或精神实施的达到某种严重程度的侵害行为"。② 并且，欺凌事件并不意味着欺凌者在体力、资源掌握情况等方面强于被欺凌者，当欺凌者对被欺凌者造成一定威慑，使被欺凌者陷入不敢反抗、不能反抗的状态即可。欺凌行为不应当以发生次数或者是否实施作为衡量要素，如果一次欺负、侮辱的行为符合前三个要素，那么就应当被看作校园欺凌行为。皮艺军则认为"校园欺凌是发生在学生之间，由少数人主导的攻击报复行为，通常由一两个学生主导，其他同学附和"。③ 张翼认为"狭义上的校园欺凌就是指校园暴力，特指发生在学校及其合理辐射地域，由校内或校外人员针对学生身体或心理实施的、达到一定伤害程度的侵害行为"。④ 我国台湾地区《儿童及少年福利期刊》（2009）明确界定霸凌这种冲突方式包括身体攻击、言语攻击、性攻击，或者采取关系上排挤，或是通过其他科技形式欺凌；在权利不对等的人际关系间产生，拥有权力者为霸凌者。我国香港学者黄成荣教授认为"欺凌是一种蓄意及持续性和欺压，透过言语或肢体暴力侵犯他人，并将他人置于压力之下的行为"。⑤

由此可以看出，虽然不同国家地区不同学者对于校园欺凌概念的表述方式存在差异，对于校园欺凌概念构成的划分标准也存在不同，但从其所表达的核心观点来看，其在基本精神方面具有一致性的特征，即在双方学生主体之间、长期性攻击、造成身心痛苦的行为。

2017 年 11 月 22 日教育部等印发的《加强中小学生欺凌综合治理方案》指出，校园欺凌是在学校中发生的通过书面、口头或者网络对其他学生进行侮辱、

---

① 胡春光. 校园欺凌行为：意涵、成因及其防治策略［J］. 教育研究与实验，2017（1）：73.

② 胡春光. 校园欺凌行为：意涵、成因及其防治策略［J］. 教育与实验，2017（1）：73.

③ 任海涛. "校园欺凌"的概念界定及其法律责任［J］. 华东师范大学学报（教育科学版），2017（2）：43.

④ 张翼. 破解校园暴力之殇［EB/OL］.（2015-07-27）［2021-03-09］. http：//zqb. cyol. com/html／2015-07/27/ nw. D110000zgqnb_20150727_1-02. htm.

⑤ 黄成荣. 香港学行为与全校总动员手法［J］. 预防宵少电研究，2012（7）：86.

欺凌，使他人在身体、精神或财产方面遭受损害的行为，文件正式对欺凌进行了界定："中小学生欺凌是发生在校园（包括中小学校和中等职业学校）内外、学生之间，一方（个体或群体）单次或多次蓄意或恶意通过肢体、语言及网络等手段实施欺负、侮辱，造成另一方（个体或群体）身体伤害、财产损失或精神损害等的事件。"①

2018年11月，天津市出台了关于校园欺凌的地方性法规《天津市预防和治理校园欺凌若干规定》，它指出："校园欺凌是指发生在天津市中小学校、中等职业学校和普通高等院校校园内外、学生之间，一方利用体能、人数或者家庭背景等条件，蛮横霸道、恃强凌弱，通过以下方式蓄意或者恶意实施欺负、侮辱，侵害另一方身体、精神和财物的行为，包括在班级等集体中实施歧视、孤立、排挤的；多次对特定学生进行恐吓、谩骂、讥讽的；多次索要财物；多次毁损、污损特定学生的文具、衣物、物品等多个方面。"② 这是全国首部关于校园欺凌的地方性法规。

2020年12月新修订的《中华人民共和国未成年人保护法》将校园欺凌纳入法律当中，第130条明确规定："学生欺凌是指发生在学生之间，一方蓄意或者恶意通过肢体、语言及网络等手段实施欺压、侮辱，造成另一方人身伤害、财产损失或者精神损害的行为。要求学校应当建立学生欺凌防控工作制度，对教职员工、学生等开展防治学生欺凌的教育和培训。学校对学生欺凌行为应当立即制止，通知实施欺凌和被欺凌未成年学生的父母或者其他监护人参与欺凌行为的认定和处理；对相关未成年学生及时给予心理辅导、教育和引导；对相关未成年学生的父母或者其他监护人给予必要的家庭教育指导。对实施欺凌的未成年学生，学校应当根据欺凌行为的性质和程度，依法加强管教。对严重的欺凌行为，学校不得隐瞒，应当及时向公安机关、教育行政部门报告，并配合相关部门依法处

---

① 中华人民共和国中央人民政府．教育部等十一部门联合印发《加强中小学生欺凌综合治理方案》，（2017-12-28）［2020-05-10］. http：//www. gov. cn/xinwen/2017-12-28/content_5251115. htm.

② 市教委等十一部门关于印发天津市加强中小学生欺凌综合治理方案的通知［EB/OL］.（2018-09-25）［2021-10-11］. http：//gk. ti. gov. cn/gkml/000125225/201809/t20180925-80170. shtml.

理。"①《未成年人学校保护条例》规定，"学生之间，在年龄、身体或者人数等方面占优势的一方蓄意或者恶意对另一方实施前款行为，或者以其他方式欺压、侮辱另一方，造成人身伤害、财产损失或者精神损害的，可以认定为构成欺凌"。②

《加强中小学生欺凌综合治理方案》规定的欺凌行为包括以下构成要件：第一，发生在校园内；第二，行为主体限于中小学生之间；第三，行为人主观上存在故意的罪过心理，并且存在预谋等情节；第四，客观行为方式体现为语言、肢体或网络手段；第五，时间跨度上具有长期性；第六，损害后果包括人身伤害和精神损害。这是我国首次对校园欺凌进行的严格意义上的界定。这一规定突出的场域是校园内，主体是学生之间，但事实上有些欺凌事件是发生在校园外，有的教师对学生也会发生语言欺凌，等等，实际上欺凌事件的发生已经超出了这一范围。目前这一定义不能完全包括现实中已经发生的欺凌行为，需要重新界定。

也有学者认为校园欺凌的构成要素主要有："力量不均衡，也就是欺凌者一般比被欺凌者要更为强壮；其目的在于伤害他人；欺凌行为会进一步侵害威胁，重复发生，也可能会升级为更严重的情况；还会惯于用恐吓来维持欺凌者的主导地位。"③ 事实上，大多数欺凌行为具有重复性，但也有例外，有的欺凌行为只有一次就会造成严重伤害，同样应该定为校园欺凌。2016年温州未成年人欺凌同伴案④中，7名欺凌者将15岁女孩小婷强行带到房间，并轮流对其扇耳光、踢肚子、冷水淋等，还强迫小婷脱光上衣跳舞并拍下视频，传播在网上。最终7名欺凌者均被判刑。然而，这一欺凌行为是欺凌者的第一次欺凌，欺凌者与被欺凌者之间并不熟悉。

对欺凌事件中涉及的当事人，学者们表述不一。奥维斯等根据学生对于欺凌现象的不同行为及态度差异，将欺凌当事人分为被欺凌者、欺凌者、欺凌跟随

---

① 参见《中华人民共和国未成年人保护法》第130条、第39条。
② 参见《未成年人学校保护条例》第21条。
③ 芭芭拉·科卢梭，肖飒. 如何应对校园欺凌 [M]. 上海：华东师范大学出版社，2017：30.
④ 余雅风，王祈然. 科学界定校园欺凌行为：对校园欺凌定义的再反思 [J]. 教育科学研究，2020（2）.

者、间接支持者、隐性支持者、冷漠围观者、潜在帮助者和帮助者。① 张文新将欺凌角色分为："欺负者、被欺负者、协同欺负者、煽风点火者、保护者、旁观者六类，认为欺凌情境中的各角色间复杂互动会对欺凌行为与同伴关系产生影响。"② 可见，欺凌事件当事人最常见的通常有欺凌者、被欺凌者和旁观者。

欺凌者又被称为加害者，"指以伤害他人为目的，重复性攻击行为的实施者"。③ 欺凌者可能是一人，也可能是多人，或是有组织的小帮派。与普通青少年相比，"欺凌者的攻击性、敌对性与操控欲更强，社会心理功能较差，在处理同伴关系中更倾向采用恶劣的、攻击性的言行"。④ 通过欺凌行为来满足自我、彰显自我，提升身份地位的心理需求。

被欺凌者是指以伤害为目的，重复性攻击行为的收受者，即欺凌行为的实施对象。与欺凌者相反，被欺者凌呈现出与普通青少年明显不同的自我认知。被欺凌者通常自我认可度较低，"比普通青少年更缺乏安全感，容易抑郁、焦虑、谨慎、敏感、安静。受欺者通常呈现出孤僻、忧郁、忧虑以及恐惧新环境的性格特征，表现出更多的内化行为"。⑤

旁观者是指欺凌事件的围观者，通常会以两种身份出现，即欺凌的协助者、强化者和受害者的保护者。吉尼（Gini）在针对欺凌事件的冷静围观者与受害维护者的对比调查中发现，"选择围观而不参与的旁观者多缺乏帮助他人的自我责任感与自信心，而选择维护受欺者的旁观者则不缺乏这两种特质"。⑥ 旁观者的

---

① Dan Olweus, Limber S P. Bullying in School: Evaluation and Dissemination of the Olweus Bullying Prevention Programf [J]. Awericcan Journal of Orthopsychiatry, 2010 (1): 124.

② 张文新，纪林芹. 中小学生的欺负与干预 [M]. 济南：山东人民出版社，2006：5.

③ Olweus, D. The Revised Olweus Bully/Victim Questionnaire [R]. Research Center for Health Promotion (HEMIL Center), Norway: University of Bergen, 1996: 58.

④ Slee, P. T. & Rigby, K. The Relationship of Eysenck's Personality Factors and Self-Esteem to Bully/Victim Behaviour in Australian School Boys [J]. Personality and Individual Differences, 1993 (14): 82-86.

⑤ Kumpulainen, K. Rasanen, E. Henttonen, I. Almqvist, F. Kresanov, K. Linna, S. L. Moilanen, I. Piha, J. Tamminen, T. & Puura, K. Bullying and Psychiatric Symp-toms among Elementary School-age Children [J]. Child Abuse and Neglect, 1998 (22): 101-105.

⑥ 吉尼（Gini）在针对欺凌事件的冷静围观者与受害维护者的对比调查中发现，选择围观而不参与的旁观者多缺乏帮助他人的自我责任感与自信心，而选择维护受欺者的旁观者则不缺乏这两种特质。

角色在很大程度上影响欺凌事件的发展。加拿大约克大学（York University）教授佩普勒（Pepler）形象地将"旁观者比喻为欺凌剧场的观众，欺凌过程包括一系列故事情节，作为观众的旁观者与欺凌者、被欺凌者共同推动了剧情的发展"。① "假如越来越多的同伴（旁观者）不去奖励和支持欺凌者，那么欺凌者的行为就很难被接受，也难以因为欺凌他人而获得相关'利益'和'奖赏'。欺凌者的行为也就失去了社会基础以及合法性、合目的性。"② 但是旁观者沉默会助长欺凌者威风。"一群沉默者中发生的校园欺凌事件"足以说明这一点。高一汪某某入校时因性格孤僻软弱，时常被同学李某某欺负。汪某某忍气吞声，李某某对其欺凌变本加厉、逐步升级。课间，李某某多次把汪某某带到洗手间逼迫其喝尿等进行人格侮辱，还强迫其购买自己的二手游戏、鞋子并虚构校外借款人强行借款给汪某某，从中收取高额利息。最终，李某某被判定构成寻衅滋事、强制猥亵、敲诈勒索罪，数罪并罚。③ 李某某实施欺凌时班上的大多数同学都知情，但都成了沉默的旁观者。旁观者的沉默在一定程度上纵容了欺凌者。再加上被害人胆小，一直不敢告诉父母和老师自己被欺凌的事实，导致欺凌不断升级恶化。可见，旁观者的沉默成了欺凌行为的助推器。

（二）校园欺凌种类

关于校园欺凌的种类，不同学者持不同观点。奥维斯将校园欺凌分为 9 类："言语欺凌：贬低性语言或取绰号；人际关系的排斥或孤立；身体欺凌：踢、打、推、吐痰等；编造谣言或谎言；被欺凌者勒索及损坏财物；受到威胁、强迫；种族欺凌；性别欺凌；网络欺凌：包括网络邮箱、聊天室、手机等方式。"④ 哈拉奇、卡他雷诺和郝金思将欺凌行为划分为"公然欺凌（包括身体、语言欺凌）

---

① Pepler, D. Craig, W. M. O'Connell, P.. Peer Processes in Bullying：Informing Prevention and In-tervention Strategies［M］//Jimerson, S. R. Swearer, S. M., Espelage, D. L.（Eds）. Handbook of Bullyingin Schools：An International Perspective. New York：Routledge, 2010：469.

② Salmivalli, C. Bullying and the Peer Group：A Review［J］. Aggression and Violent Behavior, 2010, 15（12）：112.

③ 参见 2020 年度上海市妇女儿童维权十大优秀案例。

④ Olweus Bullying Prevebtion Program［EB/OL］. http；//www. olweus. org/public/bullying.

和关系欺凌"。① 基思·沙利文将欺凌分为"生理欺凌、非生理欺凌、语言欺凌和非语言欺凌四类"。② 日本文部科学省将校园欺凌也分为 9 种类型："冷嘲热讽；孤立；轻度身体欺凌；重度身体欺凌；敲诈勒索；偷窃、丢失、破坏物品；强迫他人做危险的事；以网络方式诽谤中伤；其他类型。"③ 美国教育部和疾病预防控制合作中心将校园欺凌形式规定为身体、语言、关系和网络欺凌四大类。英国将欺凌分为身体、言语、关系、网络、间接欺凌以及性欺凌。加拿大将欺凌分为身体欺凌和精神欺凌（言语欺凌、关系欺凌）两类。从各国规定可以看出，身体欺凌、言语欺凌、关系欺凌、网络欺凌以及性欺凌为校园欺凌的共同形式，不同的是有的国家增加了间接欺凌形式。

我国学者张文新将欺凌行为分为"直接身体欺负、直接语言欺负和间接欺负。马雷军将校园欺凌分为肢体、言语、关系、性和网络欺凌五种"。④ 孙美玲等将其分为直接欺负和间接欺负，直接欺负包括语言和身体欺负，间接欺负指不理睬对方，以社会排斥、散布谣言和诽谤等来伤害对方。⑤ 我国教育部将校园欺凌分为"肢体欺凌、言语欺凌、关系欺凌、性欺凌、反击性欺凌和网络欺凌"。⑥ 2018 年 11 月天津市发布的《天津市预防和治理校园欺凌若干规定》规定的校园欺凌行为有："在班级等集体中实施歧视、孤立、排挤的；多次对特定学生进行恐吓、谩骂、讥讽的；多次索要财物的；多次毁损、污损特定学生的文具、衣物等物品的；实施殴打、体罚、污损身体等行为的；记录、录制、散布实施欺凌过程的文字、音频、视频等信息的；法律法规规定的其他欺凌行为。"⑦ 这一规定只是列举了具体行为，没有对欺凌行为进行分类。《未成年人学校保护条例》规

---

① SMITH P K, MORITA YJUNGER-TASJ, et al. The Nature of School? Bullying: A Ccross_ntional Perspec -tive [M]. London: Routledge, 1999: 2791.

② 基思·沙利文. 反欺凌手册 [M]. 徐维，译. 北京：中国致公出版社，2014: 15.

③ 文部科学省初等中等教育局儿童生徒课. 平成 27 年度「児童生徒の問題行動等生徒指導上の諸問題に関する調査」（速報値）について [R]. 2017.

④ 马雷军. 让每个学生都安全：校园欺凌相关问题及对策研究 [J]. 中小学管理，2016 (8).

⑤ 孙临美，林玲. 儿童校园欺凌问题的现状归因及对策 [J]. 校园心理，2009 (3): 153.

⑥ 教育部. 霸凌类型有哪些 [EB/OL]. http://csrc. edu. tw/bully/issue. asp#10.

⑦ 王光明，张楠，周九诗. 高中生数学素养的操作定义 [J]. 课程·教材·教法，2016 (7): 50-55.

定，教职工发现学生实施下列行为的，应当及时制止：（1）殴打、脚踢、掌掴、抓咬、推撞、拉扯等侵犯他人身体或者恐吓威胁他人。（2）以辱骂、讥讽、嘲弄、挖苦、起侮辱性绰号等方式侵犯他人人格尊严。（3）抢夺、强拿硬要或者故意毁坏他人财物。（4）恶意排斥、孤立他人，影响他人参加学校活动或者社会交往。（5）通过网络或者其他信息传播方式捏造事实诽谤他人、散布谣言或者错误信息诋毁他人、恶意传播他人隐私。这一规定列举了欺凌的相关行为，同样缺乏相应的分类。

关于网络欺凌有的学者进行了扩大化研究，将其统称为电信欺凌，"具体包括短信欺凌、手机媒介欺凌、电话欺凌、邮件欺凌、聊天室欺凌、网站欺凌以及即时消息欺凌"。[1]《2018 中国青少年互联网使用与网络安全情况调研报告》指出，"占到 71.11% 的青少年遇到过网络欺凌，其中网络嘲笑和讽刺、辱骂或使用带有侮辱性词汇的比例最高，还有恶意图片或动态图、语言或文字恐吓等形式，遭遇场景主要包括社交软件、网络社区和新闻留言等"。[2] 网络欺凌已经成为一个新的发展趋向，与其他欺凌相比，其具有匿名性、超时空性、迅速扩散性、失控性以及更加隐蔽性特点，需要高度关注。

学者黄成荣认为以下四类可以大体囊括校园欺凌："肢体欺凌，即通过肢体欺凌案件恶意戏弄或欺负别人；言语欺凌，辱骂、起外号、嘲笑别人；关系欺凌，联合其他人对被欺凌者实施排挤、孤立并无视其存在，将其排除在社交圈以外；强索欺凌，以粗暴或恐吓的方式将别人物品据为己有。"[3] 马雷军将欺凌划分为"口头欺凌、肢体欺凌、关系欺凌、性歧视及网络欺凌"。[4] 中国人民大学中国调查与数据中心开展的中国教育追踪调查（CEPS）"以 2013—2014 年为基线，在全国范围内抽取 112 所学校、438 个班级、约 2 万名学生作为调查样本进

---

① Smith, P. K. & Slonje, R. Cyberbullying: The Nature and Extent of a New Kind of Bullying Inandout of School [M] //S. Jimerson, S. Swearer & D. Espelage (Eds.), Handbook of Bullying in Schools. New York, NY: Routledge, 2010: 127.

② 《中国青少年互联网使用及网络安全情况调研报告》发布 [EB/OL]. (2020-10-19) [2021-03-15]. http://tech.cnr.cn/techgd/20180531/t20180531_524253869.shtml.

③ 黄成荣. 学童欺凌研究及对策——以生命教育为取向 [M]. 香港：花千树出版社，2003: 260.

④ 马雷军. 让每个学生都安全：校园欺凌相关问题及对策研究 [J]. 中小学管理，2016 (8): 6.

行追踪调查。根据对调查对象的调查结果显示，在小学遭受过言语欺凌的学生比例为40.6%，遭受过社交欺凌的为34.1%，遭受过肢体欺凌的学生比例为16.6%遭受过网络欺凌的学生有9.1%在初中阶段，分别为52.3%、41.8%、21.7%和16.8%，同理，高中阶段，这三大类型分别占41.1%、32.1%、15.3%以及19.8%。可以看出，言语欺凌的占比最高，是校园欺凌的最主要形式。其次是社交欺凌和肢体欺凌，这两种形式也是校园欺凌主要形式之一。所占比例最小的网络欺凌，但是随着年龄段的上升，遭受过网络欺凌的学生比例也随之上升"。①《中国校园欺凌调查报告》指出，"在目前常见的语言欺凌、关系欺凌、身体欺凌和网络欺凌四种校园欺凌类别中，语言欺凌的发生频率高于其他三类，约占23.3%，是我国中小学校园欺凌的主要形式"。② 随着研究的深入，欺凌的分类会更加科学合理，符合实际。

目前大多数学者以教育部规定的欺凌种类视为权威规定，即分为言语欺凌（包括语言威胁、辱骂、嘲笑、讥讽，取不雅的外号等冷暴力），肢体欺凌（包括扇耳光、推搡、被逼下跪、拳打脚踢、勒索财物、物品、收取保护费、吃秽物、灌酒等），关系欺凌（包括孤立、排挤、恶语中伤、背后说坏话、散布谣言导致其与集体隔离等），性欺凌（包括以猥亵、拍裸照、性暗示、吃春药、侵犯下体身体、性侵等），网络欺凌（通过QQ、微信、电子邮件、手机等攻击、谩骂、威胁、传播散布编造的信息等），反击型欺凌（为疏解长期积怨怨恨做出极端反击行为）。尤其是随着科技的发展，各种欺凌形式交叉出现，如网络欺凌与其他欺凌形式交错，容易给被欺凌者造成二次伤害，需要高度关注。北京市第一中级人民法院于2019年8月发布的《未成年人权益保护创新发展白皮书（2009—2019）》显示，"校园欺凌问题已经成为校园伤害案件的重要诱因之一，近半数的校园欺凌案件都发展为网络欺凌、网络攻击和网络暴力"。③

---

① 唐丽娜，王卫东. 青青校园，为何欺凌一再上演［N］. 光明日报，2019-11-19.

② 中国校园欺凌调查报告. 语言欺凌是主要形式［EB/OL］.（2018-03-24）［2021-06-07］. http：//society. people. com. cn/n1/2017/0521/c1008-20289025. html.

③ 孙汝铭，王亦君. 北京一中院发布《未成年人权益保护创新发展白皮书》：校外培训机构人员侵害未成年人权益犯罪明显增加［EB/OL］.（2019-08-09）［2021-01-17］. http：//jw. beijing. gov. cn/jyzx/ztzl/bjjypf/fzzx/fzyw/201908 /t20190813_536859. html.

（三） 校园欺凌的群体行为特征

为有效预防校园欺凌，我国相继发布了多个防治欺凌文件。包括《关于开展校园欺凌专项治理的通知》《加强中小学生欺凌综合治理方案》等，尤其是综合治理方案是我国关于校园欺凌治理方面一个重大的里程碑，也是我国首次以官方文件的形式对校园欺凌概念进行了界定，并且明确了指导思想、治理原则、具体的治理措施及责任分工，这为相关部门提供了有利的政策支持。该方案中指出学校设立由校长负责的学生欺凌治理委员会，在学校内形成应对校园欺凌的应急组织，这无疑是我国治理校园欺凌问题的一大进步，但实施效果并未达到预期目的。

学者姚建龙在 2016 年针对中小学生，在全国范围内的 29 个县进行抽样调查，样本对象共计 107643 名，数据显示："学生欺凌发生率为 33.36%。2017 年《中国校园欺凌调查报告》显示，目前我国中部地区校园欺凌的发生率为 46%，语言欺凌是最主要的形式，发生率占 23.3%。"据统计，"2017 年 1 月至 11 月，全国检察机关共批准逮捕校园涉嫌欺凌和暴力犯罪案件 2486 件 3788 人，提起公诉 3494 件 5468 人。2017 年 5 月中国应急管理学会中小学校园安全专业委员会发布的《中国校园欺凌调查报告》中显示，中小学生受欺凌发生率高达 25.80%。"①通过以上数据我们不难发现，校园欺凌在世界范围内都是普遍存在的，且有越演越烈的趋势，应该引起人们的足够重视。

纵观各类已经发生的欺凌案件，欺凌者、被欺凌者、旁观者以及欺凌群体既表现出共性特征，也有各自独特特征。校园欺凌的群体行为特征主要包括以下几方面：

1. 被欺凌者的特征

被欺凌者是欺凌的对象，欺凌行为中的受害者，通常情况下具有以下特征：

第一，性格方面：具有内倾型的人格特征。被欺凌者性格比较敏感、悲观或自卑，不善于处理人际关系，对身边的人缺少信任感，对家人、老师或者朋友没有安全感，经常会焦虑，比其他青少年相比在适应学校生活、承受心理压力方面

---

① 李爱．青少年校园欺凌现象探析［J］．教学与管理，2016（1）：67.

显得脆弱。同时，被欺凌者往往具有性格软弱、身材弱小等特点，与欺凌者力量悬殊，致使其在被欺凌过程中反抗能力差或不敢反抗。在与人相处的过程中，被欺凌者不愿意听从他人或者太过于顺从他人，对自己不自信，人际关系不好等。"由于缺乏社交技能、害羞等个体特征，由此导致被欺凌者缺少朋友、被孤立或边缘化和较低的社交地位，从而增加其遭遇欺凌风险。"①

第二，家庭教育方面：被欺凌者在家庭教育中可能得不到父母的关爱或者过分溺爱。导致其在与同学相处的过程中由于性格等原因，不能与同学进行良好的沟通，或者遇到问题不善于向老师、同学寻求帮助。

第三，仪表形象方面：被欺凌者外表屠弱，衣着不整齐，不注意个人卫生或者打扮时髦，容易吸引他人注意等。大多数的被欺凌者都与身边的人格格不入，除去性格原因也与其外在穿着有关。有研究证明，"传统欺凌中的被欺凌者一般学业较差，有行为问题，被社会孤立，朋友很少，在班级人缘差"。②

第四，损害结果方面：损害结果具有隐蔽性与长期性。除了财产损害外，被欺凌者不仅身体遭受伤害，大多还伴随心理的损伤和精神痛苦，挥之不去，导致抑郁甚至自杀，并且这种行为通常是不可逆的，其产生的影响很可能伴随被欺凌者的一生。

2. 欺凌者的特征

欺凌者是指具有攻击性行为特征的个体或群体。③ 具体而言，欺凌者通常具有下列特征：

第一，个人性格方面：具有外倾性人格特征。欺凌者往往占据体格优势、地位优势，认知水平低，情绪波动大特点。研究表明人格特质可预测欺凌行为，"如个体的情绪波动较大，容易冲动、容易激惹的，欺凌他人风险就会大大提

---

① SCHWARTZ D. Subtypes of Victims and Aggressors in Children's Peer Groups [J]. Journal of Abnormal Child Psychology, 2000, 28 (2): 181.

② 孟月海，朱莉琪. 网络欺负及传统欺负：综述 [J]. 中国心理卫生杂志, 2010 (11): 880.

③ Olweus D. Bully/Victim Problems among Schoolchildren: Basic Facts and Effects of a School Based Intervention Program [J]. Debra J Pepler & Kenneth, 1991: 411-448.

高"。① 欺凌者通常是"身体强壮、性格冲动、无明确人生目标、主观性强而过于敏感、学业成绩不佳、移情能力缺乏、自控力差、对欺凌有错误认知；人格特质上具有攻击性、轻佻性倾向或受过多权威式教养的学生"。② 露丝·本尼特（Lorna Bennett）等人指出，"欺凌者的认知水平虽然有很大的个体差异，但从整体水平来说，认知能力低、认知内容不全面，未达到基本的社会化要求"。③ 再加上青春期的影响，有时可能会因为妒忌和争夺异性而发生欺凌。有学者对"2010 年以来国内 50 起校园欺凌典型事例的分析发现，因早恋、男女关系而引发的欺凌事例有 7 件，占总数的 14%"。④

第二，人际关系紧张：欺凌者和同学相处不够融洽，攻击性、操控欲、敌对性强，同时缺乏自我控制能力，性格容易冲动、容易敏感或者容易产生嫉妒或报复心理。通常在外化行为中表现出多动性，在日常生活中更加冲动且缺乏自我控制。⑤ 人生态度较为悲观，没有目标，存在认知偏差，缺乏积极向上的人生价值观，缺乏自信或较为自满，性格冲动。

第三，仪表形象方面：欺凌者通常与被欺凌者相比身材较为强壮，女欺凌者通常形成自己的小团体，行为粗鲁，大喊大叫，缺乏礼貌等。如安徽省蚌埠市怀远县某小学副班长以检查作业为名，多次向同学索取财物，逼迫同学喝尿。⑥

第四，家庭教育方面：调查显示，欺凌者之中很大比例都曾经经历或者见到过家庭暴力，无形当中熏染了其暴力行为。

① 陈世平. 小学儿童欺负行为与个性特点和心理问题倾向的关系［J］. 心理学探新，2003，23（1）：55-58.

② 张文新，谷传华. 儿童欺负问题与人格关系的研究述评［J］. 心理学动态，2001，9（3）：215-220.

③ Bennett L R. Adolescent Depression：Meeting Therapeutic Challenges through an Integrated Narrative Approach［J］. Child Adolescent Psychiatry Nurse，2012，25（4）：184.

④ 于阳，史晓前. 校园霸凌的行为特征与社会预防对策研究——基于 50 起校园霸凌典型事例分析［J］. 青少年犯罪问题，2019（5）：5-15.

⑤ Björkqvist，K. Ekman，K. & Lagerspetz，K. Bullies and Victims：Their Ego Picture，Ideal Ego Picture and Normative Ego Picture［J］. Scandinavian Journal of Psychology，1982（23）：77-81.

⑥ 怀远火星小学副班长逼同学喝尿　校长被撤职［EB/OL］.（2018-03-24）［2021-10-03］. http：//ah. sina. com. cn/news/2015-05009/detail-icczmvup1397727. shtml.

3. 校园欺凌群体行为特征

关于欺凌的特征，不同学者有着不同观点。Olweus 是第一个对欺凌开展系统研究的学者，他认为欺凌有行为的故意性、重复性和双方力量的不均衡性三个特点。大阪市立大学教授森田洋司指出："校园欺凌的特点分别表现为力量不平衡或滥用、伤害性、持续性或反复性。"① Smith 认为校园欺凌存在"未受激惹的故意性、重复发生性和双方地位的不对等性三个特点"。② 学者王大伟认为欺凌行为具有自愈性、隐蔽性、广泛性和危害性四大特征。③ 张文新认为欺凌具有三个特点："第一，它具有不正当的目的；第二，它是双方力量不均衡的冲突；第三，它具有重复发生性。"④ 王鹰认为欺凌行为不受地区、时间限制，团伙欺凌常见，有涉黑团伙背后撑腰等。徐玉斌等认为"欺凌具有低龄化、暴力性、残酷性、血腥性、持续性、反复性、复杂性、隐蔽性、后果严重性"。⑤

虽然中外学者观点各不相同，但研究者普遍认为欺凌是一种攻击性行为，包括敌对意图、权利不平等，以及重复多次等典型特征。⑥ 可见对于校园欺凌的特征学界尚未形成统一观点。

根据我国及国外对校园欺凌行为的定义，以及学者关于欺凌者特征观点，可以看出校园欺凌轻则违背道德和校纪校规，重则触犯刑法，造成严重后果，其共性特征包括以下方面：

（1）欺凌行为的严重性。研究表明，"欺凌实施不具有偶然性，是有意的、持续且重复。施暴者行为包括物理攻击、书面羞辱、语言攻击等"。⑦ 从已经发生的欺凌事件看，欺凌行为呈现暴力化倾向，造成身体、心理、社会适应力伤害

---

① 森田洋司. 什么是欺凌课堂问题和社会问题［J］. 中央公论新社刊，2012：40.

② 刘艳丽，陆桂芝. 校园欺凌行为中受欺凌者的心理适应与问题行为及干预策略［J］. 教育科学研究，2017（5）：6.

③ 王大伟. 校长如何应对校园欺凌？基于公安学与教育学视角的综合思考［J］. 中小学管理，2018（8）：13.

④ 张文新. 儿童社会性发展［M］. 北京：北京师范大学出版社，1999：25.

⑤ 徐玉斌，郭艳艳. 校园欺凌的原因与对策分析［J］. 河南教育学院学报（哲学社会科学版），2016（6）：54.

⑥ GOLDSMID, S, HOWIE, P. Bullying by Definition: An Examination of Definitional Components of Bullying［J］. Emotional and Behavioral Difficulties, 2014, 19（2）：69.

⑦ 美国新泽西州校园欺凌法［EB/OL］. http：//www.bullypolice.org/.

严重。校园欺凌行为不单指使用暴力手段殴打被欺凌者，还包括辱骂、侮辱、喂食"药丸"、拍裸照等方法对被欺凌者心理造成严重的损害，有的行为甚至令人发指。根据最高人民法院关于校园暴力案件的调研报告可知，"校园暴力犯罪案件涉及的罪名相对集中，针对人身的暴力伤害比例最高，其中，故意伤害罪的比例为57%，故意杀人罪的比例为6%，持刀具（包括弹簧刀、水果刀、猎刀等）作案的比例为49%；造成被害人死亡的比例为35%，重伤的比例为32%，意味着在校园暴力犯罪案件中，实际造成被害人重伤、死亡严重后果的比例高达67%"。① 由此可知，未成年人实施校园欺凌已经出现了暴力化倾向。

可见我国校园欺凌行为已经越来越呈现出严重性的趋势。另外，根据《中国教育报》对2017年11月1日至2018年10月10日之间各媒体报道的中小学欺凌事件（总数为48起）统计分析可知，"发生在初中阶段占比高达58%，其次分别为小学和高中阶段，因此结合校园内部管理与外界社会的关联程度，可以认定校园欺凌的集中发生场所为小学、初中和高中。多表现为高年级或健壮者对低年级或弱势方进行语言、身体、心理等长期或短期性的攻击，以至于对被欺凌者身心行为造成一定的影响，严重者可能会发展为精神疾病"。② 这一现象必须引起高度重视，在采取治理措施时要有所侧重。

（2）损害结果的隐蔽性。隐蔽性主要表现在：欺凌事件发生后，直接的身体伤害是比较容易被发现的，但是大多数欺凌者对被欺凌者造成的心理伤害却难以被老师、家人及时发现，故其损害具有隐蔽性。如关系排挤、网络欺凌或间接攻击等行为，"成年人往往并未注意到这些欺凌行为，甚至还认为这些行为虽然令人不快，但危害很小，不构成欺凌"。

被欺凌者大多数不敢说，有的出于耻辱不愿意说，选择沉默，这会导致欺凌者变本加厉。另外，校园欺凌行为往往发生在校园，或老师、家长等不容易发现的地方，如厕所、楼梯、体育场所、宿舍、放学路上等，且经常在发生时呈现出游戏化、污蔑化、造谣化、网络化等特点，这既增加了对被欺凌者的伤害程度，也为老师或家长及时发现和进行有效惩治增加了难度。

---

① 最高人民法院关于校园暴力案件的调研报告 [N]. 人民法院报，2016-06-02.
② 茹福霞，黄鹏. 中学生校园欺凌行为特征及影响因素的研究进展 [J]. 南昌大学报，2019，59（6）：74-78.

（3）欺凌行为网络化。随着现代科技的快速发展，越来越多的未成年人学会了使用手机上网，网络的方便性导致越来越多的未成年人利用现代化信息技术实施网络欺凌。网络欺凌最初是由加拿大学者比尔·贝斯（Bill Belsey）提出的，是指人们利用网络传播令人讨厌，或滥用一些词汇对一部分人或一个人造成威胁与折磨的行为。这种欺凌方式与传统欺凌有所不同，它随时随地发生，很难规避，有些人即使在家也会遭到电信欺凌，且很难判断欺凌者的身份，导致欺凌者有恃无恐。研究表明，"有一半以上的校园暴力案件都存在拍摄视频或照片并上传至网络的行为，而且这一数字还在不断增加，三年间共增长了5.1%"。① 2021年1月3日，河北张家口蔚县一段欺凌视频在网上广泛传播，一女生被三名欺凌女生轮番打耳光，并被强迫抽电子烟。欺凌当事人为蔚县南留庄中学学生，三名打人者已得到相应处理，该中学校长、主管安全副校长等分别给予免职、政务警告处分等处理。②

可见，校园欺凌已开始演化延伸为网络暴力，需要引起有关部门的高度关注。有些学生在学校贴吧上乱发帖子侮辱其他同学；有些在微信、QQ等通信软件上恐吓、造谣、侮辱其他同学等；更有甚者，有些学生还把自己打人的视频传到网上，在网上发受害人的裸照等方式来欺辱校园欺凌受害人，手段不断翻新。例如，2018年中旬，某市一名女中学生吴某遭到多名女生群殴、扒衣服的视频被上传到网上，引起了广泛的社会关注，据悉，视频上传者是被害人的同班同学，竟因为几句口角对吴某进行殴打，扒衣服，并拍成视频传到了网上。《兰陵县某中学一群女学生殴打同校女生》一文透露，"长2分多钟的视频中，多名女生不断向王某拳打脚踢，多次将其打倒在地，王某没有还手……据了解，该群女生是效仿网络中的打人视频，拍摄了自己打人的视频后上传网络"。③ 这种欺凌伤害已经远远超出了传统欺凌伤害程度。

---

① 但未丽. 从校园暴力到网络暴力：基于数据的观察——以互联网媒体报道的284起校园暴力事件为例［J］. 四川警察学院学报，2018，30（1）：1-10.

② 参见 https：//mp. weixin. qq. com/s？ src = 11&timestamp = 1617450083&ver = 2986&signature = bm1eKkt8pl2j＊Ys2-jTfGa7NMb＊18-iI2pw＊RTINf0tVovR6mBdItDPEMsQgVh＊ClFFg G1EfdSSdSrFr26C7Z0nEhOO＊g0WoXhkO0VFrhJWsTECp8W7F79ZUF7V4ArGB&new = 1，2021-4-3.

③ 邓梦娇. 山东临沂女中学生河边群殴女同学［EB/OL］.（2015-05-19）［2021-10-21］. http：//sd. sina. com. cn/edu/new/2015-05s-19/110410789. html.

（4）校园欺凌行为女性化。案例统计发现，"女生参与严重校园暴力的人数高于男生：2015 年男生的涉案数为 43 例，女生为 51 例。而在 2016 年男生涉案数减少为 41 例，女生涉案数则增至 63 例。从 2017 年的数据中可以看出，男生涉案数小幅增加为 45 例，女生涉案数则为 61 例，男女涉案数依然存在较大差距"。① 《新闻周刊》报道"2015 年 3 月至 6 月，媒体曝光和网络传播的校园欺凌事件有 20 起左右，其中超过 70% 的参与者为女性"。② 2018 年湖北嘉鱼县女中学生遭同学轮流掌掴 1 分 7 秒的视频在网络传播。画面显示，数名男生围观，但无人劝阻。③ 2017 年 3 月 20 日，安徽省凤阳县某学校"视频中 1 女生被 6 名女生围殴，殴打持续 2 分钟。最后连视频拍摄者也按捺不住参加战斗"。④ 媒体中爆出的女学生被其他女学生群殴、拍成视频上传到网上等恶性校园欺凌事件已是比较常见的事情了，其后果严重性令人担忧，手段残忍性难以想象。"男生并非校园暴力主角，反而女性施暴者的比例更高。"⑤ 这一现象值得深思。

（5）欺凌主体年龄的低龄化。世界卫生组织开展的学龄儿童健康行为（The Health Behaviour in School-Aged Children，HBSC）研究，"将校园欺凌列为妨碍学龄儿童健康的风险行为，2013—2014 年度对 42 个国家和地区 20 多万名少年学生的调查数据显示有 28% 的学生表示自己 2 个月内至少受到 1 次欺凌，对比于 2001—2002 年调查中 34% 学生被欺凌的比率，全球范围内校园欺凌总体上有一定的缓和，但各个国家的具体情况仍比较复杂"。⑥

相关统计数据显示，"在暴力犯罪的犯罪年龄上 18 岁以下的青少年犯罪率大幅度上升，上升率达到了 123%，14 周岁以下未成年人犯罪率上升已将近

---

① 但未丽. 从校园暴力到网络暴力：基于数据的观察——以互联网媒体报道的 284 起校园暴力事件为例 ［J］. 四川警察学院学报，2018，30（1）：1-10.

② 宋雁慧. 网络时代女生暴力的理论分析 ［J］. 中国青年研究，2016-12-15.

③ 湖北女中学生遭同学轮流扇耳光 ［EB/OL］. http：//www.sohu.com/a/513459657-120523306.

④ 孙红军. 安徽凤阳 6 人围殴初一女生：越哭打你更狠 ［EB/OL］. https：//view.inews.qq.com/a/20170320A058XL00.

⑤ 但未丽. 从校园暴力到网络暴力：基于数据的观察——以互联网媒体报道的 284 起校园暴力事件为例 ［J］. 四川警察学院学报，2018，30（1）：1-10.

⑥ 顾彬彬，黄向阳. 校园欺凌的真相——基于学龄儿童健康行为国际调查报告的分析 ［J］. 教育发展研究，2017（20）：23.

300%"。① 最高院关于暴力案件调研报告显示："2013 年至 2015 年期间，我国审结的 100 件校园暴力案件中，涉案小学生所占比例为 2.52%，初中生所占比例为 33.96%，高中生所占比例为 22.64%；职业技术学校及职业高中学生所占比例为 26.42%，参与作案的无业人员所占比例为 11.95%。从上述数据显示，校园欺凌的低龄化有上升迹象。"② 防止欺凌措施制定必须充分考虑这一现象。

（6）施暴群体团伙化。受法不责众观念影响，施暴者大多为 2 人以上。但未丽教授研究了 2015—2017 年的校园暴力事件中参与暴力事件的人数发现，"2015 年 2—5 人参与的案例数最多，全年共有 43 例，6—10 人参与的数据与 1 人参与的数据相差不大，分别为 19 例和 16 例，而达到 10 人以上的涉案数仅有 9 例。2016 年 2—5 人参与的案例数 46 例，6—10 人参与的案例数与 1 人参与的案例数据更加接近，分别为 21 例和 22 例，10 人以上参与的案例数 9 例。在 2017 年的数据中，2—5 人参与的案例数小幅增加为 48 例，继续保持首位，1 人参与案例和 6—10 人参与的案例都相比上年下降了 1 到 2 例，而 10 人以上参与的案例增加为 11 例"。③ 究其原因，正如法国著名社会心理学家古斯塔夫·勒庞所言，"即使仅从数量上考虑，形成群体的个人也会感到势不可挡的力量，这使他敢于发泄出自本能的欲望，而在独自一人时，他是必须对这些欲望加以限制的。他很难约束自己不产生这样的念头：群体是个无名氏，因此也不必承担责任"。④ 比较典型的案例如朱某等寻衅滋事案⑤被中央电视台"新闻1+1"等媒体栏目评论称具有"标本意义"，对综合整治校园欺凌起到了积极推动作用。被告人朱某等五人均为北京某校在校女生（未满 18 周岁），2017 年 2 月 28 日，五名被告人在女生宿舍楼内，采用辱骂、殴打、逼迫下跪等方式侮辱女生高某某，殴打、辱骂女生张某某，造成两被害人轻微伤、高某某无法正常学习和生活的严重后果。被告人朱某等人依法获刑十一个月至一年不等的有期徒刑。这一判决法院充分考虑

① 陈敏. 校园欺凌的解决之道 [N]. 法制日报，2015-05-10（5）.

② 中华人民共和国最高人民法院网. 最高人民法院关于校园暴力案件的调研报告 [DB/OL].（2017-09-24）[2022-01-19]. http：//www. court. gov. cn/zixun-xiangqing-21681. html.

③ 但未丽. 从校园暴力到网络暴力：基于数据的观察——以互联网媒体报道的 284 起校园暴力事件为例 [J]. 四川警察学院学报，2019，30（1）：1-10.

④ 古斯塔夫·勒庞. 乌合之众 [M]. 冯克利，译. 北京：中央编译出版社，2015：8.

⑤ 参见最高人民法院发布保护未成年人权益十大优秀案例.

被告人主观恶性和社会危害性，分别判处相应的实刑，宽容但不纵容，既维护了未成年被害人合法权益，也有效惩罚了欺凌行为。

总之，校园欺凌呈现出的这些特征需要国家、学校、家庭、社会以及研究者的高度重视。

（四）校园欺凌的危害

校园欺凌对受害者所产生的损害是多方面的，不仅造成受害者人身和精神的健康受损，而且对家庭生活、校园安全以及和谐稳定的社会环境均造成严重的不良影响。同样，欺凌对欺凌者、旁观者的影响也是不言而喻的。

欺凌行为对欺凌者与被欺凌者都会产生长期的消极影响。"校园欺凌发生在儿童青少年的大脑生物—心理—社会系统的发展时期，这些系统调节儿童的行为，重复的欺凌经验会对这些系统的发展造成阻滞，对儿童的发展尤为有害。"[1] 儿童心理学家 Hawker 和 Boulton 研究发现，"受害儿童社会心理调节不良与遭受同辈欺凌的经历成正相关"。[2] 奥维斯欺凌问卷调研显示"13—16 岁的欺凌者在成年后就被控有罪的概率是 36%，而同期的普通青少年该比率为 10%"。[3] 美国《犯罪行为与心理健康》特刊进行的大规模数据搜集证实欺凌者在成年后的犯罪概率几乎是普通青少年的两倍。[4] 2017 年，"以四川、河北两省为典型，共 284 所农村寄宿制学校里近 2 万名学生为样本的调查，我国农村寄宿学校中发生校园暴力的检出率为 17%，相当于每十个学生中就有近 3 名曾经受到过或者正在遭遇校园欺凌"。[5] 2018 年 4 月 27 日陕西省米脂县校园惨案，在不到 1 分钟的时间内

---

[1]　IDSOE T. Bullying and PTSD Symptoms ［J］. J Abnorm Child Psych, 2012, 40（6）：901-911.

[2]　Hawker D. Twenty Years Research on Peer Victimization and Phychosocial Maladjustment ［J］. Journal of Child Psychology and Psychiatry, 2000（41）：441-445.

[3]　Olweus, D. Bullying at School：Prevalence Estimation, a Useful Evaluation Design, and a Newnational Initiative in Norway ［J］. Association for Child Psychology and Psychiatry Occasional Paper, 2004（23）：148-153.

[4]　Ttofi, M. M. & Farrington, D. P. Risk and Protective Factors, Longitudinal Research, and Bullying Prevention ［J］. New Directions for Youth Development, 2012（133）：98-104.

[5]　汪敏. 我国校园暴力研究述评——基于 1990—2015 年"中国知网"的统计分析 ［J］. 江西科技师范大学学报, 2016（1）：89-94.

造成9人死亡、10人受伤，而凶手却是曾就读于该校的学生。① 杀人的原因是凶手曾在米脂三中遭受了同学们的欺负，于是产生了报复的恶念。英国国家儿童发展机构的研究者通过对7771名遭受过欺凌的孩子长达50年的追踪发现，"那些经常被欺负的孩子在45岁时会有更大的抑郁"。②

1. 损害了被欺凌者身心健康

校园欺凌的方式主要是通过语言攻击欺凌、身体攻击欺凌以及双方关系地位的不平等欺凌，其中语言和身体的攻击较为常见，另外也出现了性侵、网络欺凌、帮派组织欺凌等形式，严重影响了青少年身心健康、学业成绩，造成严重的、长期的、反复性的精神伤害或身体伤害。

（1）生命健康受损。生命健康权是人的基本权利。严重的欺凌行为则导致被欺凌者身心健康受损，甚者丧失生命。"以网络视频为例，欺凌者主要采用身体暴力和精神暴力实施欺凌行为。身体暴力形式有辱骂、推搡、扇耳光、脚踢等。这其中出现最多的暴力行为是扇耳光，占比80%；其次是脚踢，占比78%，在所有施暴视频中，在74%的施暴过程中伴有语言辱骂。除了徒手施暴，有14%的施暴者使用了棍棒、砖头、板凳等工具击打受害者，其中使用棍棒的最多，占比50%。"③ 最高人民法院发布的校园暴力司法大数据显示，"自2015年至2017年发生的校园欺凌案件中，88.74%的受害人的生存权均遭受不同程度的伤害，其中11.59%的被欺凌儿童人死亡，31.87%的被欺凌儿童遭受重伤"。④ 例如，就读于福建永泰县东阳中学的一名初三学生，由于之前经常遭受欺凌而导致在考试期间旧伤复发，疼痛难忍而被迫放弃中考，后来父母才得知此事。该同学自五年级就经常遭到校内其他同学的无故殴打，中考前再次遭遇同学欺凌，后来在考试过程中难以忍受疼痛被送医，经检查脾脏出血严重，须经手术

---

① 陕西米脂恶性砍学生事件［EB/OL］. http：//sx. sina. com. cn/zt_d/mz0427/.

② 宗春山. 少年江湖——校园欺凌的预防和应对［M］. 上海：华东师范大学出版社，2018：27.

③ 陶建国. 瑞典校园欺凌立法及其启示［J］. 江苏教育研究，2015（12）.

④ 校园暴力司法大数据揭示了什么［EB/OL］.（2018-09-16）［2021-03-19］. https：//www. chinacourt. org/article/detail/2018/09/id/3488146. shtml.

摘除脾脏。①

（2）严重精神痛苦。被欺凌者往往情绪抑郁，产生挫折感、孤独感，出现精神障碍，害怕见人，不想上学，自我封闭，严重者会造成自杀，危害极大。美国疾病控制与预防中心数据显示，"超过14%的被欺凌青少年考虑过自杀，7%尝试过自杀。耶鲁大学数据显示受欺者考虑自杀的比率是普通青少年的2—9倍"。② Kirsti Kun Pulainen 研究表明，"小学时期受过欺凌的孩子，在青春期会表现出更多的心理问题，比如形成消极的人格特质，会产生抑郁情绪，严重的甚至有自杀倾向"。③ Shari 和 Lydia 通过调查马萨诸塞州初中生发现，"被欺凌者患心理疾病概率比其他学生高四倍，做出极端行为概率高五倍，校园欺凌对其身心健康产生了严重负面影响"。④ 新华网曾报道，张女士 13 岁女儿因被同班同学起绰号"天外来客"非常苦恼，随着时间推移被很多人知道了这一绰号，小女孩心里很痛苦，每当发生争执时对方都拿出绰号笑话她，后来小女孩躲在家里，饭都不吃了，经常偷偷哭泣，成绩也大不如前。⑤ "那段被欺凌的日子，让她觉得自己像奴隶社会斗兽场中的困兽———一种被人取乐的工具。"⑥

（3）学业成绩下降。研究表明"欺凌行为会使学生失去在学校的安全感。英国中小学里有14.8%学生认为逃离学校行为真正原因是因为遭受了欺凌"。⑦

校园欺凌不仅严重损害被欺凌者的身心健康，而且还会导致被欺凌者懦弱、焦虑、无助、害怕、失眠、绝望、气愤、情绪不定、内心痛苦，学习时无法集中

---

① 永泰县一 15 岁男生被 3 名同学围殴脾脏切除 打人学生被刑拘［N］. 中国青年报，2015-06-28（4）.

② Centers for Disease Control and Prevention. Youth Risk Behavior Surveillance—United States，2009 Report［R］. United States，2009.

③ Kirsti Kum Pulainen. Bulliny and Psychiatric Symptoms among Elemental School-age Children［J］. Child Abuse & Neglect，1998，22（7）：705-717.

④ Shari Kessel Schneider. Cyberbullying，School Bullying，and Psychological Disteess：A Refional Census of High School Students［J］. American Journal of Public Health，2012（1）：171-177.

⑤ 被起绰号"天外来客"，女生变卑［EB/OL］.（2018-11-14）［2021-02-03］. https：// e. thecover. cn/shtml/hxdsb/20181114/93061. shtml.

⑥ 任红雨. 被改变的人生，校园暴力受害者回访调查［J］. 封面故事，2018（6）：72-79.

⑦ 许明. 英国中小学校园欺凌现象及其解决对策［J］. 青年研究，2008（1）：44-49.

注意力，学业成绩也一落千丈。有甚者可能会走向反面，为复仇成为新的欺凌者。研究发现，"自 1974 年起发生的 75 起校园枪击案件中，有三分之二的肇事者都曾经在学校里被迫害、欺凌、威胁或者伤害"。①

另外，对欺凌者而言，欺凌也会助长其攻击性行为，形成以强凌弱、专横跋扈、敏感多疑等不良个性，他们会把暴力视为解决问题的最佳途径，有甚者演化为暴力犯罪。美国《犯罪行为与心理健康》特刊进行的大规模数据搜集证实欺凌者在成年后的犯罪概率几乎是普通青少年的 2 倍。② "英国的一个研究小组调查过一组 14 岁的男孩是否曾经有欺凌他人的行为，随后在 18 岁和 32 岁时又对他们进行了调查。那些认为自己在 14 岁时有一点霸凌的人，其中 18% 到了 32 岁时依然会欺凌他人；61% 仍具有高度侵略性，表现为暴躁、易怒、喜欢争论和有暴力倾向等；20% 已经有过暴力犯罪。"③ 长期的欺凌行为会造成欺凌者社会化障碍，朋友远离，社会评价低；负面评价会使其抬不起头来，难以融入伙伴群体，处于孤立无援状态，其不良情绪越来越重，甚至心理扭曲，焦虑暴躁，难以正常生活，有甚者，可能换来牢狱之灾。北京市某校女生朱某等 5 人，2017 年 2 月 28 日在女生宿舍楼内辱骂、殴打高某，逼迫其下跪等，同时还无故辱骂、殴打张某，造成被害人微伤，且高某无法正常生活、学习的严重后果。后五名被告人被判 9 个月至 11 月不等的有期徒刑。④ 大部分欺凌者原本就是不爱学习、爱捣乱、惹是生非的的孩子，欺凌发生之后更加剧了这种情形，我行我素，学习成绩可想而知。

对于旁观者而言，由于目睹欺凌发生的全过程，其心理也会产生阴影，对人际关系、社会真善美以及人生产生怀疑，影响其正确的世界观、人生观、价值观的形成。同时，"沉默的旁观者是欺凌者的隐形助手，助长了他们欺凌气焰"。⑤ 同样其也会受到负面评价，影响其人际关系和同伴关系，这也往往会导致其情绪

①　黄河. 校园欺凌的归类分析及反欺凌预防方案研究［J］. 预防青少年犯罪研究，2017（6）：20-32.

②　Ttofi, M. M. & Farrington, D. P. Risk and Protective Factors, Longitudinal Research, and Bullying Prevention［J］. New Directions for Youth Development, 2012（133）：190.

③　曹玲. "霸凌，抹不去的人生印记"［J］. 三联生活周刊，2015（29）：26.

④　北大法宝. 最高人民法院发布保护未成年人权益十大优秀案例［EB/OL］. https：//www. pkulaw. com/pfnl/.

⑤　刘晓. 各界携手对校园欺凌说"不"［N］. 中国青年报，2020-06-29（8）.

低落、厌学、成绩下滑，因此而逃离学校，过早地进入社会，最终可能会演变为社会不安定因素。

2. 扰乱了校园和谐秩序

全球学生健康调查小组（GSHS）于 2003 年在我国杭州、武汉和乌鲁木齐三地"针对 9015 名 13—15 周岁的青少年展开调查，数据显示其中约三成的学生在受访前 30 天内受到过一次甚至多次的欺凌"。① 2017 年教育蓝皮书对北京市的 12 所高中、初中和小学的校园欺凌现象展开调查显示："其中 46.2% 曾被故意冲撞，6.1% 曾几乎每天遭受身体欺凌；40.7% 被称呼不雅绰号，11.6% 几乎每天遭受语言欺凌；18.6% 曾被同学联合起来被孤立，2.7% 几乎天天都在经历关系欺凌。"② 有研究证明被欺凌者表现出来的特征是小学、初中被欺凌频率比高中生高；男生比女生高；外地比北京学生高；家庭经济水平低的学生被采取关系欺凌的现象严重。③

可见，校园欺凌不仅给被欺凌者造成了严重伤害，欺凌者本人也受到了相应惩罚，而且破坏了校园教学秩序，对其他同学造成干扰，给学校蒙上了一层阴影，也对学校安全稳定造成了巨大威胁，已经严重影响了正常的教育教学秩序，加大了学校管理的教育成本。校园欺凌行为"正是对有序性的破坏，具有较为强烈的悲剧与讽刺意味，性善的萎缩与性恶的积累是一个变化的发展过程"。④ 欺凌发生会给学生造成一定的惧怕心理，害怕上学，担心被人欺负，心神不安，听课效果差，影响教学质量和学习质量。同时，欺凌事件也会给学校造成一定的负面影响，社会及家长会对学校产生怀疑，担心自己的孩子也会受到欺凌，不愿意将孩子送到学校，会形成一定负面评价，影响学校声誉。

---

① 面对校园霸凌 我们还有多少不知道［EB/OL］.（2018-03-24）［2021-07-18］. http：// mp. weixin. qq. eom/s/MJaq_eWdBNt912RFnnc5Gg.

② 教育蓝皮书. 中国教育发展报告（2017）［EB/OL］.（2017-04-23）［2020-12-04］. http：//www. ssap. com. en/c/2017-04-23/1053429. shtml.

③ 北京 12 所中小学校园欺凌现象调查：男孩比女孩更易受欺凌［EB/OL］.（2017-04-18）［2020-11-13］. http：//www. xinhuanet. com/politics/2017/04/18/c_129547600. htm.

④ 王煜，刘姝昱. 电影导演曾国祥的青春残酷物语——从《七月与安生》到《少年的你》［J］. 四川戏剧，2021（10）：53.

3. 降低了家庭幸福指数

一起校园欺凌事件将会对应一个家庭，随着校园欺凌事件发生数量的增长，家庭的幸福指数会产生整体性下降，有的贫寒家庭会因赔偿雪上加霜，有的家庭因孩子残疾或中年丧子痛苦一生。

一方面，欺凌行为情节严重造成后果严重的，会触犯刑法，构成犯罪，情节轻微的会造成民事侵权。"实施欺凌行为的一方是侵权人，对被实施欺凌行为的一方进行暴力的或者暴力的侵害，造成民事权利的损害，例如身体权、健康权的损害、财产权的损害以及名誉权、人身自由权、性权利的损害等。一个或者数个主体对他人实施违法行为，侵害他人的民事权利，造成人身、财产权益受到损害的行为，就是侵权行为。"① 对欺凌者而言，如果损害后果较为严重，家长需要替孩子承担民事责任，这对于经济条件较为困难的家庭来说会雪上加霜，家庭希望值锐减，幸福指数会大大降低，欺凌者可能会受到惩罚或被迫转学等。构成犯罪的，还可能会换来牢狱之灾，断送一生幸福。

另一方面，孩子承载着整个家庭的未来与希望，孩子的喜怒哀乐都会给家庭产生很大影响。孩子在校期间因欺凌受到的人身精神损害，会对其家庭成员造成间接性的精神损害。"当父母及其他家庭成员得知欺凌行为发生时，被欺凌者的父母通常会很生气，看到孩子受到伤害，一部分家长会觉得自己未尽到保护孩子的责任，会感到痛苦、内疚、伤心、难过甚至自尊心受挫，成为校园欺凌的次级受害者。"② 前面提到的南通15岁少年被殴打致死案，父母整天以泪洗面，伤心自责，恨自己没有早一点发现儿子被欺凌的事实，导致母亲出现了严重的精神抑郁，一个好端端的家庭就这样被断送了。

4. 破坏了社会良好风气

校园欺凌不仅对家庭、学校、被欺凌者、欺凌者造成一定影响，也在某种程度上破坏了社会风气。比较典型的案例是山东邹城人民检察院办理的王某某故意

---

① 杨立新，陶盈. 校园欺凌行为的侵权责任研究 [J]. 福建论坛，2013 (8)：177.
② 张文新，纪林序. 中小学生的欺负问题与干预 [M]. 济南：山东人民出版社，2006：16.

伤害案，欺凌者竟是以中学生为主的"红玫瑰"社团，其成员多次实施校园欺凌行为，严重危害校园安全秩序，败坏了社会风气。350 余人社团 90% 是未成年人，且绝大多数是在校学生。有"章程"，有帮规，"霸道红玫瑰，血染一枝花"，"谁欺负'红玫瑰'的兄弟，我们就要替他出头"，建构了金字塔式组织结构，制造了数起刑事犯罪和治安案件，绝大多数是针对在校学生的校园欺凌案件。① 可见，对于社会而言，恶性欺凌事件会招致社会对不良青少年的负面评价，对其社会化产生很大影响。同时也会给其他青少年带来一定的不良影响，造成心理上的恐惧和不安。有的欺凌者如果不能从思想深处认识自己行为的危害性，认真矫正自己的行为，有的可能会走向社会反面，与社会闲杂人员沆瀣一气，加剧社会中的不安全因素，给社会长期的和谐稳定带来巨大隐患。

二、校园欺凌与校园暴力

（一）校园欺凌与校园暴力的界分

校园欺凌与校园暴力通常被相提并论，目前学界尚未有统一表述与界分。《关于开展校园欺凌专项治理的通知》将"校园欺凌"定义为"发生在学生之间蓄意或恶意通过肢体、语言及网络等手段，实施欺负、侮辱造成伤害，损害了学生身心健康的行为"。② 最高人民法院于 2016 年 6 月发布的《关于校园暴力案件的调研报告》标题中使用了"校园暴力"，在表述中"施暴者与被欺凌、被伤害的孩子都是法律应该关注和保护的对象"又使用了"欺凌"一词。2016 年 11 月《关于防治中小学生欺凌和暴力的指导意见》中将"欺凌和暴力"并列。③ 2017 年 11 月印发的《加强中小学生欺凌综合治理方案》中明晰了"校园欺凌"概念，

---

① 山东省人民检察院 2015 年度检察机关加强未成年人司法保护典型案（事）例：神秘的"红玫瑰"［EB/OL］.（2015-04-13）［2021-10-18］. http：//www. sdjcy. gov. cn/htm1/2015/aĵj_004/13890_html.

② 国务院教育督导委员会办公室关于开展校园欺凌专项治理的通知［EB/OL］.（2016-05-09）［2021-11-01］. http：//www. gov. cn/xinwen/2016-05/09/content_5081203. htm.

③ 参见教育部、中央综治办、最高人民法院、最高人民检察院、公安部、民政部、司法部、共青团中央、全国妇联联合印发的《关于防治中小学生欺凌和暴力的指导意见》。

但仍未将二者加以区分。

校园欺凌和校园暴力都是发生在校园，在某些方面会有相似之处，二者都会对人造成一定的伤害，影响学生的身心健康，影响正常的教学秩序，给家庭带来损害，破坏社会的和谐稳定等，但二者也有很大的区别，对其进行有效的界分非常必要。教育部部长陈宝生在十二届全国人大五次会议记者会上也表示，有必要对校园欺凌和校园暴力进行区分。"校园欺凌是发生在学生之间、同学之间的一种失范行为，相互带有欺凌，但不是犯罪；校园暴力，是犯罪，是违法行为；二者之间有时候会有一些交集；校园欺凌可能有时候带有轻微的违法。"①

关于校园欺凌与校园暴力，学界存在两种观点，有的学者认为两者相同，"校园暴力也被称为校园欺凌"，② 大多数学者认为二者是有区别的。学者任海涛认为："校园暴力和校园欺凌是两种不能混淆的概念，校园暴力的行为人和受害者范围比校园欺凌广泛，校园欺凌的行为人限于校内师生且受害者限于校内学生；校园暴力的行为方式限于暴力手段，校园欺凌还包括软暴力及恐吓威胁等软暴力手段。"③ 归根结底欺凌属于教育问题或违纪违规问题，而校园暴力大多数会涉嫌犯罪，触及法律问题或违法问题。④

何为校园暴力？美国预防校园暴力中心将校园暴力定义为："任何破坏了教育的使命、教学的气氛以及危害到校方的人身、财产、预防毒品、枪械犯罪的努力，破坏学校治安秩序的行为。"⑤ 台湾学者陈慈幸指出："在校园内，为达到特定不法行为的犯罪意图，以强迫威胁为手段，压制被害人的抵抗能力和意图，而针对学生、老师、学校以及校外入侵者之间所发生的暴行、破坏，以及侵害生命、身体、财产的行为。"⑥ 世界卫生组织在《暴力：一个亟待解决的公共健康

---

① 十二届全国人大五次会议举行记者会 陈宝生就"教育改革发展"答记者问 [EB/OL]．（2017-03-13） [2020-05-10]．http：//www.moe.gov.cn/jyb_xwfb/gzdt_gzdt/moe_1485/201703/t20170313_299293.html.

② 王卫东．有多少校园欺凌不该发生 [N]．光明日报，2016-12-15（3）.

③ 任海涛．"校园欺凌"的概念界定及其法律责任 [J]．华东师范大学学报，2017（2）：43.

④ 参见叶徐生．再谈"欺凌"概念 [J]．教育科学研究，2016（9）：1.

⑤ 姚建龙．校园暴力．一个概念的界定 [J]．中国青年政治学院学报，2008（4）：40.

⑥ 任海涛．校园欺凌的概念界定及其法律责任 [J]．华东师范大学学报，2017（2）：58.

问题》一书对暴力做出了界定："蓄意地运用躯体的力量或权利，对自身、他人、群体或社会进行威胁或伤害，造成或极有可能造成损伤、死亡、精神伤害、发育障碍或权益的剥夺。"① 2017 年 1 月联合国教科文组织发布的《校园暴力与欺凌全球现状报告》认定，"校园暴力是校园欺凌的上位概念：校园欺凌包含身体暴力、心理暴力、性暴力、欺凌"。② 所以，"校园暴力是指发生在中小学、幼儿园及其合理辐射地域，学生、教师或校外侵入人员故意攻击师生人身以及学校和师生财产，破坏学校教学管理秩序的行为"。③

（二）校园欺凌与校园暴力的关系

由上述分析可以看出，和校园欺凌相比，校园暴力的主体范围更广、攻击强度更强、实施的场所更广；校园欺凌主要以软暴力为主，校园暴力主要以硬暴力为主；校园欺凌往往给受害者造成持续的心理伤害，校园暴力往往给受害人造成生理上的伤害；校园欺凌具有长期性、重复性、外显性，校园暴力具有偶发性和隐蔽性。随着校园欺凌问题的不断恶化，局限在造成生理伤害为主的暴力事件已经不足以应对我国频繁出现的问题，再将二者相提并论势必会忽视那些具有隐蔽性的欺凌行为。因此，明确二者的界分有利于有效识别认定欺凌、防治欺凌，也有利于预防和减少校园暴力，建构祥和安定的校园秩序。

三、校园欺凌与网络欺凌

（一）校园欺凌与网络欺凌的界分

目前，网络欺凌往往与其他欺凌形式交织在一起，已成为校园欺凌发展的一种趋势。"网络欺凌日益严重，来自工业化国家的调查数据表明受网络欺凌影响

---

① WHO. Global Consultation on Violence and Health. Violence：A Public Health Priority [M]. Geneva：World Health Organization，1996：71.

② 徐久生，徐隽颖. "校园暴力"与"校园欺凌"概念重塑 [J]. 青少年犯罪问题，2018（6）：44.

③ 姚建龙. 校园暴力控制研究 [M]. 上海：复旦大学出版社，2010：14.

的儿童和青少年的比例在 5%~21%，女孩似乎比男孩更可能遭受网络欺凌。"① 2018 年 6 月 9 日，海南文昌市一少女遭多名男女围殴，视频在网上疯传。② 2019 年 11 月 24 日至 25 日，福建技师学院 15 岁女生在宿舍内连续两天遭 5 名同学扒光上衣殴打并拍视频。③

关于网络欺凌，目前学界还没有一个统一的定义。加拿大学者 Belsey 认为网络欺凌是一种利用信息与通信技术进行恶意、重复、敌意的行为，目的是使他人受到伤害。学者 Patchin 和 Hinduja 指出网络欺凌指利用电子信息媒介有意地、重复地对他人造成伤害的行为；我国学者李静认为，网络欺凌是未成年人利用电子通信方式，如手机、网络等，对未成年人持续实施骚扰、羞辱等攻击性伤害行为。黄河则认为"网络欺凌的后果比校园欺凌更加严重。网络暴力行为攻击性集中，较短的时间内广泛传播，对当事人伤害严重。网络暴力隐蔽性较强，给打击造成了一定困难"。④ 依据其表现形式可分为"网络口头欺凌、网络关系欺凌以及网络利益欺凌，网络口头欺凌和网络关系欺凌属于传统欺凌在网络上的位移。网络利益欺凌是通过网络渠道，讹诈被欺凌者钱财、散播恶意谣言诋毁被欺凌者形象等行为"。⑤

（二）校园欺凌与网络欺凌的关系

校园欺凌与网络欺凌都是实施了欺凌行为，所以在处理校园欺凌事件时有时会出现两个概念的混用。校园欺凌是发生在学生之间蓄意或恶意通过肢体、语言及网络等手段，实施欺负、侮辱造成伤害的校园欺凌事件。校园欺凌的主体为学

① School Violence and Bullying-global Status Report ［EB/OL］. （2018-03-24）［2020-11-03］. http：//unesdoc. unesco. org/images/0024/002469/246970e. pdf.

② 少女遭多名男女围殴，息事宁人就是对恶行的纵容 ［EB/OL］. （2018-10-10）［2021-03-15］. https：//baijiahao. baidu. com/s？ id=16139104300463699021&wfr=spider&for=pc.

③ 震怒！福州 15 岁女生遭同学连续两天扒光上衣殴打拍视频！更可怕的是这些数据让人警醒 ［EB/OL］. （2019-12-02）［2020-12-07］. https：//mp. weixin. qq. com/s？ src=11&timestamp=1589687921&ver=2343&signature=kppjpwhBtTvLJmxjBq-lJxQQxSfCPRCAZ5bxVreaNUZrHoZqoEpKxJL7i8jeHF2w7dFItk2gMwZZPSCL8vTe9rPKGQQBnevaEe0lNCxxSwZqliutYgW1etnSGWt3Q6IN&new=1.

④ 陈轩禹. 校园欺凌中不同角色及多主体分别欺凌的侵权问题 ［J］. 少年儿童研究，2020（6）：32-40.

⑤ 王嘉毅，等. 校园欺凌现象的校园伦理分析及建构 ［J］. 中国教育学刊，2017（3）：41-44.

生，有身体、言语和网络欺凌方式。网络欺凌是在网络上发生的一种欺凌事件，是欺凌者利用互联网针对被欺凌者个人或群体的，采用恶意、重复、敌意手段进行的伤害行为，目的以使其他人受到伤害，这一行为在未成年人中多有发生，但却不是局限在这个主体范围内，在成年人之间也广泛存在。

因此，网络欺凌是校园欺凌的延伸，校园欺凌和网络欺凌虽有相似，但二者却各有侧重。首先，校园欺凌发生在学生之间，行为人不包括校外人员；网络欺凌不止发生在学生之间，网络欺凌的主要群体为未成年人和青少年，其中不乏社会人员。其次，网络欺凌主要以间接的方式实现，通过网络媒介对他人实施欺凌，往往存在欺凌实施者身份不明、欺凌信息传播者与被欺凌者不认识等问题；校园欺凌主要以直接方式实现，不需要媒介，欺凌者本人亲自实施，不存在欺凌者身份不明等问题。网络欺凌引起的后果比校园欺凌更加严重，更加难以管控，需要引起高度关注。

第四章　国内校园欺凌治理的困境剖析

　　一系列针对校园欺凌的政策方针及相关法律法规的出台，一定程度上防治了欺凌事件的频繁发生，成效显著。但是瑕不掩瑜，在肯定成绩的同时需要反思之前治理模式存在的短板及原因，目的是探求更好的防治措施，以期有效根治欺凌的发生，为青少年成长营造良好的氛围。

一、校园欺凌治理的困境①

　　校园欺凌花样翻新、屡禁不止，且出现了低龄化、女性化以及网络化等新特点。这不得不引起学界重新思考校园欺凌的治理问题，需要对既有治理理论与实践进行梳理反思，反思已取得的成绩和存在的不足，分析原因并寻找新的对策。通过文献梳理、典型个案分析等，全面了解教育行政主管部门、学校、欺凌者、被欺凌者、家长、公检法司以及社会对校园欺凌的认识、对根治校园欺凌的意见和建议。分析既有校园欺凌治理主体、治理结构、治理措施等存在的问题，并从国家、学校、学生、家庭、社会层面深入探究原因。在此基础上探讨复合治理的必要性、可行性，为复合治理体系的构建打下基础。

　　长期以来针对校园欺凌我们采用的是单一治理模式，这种治理模式主要表现为治理结构单一、治理主体单一、治理措施单一。而校园欺凌是一个复杂的社会问题，涉及多元治理主体、治理结构与治理措施，显然，单一的治理模式难负重任、难以奏效。

---

① 本部分来自姚建涛. 从单一转向复合：校园欺凌治理模式的反思与重构 [J]. 临沂大学学报，2019（8）：110-119.

（一）治理结构单一

传统的单一治理模式从治理结构看，主要采用的是道德教育模式，虽强调法制教育，但重视程度不够，主要以道德教育为主。道德教育主要是通过长期对教育对象施加正向价值观引导，使受教育对象在潜移默化中实现对正向价值的认同，从而有意识地约束和规范自身的行为。儒家经典之一的《大学》开篇就提出："大学之道，在明明德，在亲民，在止于至善。"意思是说大人之学，要彰显正大光明的品性、不断向新向好，把美善作为终身追求目标。习近平总书记2014年5月考察北京大学也提到此话，用以鼓励青年学子。《国家中长期教育改革和发展规划纲要》指出：国无德不兴，人无德不立。育人之本，在于立德铸魂，可见，道德教育对人的成长成才的重要价值。

学校在实施实现德育育人的过程中，往往会出现道德认知偏差。

不可否认，道德教育可以有效调整和矫正校园欺凌行为，它通过人们的自律，调节主体内心信念来实现其自愿调节约束自己外部行为目的。但实际情况是，有时主体的内心信念同其所实施的外部行为之间并非具有完全同一性。因为，主观与客观有时无法达到真正的协调一致。如果发生偏离，主体不能自律，单一的道德教育就力不从心，就需要其他社会规范从外部进行约束。有了其他社会规范的约束，行为主体才会自觉收敛与控制自身行为。而在诸多社会规范当中，法律是首选，是实现他律的最佳选择。法律以国家强制力为背书，具备其他社会规范所不具备的约束力，可以形成有效的震慑，迫使行为主体遵从法律，从而达到有效维护社会秩序的目的。因此，治理校园欺凌，仅靠单一的德育治理有一定的局限性。在充分发挥德治作用的同时，必须加强法治。这既是治理校园欺凌的现实需要、依法治校的需要，也是建设法治社会、法治国家的需要。通过德治与法治的有机结合、实现自律与他律的有机统一，才能有效根治校园欺凌。

（二）治理主体单一

少年强则国强，少年智则国智。青少年是法治中国的建设者和主力军，承担着民族和家庭的希望。校园欺凌的发生通常是受个体、家庭、学校、社会等多方因素的影响，因此，治理校园欺凌需要国家、社会、学校、家庭戮力同心，共担责任，共同努力。而以往的校园欺凌治理方式存在治理主体单一性问题，学校承担了教育学生成长成才的主要责任，家庭和社会作用发挥不足，青少年的主体作用未发挥，学校难负重任。

我们常说家庭是人生的第一所学校，具有教育孩子的时空优势和情感优势，人的思维和人格道德大部分是在家庭中形成的。家长是孩子成长的第一任老师，其思想、道德、品行、学养等直接影响孩子的成长，上好人生的第一课是家长义不容辞的责任。事实上很多家长把家庭教育责任推给了学校。研究表明"家庭经济地位、父母教养方式、亲子关系、童年虐待、父母心理控制等与校园欺凌显著相关"。① 有的家长只养不教，不能言传身教、以身作则，甚至自己违法犯法；有的家长只关注孩子的学习成绩，至于品行教育则认为是学校的事情，将自己承担的责任全部推给学校，放任不管。有的家长因忙于生计，无暇顾及孩子。2012年学者关颖"对1224名未成年犯调查显示，超过一半的未成年犯长期不和亲生父母住在一起，42.3%的未成年犯恨父母"。② 有的家长则因受教育水平低，缺乏教育胜任力，再加上我国相关法律对家长不履行责任没有规定相应的处罚措施，导致家长责任流于形式。③单亲、继亲或婚姻动荡的家庭，教育方式不当的家庭，缺乏有效沟通的家庭，疏于管教的家庭，过度溺爱的家庭等中的孩子最容易成为欺凌者或被欺凌者。如犯罪少年丛某，自幼缺少亲情，母亲过世，父亲酗酒，没有人教他如何处理与他人冲突，网上聊天与人发生矛盾，便相约打架，用锐器将被害人捅伤。④ "过度呵护的家庭教养方式导致青少年养成自我中心主义作风，在人际交往中缺乏有效调试与真情互动、移情能力差等因素致使校园欺凌行为发生。"⑤ 家长的虚荣、功利、浮躁等也会影响校园欺凌。因此，家长应不

---

① 徐淑慧. 初中生父母依恋对校园欺凌行为的影响及性别和年级差异 [J]. 预防青少年犯罪研究，2019（5）：82.

② 关颖. 家庭对未成年人犯罪的影响因素分析——基于全国未成年犯调查 [J]. 预防青少年犯罪研究，2012（2）：4.

③ 《中华人民共和国预防未成年人犯罪法》第三十五条：对有本法规定严重不良行为的未成年人，其父母或者其他监护人和学校应当相互配合，采取措施严加管教，也可以送工读学校进行矫治和接受教育。该措施在实际运用中面临困境。

④ 任海涛. 为了明天——预防青少年违法犯罪理论与实践 [M]. 北京：光明日报出版社，2015：150.

⑤ 林瑞青. 青少年学生言语欺凌行为研究 [J]. 天津师范大学学报，2007（3）：58-62.

断提升自身素质，转变理念，摒弃暴力型、专制型教养方式，建构平等和谐的家庭关系。

社会环境对一个人的成长起着举足轻重的作用。优良的社会环境、正确的公众舆论引导、健康的社会文化、完善的社区矫正、多元的社会团体参与等能促进青少年的健康成长。目前社会处于转型期，社会结构、社会规范都发生了很大的变化，各种价值观念相互冲撞，各种思想观念杂存，功利主义、自由主义、自我中心主义、享乐思想、江湖义气、暴力充斥的网络游戏等，对处于成长期具有模仿能力、缺乏鉴别能力的青少年产生了一定的不良影响，导致部分青少年规则意识缺乏、言行失范，无视校纪校规，旷课、逃学、打架斗殴、任意欺凌同学，有甚者走向犯罪深渊。另外，社区层面反欺凌项目的缺乏和社区矫正制度的虚置、社会组织对校园欺凌关注度不高，没有发挥应有作用等也是导致欺凌发生的重要因素。

部分学生既是欺凌者，又是被欺凌者。从欺凌的发生来看，青少年既可能是欺凌者，也有可能是被欺凌者或旁观者。作为当事人，青少年理应成为欺凌治理的主体之一，只有参与欺凌治理主体之中，明晰欺凌是对他人人身权的侵犯，具有违法性和社会危害性，才能知晓什么可为、什么不可为，从内心树立起对法律的敬畏之情，养成法治思维，增强自觉抵制欺凌的积极性、主动性。如果将其当作欺凌治理的客体，成为被治理对象，青少年只会被动、消极地等待接受治理，缺乏自我参与意识，治理效果自然会大打折扣。以往的治理模式存在误区，忽视了学生主体作用的发挥，把学生当成治理对象而不是治理主体。内因是事物运动变化发展的内在原因和根本，外因是事物变化发展的外部原因和条件，外因通过内因起作用。校园欺凌的发生既有内因（青少年自身原因），也有外因（学校、家庭、社会原因），是内外因共同作用的结果。青少年的世界观、人生观、价值观尚未形成，认知水平、思维方式不成熟，自我控制能力、是非判断能力差，法治知识匮乏，再加上自身的性格特点，对欺凌行为缺乏辨别能力，自我防护经验不足，欺凌发生时束手无策，不懂得向家长和学校求救，不是忍受就是反击，有的甚至演化为暴力事件，这是导致欺凌发生的内因，也是欺凌发生的根本原因。如胡某某故意伤害案①令人深思，被欺凌者胡某某因长期遭受被害人金某、童

---

① 安徽高院发布6起涉及未成年人刑事典型案例［EB/OL］.（2020-06-02）［2022-08-12］. http：//ahfy. chinacourt. gov. cn/article/detail/2020/06/id/5255217. shtml.

某、温某某（均系某中学高二学生）的语言欺凌而进行反击，胡某某用事先携带的弹簧刀将金某、童某、温某某划伤。经鉴定，金某的损伤属重伤二级。鉴于本案被害人有一定过错，胡某某系未成年人等情况，依法对其予以减轻处罚。法院遂以故意伤害罪判处被告人胡某某有期徒刑2年4个月。本案中被欺凌者胡某某变成了加害人，欺凌者金某、童某、温某某变成了被害人。这一事件背后折射出的是胡某某父母离异、家庭教育的缺失，学校未能及时发现制止欺凌，而胡某某面对欺凌选择了以暴制暴的错误方式，最终导致悲剧发生。

现有治理模式更多注重的是对欺凌的外部规制，也就是外因。事实上，外部环境只是影响欺凌发生的外在因素，不是根本原因，真正导致欺凌现象发生的根本原因是欺凌者（被欺凌者或旁观者）自身的原因，即青少年缺乏法治思维。如果青少年自身法治意识强，养成了法治思维习惯，处理问题时就会理智、理性、不莽撞、不冲动，欺凌就不会发生。正是由于青少年缺乏法治思维模式，同时受到外部环境影响，欺凌的发生就成为了可能。

学校是欺凌发生的主要场所。学校环境、规章制度、治理理念、硬件建设、校园文化、管理规范程度、道德教育、师生关系、同学关系以及教师法治素养等都与欺凌的发生有直接关系。如果校园环境良好，规章制度健全，有较完善的欺凌规制机制，欺凌发生的概率就会大大降低。凡是重视道德教育的学校就会形成良好的道德氛围，欺凌发生概率就低。所谓道德氛围是"指在特定环境下个体间彼此交流、互动与感染而形成的某种心理氛围。在良好道德氛围的熏陶下，个体的道德判断与道德发展表现出更好的发展，道德行为与群体道德规范一致性"。[1]良好的道德氛围能够引导青少年养成良好的道德意识，可以预计自己道德行为结果，减少为自己失德行为的辩解，进而规范自己的行为，减少欺凌的发生。良好的道德氛围使得人人之间相互尊重关爱，相互包容理解，遵纪守法，诚信做人，公正做事，人人守住做人底线，形成良好的人生观、价值观、世界观，有损他人利益的事情就不会发生，侵权、违法犯罪案件就会降低。

学校管理者、教师综合素质高，对待欺凌严肃认真，不偏袒，不纵容，则会降低欺凌发生率。反之，如果发现欺凌苗头睁一只眼闭一只眼，则会放纵欺凌蔓

---

① Kochanska G, Aksan N. Development of Mutual Responsiveness Between Parents and Their Young Children [J]. Child Dev., 2004, 75 (6): 1657.

延。2016年12月8日，一篇名为《每对母子都是生死之交，我要陪他向校园霸凌说No!》的微信文章足以说明这一点。被欺凌的男孩母亲详细描述孩子遭遇欺凌的情况：11月25日，在中关村二小的男厕所里，儿子被同学用厕所的垃圾桶倒扣在头上，垃圾桶里还含有尿液和沾有排泄物的纸巾。孩子在厕所受欺回家后情绪激动，大哭，后被医生诊断为"急性应激反应"。家长找学校沟通未果，老师认为"只是开了一个过分的玩笑"。12月10日校方在官方新浪微博上发布相关声明，称男孩母亲关于事件的言论存在不真实及夸大之处，具体情况学校正在进行调查并会与相关学生家长共同处理。校方的态度引起网络媒体和网友的谴责。可见学校对欺凌行为认知存在问题，将"欺凌"与"玩笑"混为一谈，这种情况不是个案。

同学关系的和谐与否也是影响欺凌发生的因素之一。如果同学关系和谐，遇到问题能够和平解决，欺凌就不会发生。反之，同学关系紧张，就会增大欺凌发生的概率，所以朋友的品行、质量如何直接影响欺凌、受欺凌状况。规制校园欺凌，就需要一套包括学校环境、教师、学生、课程等在内的防治欺凌教育体系。但目前，中小学校园法治文化建设滞后，有的教师对欺凌行为严重性认识不够，教师态度不明确，发现欺凌不能及时介入，使受害者产生无助与不安全感，欺凌者则心存侥幸，无形当中助长了其欺凌气焰。部分学生法治意识不强，绝大多数学校未开设反校园欺凌课程，也未将反欺凌意识融入相关学科教学，再加上学校、教师存在智育至上理念，等等，有效防治校园欺凌有些力不从心。

（三）治理措施单一

校园欺凌虽发生在校内，但却是一个复杂的社会现象。欺凌行为有不同的情形：有的是违反校纪校规行为，有的是一般违法行为（违反《治安管理处罚法》等），有的则是严重的犯罪行为（违反《刑法》）。不同的欺凌行为需要采取不同的治理措施。但目前，学校、教师、家长都错误地认为欺凌是孩子之间的打闹、嬉笑，没有什么大不了的，无论是哪种情形都只采用了批评教育的方式。有些学校为了自身声誉，在欺凌事件发生后想方设法压制下去，存在大事化小、小事化了的现象。即使发生伤害的欺凌事件，依据治安管理处罚法处理的也较轻，进入诉讼程序的案件更少。2017年6月24日被曝光的性质恶劣的北京延庆二中校园欺凌事件正说明了这一现象。"该校一名初中生在厕所被其他七名同学实施欺凌侮辱的视频在网络上传开。视频中 7 名欺凌者要求该初中生捡拾粪便，并用舌头舔碰接触粪便的手指。两天后，延庆警方在微博发布此事件的处理结果：7 名欺凌学生构成寻衅滋事违法行为，但是依法不予处罚，责令其家长严加管教。"① 这一处理方式不痛不痒，对被欺凌者不公平，同时也放纵了欺凌行为。

对于部分触犯刑罚的案件，因《刑法》规定不满十六周岁不予刑事处罚，只是责令其家长或者监护人加以管教，在必要时，也可由政府收容教养。事实上，家长或监护人管教或政府收容教养在现实中难以实现。尤其是对于某些比较严重的校园欺凌事件，仅仅靠批评、说教是远远不够的，它既无法有效矫正欺凌者的违法行为，也难以保护被欺凌者的合法权益。这种不分层级的单一的处理措施难以奏效，甚至某些时候还会纵容欺凌事件的发生，导致欺凌现象屡禁不止。

二、校园欺凌治理困境的原因分析

关于欺凌发生的原因，学者们普遍认同"欺凌不是孤立发生的事件，多重环境对欺凌行为的发生产生影响。个人、家庭、同伴、学校、社区、文化之间的复杂关系对欺凌事件的发生起着放纵或抑制的作用"。② 世界各国因政治、经济、文化等差异，欺凌发生的原因有差异也有共同点。就相同点而言都存在国家、社会、学校、家庭因素。国外欺凌发生的原因从国家层面讲，文化是影响欺凌的一个重要原因，如澳大利亚是文化移民国家，文化差异是导致欺凌发生的最主要因素之一。韩国多因为受儒家文化的影响，有严重的等级观念，校园欺凌发生也与此有很大关系。另外，不良娱乐信息也起着推波助澜的作用。从家庭层面看，父母的教育管理不到位、父母子女之间缺乏沟通会导致欺凌暴力事件的发生。新加坡的研究提到了两种极端的家庭情况，"即家庭本身不幸福或是对孩子过度溺爱，都会对孩子产生极其不良的影响，这两种家庭情况培养出来的孩子要么是过度任性，以自我为中心；要么就是对生活态度消极，对社会不满，这种群体是最容易

---

① 北京 5 名中学生因逼同学厕所里拾粪便被拘留，但不执行处罚 [EB/OL]. (2018-03-24) [2022-04-13]. http：//mp. weixin. qq. com/s/Uh39JO80G2exwEcFWOnq6A.

② Garbarino, J. An Ecological Perspective on the Effects of Violence on Children [J]. Journal of Community Psychology, 2001 (3)：59-63.

出现欺凌事故的"。① 从学校层面看，学校德育不到位、管理措施缺失、师生关系僵化等容易导致欺凌的发生。如日本是典型的学历社会，过度竞争的应试教育，忽视了学生的身心健康，学生不堪重负，心理压力大，很多学生焦虑、厌学。学校盛行管理主义教育，所有领域都被包罗万象的校规规范着，学生个性被压制，使得校园欺凌成为学生释放压力的途径之一。日本教师具有绝对权威，学生必须无条件服从，导致师生关系僵硬，教师对有缺点的学生缺乏耐心指导，等等，均助长了校园欺凌的发生。从社会层面看，物质生活提高，人际关系淡漠、自我为中心思想的膨胀、思想迷茫、精神空虚，以及不良文化的影响，各种因素相互作用，使得学生成为欺凌的牺牲品。

2017 年 10 月，北京 5 名未成年少女因校园欺凌分别被判处寻衅滋事罪 11 个月到 1 年不等的有期徒刑。宣判后 1 名被告人哼着小曲走出审判庭。而欺凌的原因竟是一名被告人感觉心情不爽想打人。② 2020 年发生的南通 15 岁少年被殴打致死案，当打人者被警方控制住时，被害人的母亲询问两位施暴者为何要打自己的儿子，两人竟然轻描淡写地说因为当天心情不好。③ 此类案件暴露的问题令人痛心，不得不引起人们的深思。

分析校园欺凌问题的目的是为了探求原因，而探求原因的真正目的是为解决问题寻求对策。通过以上分析得知，影响校园欺凌的原因是多方面的，校园欺凌的发生既有内因（青少年自身原因），也有外因（学校、家庭、社会原因），是内外因共同作用的结果。正如国际危机与应急管理学会在 2018 年 7 月发布的《我国中小学校园欺凌形势调研报告》认为，"我国中小学校园欺凌现象产生的内部机理复杂，主要矛盾体现在家庭贫富差距大，处于青春期成长的学生所具备文化水平、心理成熟程度有限，家庭、学校、社会也未对校园欺凌形成常态化关注，因校园欺凌造成重特大突发公共安全事件的风险较高"。④ 具体而言：

---

① 韦婷婷. 回顾与反思：国内外校园欺凌研究综述 ［J］. 现代教育科学，2018（7）：145-151.

② 参见保护未成年人权益十大优秀案例之朱某等寻衅滋事案。

③ 南通 15 岁少年被殴致死案开审，嫌犯是否自首成焦点 ［EB/OL］.（2021-01-21）［2021-10-19］. https：//edu. jschina. com. cn/jy/202101/t20210121_6954632. shtml.

④ 《我国中小学校园欺凌形势调研报告》发布 ［EB/OL］.（2018-07-09）［2020-05-10］. http：//www. nwccw. gov. cn/2018-07/09/content_213835. htm.

（一）内因分析

内因是事物运动变化发展的内在原因和根本，外因是事物变化发展的外部原因和条件，外因通过内因起作用。要分析校园欺凌发生的原因，首先就要分析内因。欺凌发生的内因主要表现为：

1. 青少年法治思维的缺失①

"法治思维"即依照法治观念和逻辑来观察、分析和解决问题的思维方式。它区别于人治思维和权力思维，其实质是严格依照法律规则与法律程序，尊重保障人权，坚持法律面前人人平等，自觉接受法律的监督和承担法律责任。法治思维要求主体崇尚法治、尊重法律权威，善于运用法律手段和方式解决问题。自从王泽鉴的《法律思维与民法实例》出版后，法律思维开始逐步走进国内学者的视野。

党的十八届三中、四中全会都对提高领导干部的法治思维和依法办事能力提出了明确要求，即领导干部要以法治思维为统领，带头学习敬畏法律、带头遵守法律、带头依法办事。这不仅是对党员干部的要求，也是解决欺凌问题的遵循。欺凌的发生足以说明青少年存在法治思维不足现象。具体表现如下：

（1）法律至上思维缺失。法律至上是现代法治国家的基本要求，任何人都要受法律的规制，没有超越法律之上的特权可言。法律至上原则源于 17 世纪英国的"星期日上午会议"。这次会议确立了法律至上原则，其基本观念是指国王及其所有代理机关都必须依照法律原则行事，而不能依照武断的意志、以任性代替理性，不依事实行事。"国王贵居万众之上，却应该受制于上帝和法律。"② 法律至上，即法律具有最高权威效力，政府、组织和个人行为要符合法律要求，它是法治核心思维。也就是说，在法治社会中，法律是最高规范，具有最高支配力量，其他任何规范都不能与法律相背离。在法律与权力的关系中，法律权威高于一切权力，任何行使公共权力的机构都必须在法律范围之内去思考与行动。在法

---

① 本部分来自姚建涛 . 高校师生法律关系研究［M］. 北京：中国政法大学出版社，2018：95.

② 季卫东 . 法律职业的定位——日本改造权力结构的实践［J］. 中国社会科学，1994（2）：66.

律面前，权力是一项必须作为或不作为的义务，法律是权力的依据，公权力必须依法行使。在我国法律至上即宪法至上，"一切法律、行政法规和地方性法规都不得同宪法相抵触。一切国家机关和武装力量、各政党和各社会团体、各企业事业组织都必须遵守宪法和法律。一切违反宪法和法律的行为，必须予以追究"。①

树立法律至上思维就是要求任何组织与个人必须要严格依法办事，在宪法和法律规定的范围内活动，公正司法、依法处理校园欺凌，改变过去那种"人治"的思维方式，树立办事依法、遇事找法、解决问题用法、化解矛盾靠法的思维方式。

无论是欺凌者、被欺凌者还是旁观者，不知法，不懂法，不学法，不守法，法律意识淡漠。"人的行为受制于人的认知，认知水平越高，行为就越明确。"②由于没有树立起法治信仰，我行我素，认为暴力是解决问题的最好方式，哥们义气严重，为了哥们义气，置校规校纪、法律法规于不顾，参与"好哥们"的欺凌行为却毫无负罪感，对欺凌行为的违法性、社会危害性和应受处罚性等缺乏认知，没有使合法性思维成为习惯。"法律意识淡薄，性格内向、孤僻、不爱交往和参加集体活动，因学习成绩差而自卑，受到老师的嘲讽或忽视，也会遭受同学的歧视和欺凌。"③ 如欺凌案件的旁观者，没有认识到其作为社会主体的一分子，应当承担制止欺凌、及时报告的社会责任，错误地认为只要自己不违法，法律就管不着，主人翁意识淡漠，社会责任感缺乏，一定程度上成为欺凌案件的帮凶。据同伴群体欺凌行为研究显示："如果将同伴攻击性互动行为视为一个延展的区间，那么欺凌行为处于此区间的一极，同伴打闹行为则处于区间的另一极。当打闹出现伤害性倾向时，普通青少年通常能够有所意识并适时停止。但是当打闹行为没有及时受到制止而继续恶化，以致发展为重复地威胁与恐吓，此时打闹转变为欺凌行为。"④ 欺凌案件背后折射出的是青少年法治思维的缺失。

---

① 参见《中华人民共和国宪法》第 5 条。

② 黄明东，等. 我国高校学生法制素养状况分析 [J]. 国家教育行政学院学报，2013（5）：79.

③ 徐玉斌，郭艳艳. 校园欺凌的原因与对策分析 [J]. 河南教育学院学报（哲学社会科学版），2016（6）：53-57.

④ Doll, B., Song, S. & Siemers, E. Bullying in American Schools: A Socio-ecological Perspective on Prevention and Intervention [M]. NJ: Lawrence Erlbaum Associates, 2004: 89-96.

（2）权利义务思维缺失。权利义务思维是公民精神和品格的核心，即从权利义务的角度考虑、观察、分析、处理问题，明晰什么可以做、什么不可以做和什么应当做，以及权利和义务限度。《青少年法治教育大纲》要求："以宪法教育为核心，以权利义务教育为本位。"因此，要将权利义务教育贯穿于青少年法治教育的始终，引导其树立正确的权利义务观，明辨权利义务边界，积极维护自己的合法权利，尊重他人的基本权利，认真履行法定义务，积极承担法律责任，为应对欺凌行为赋能。"法治实质因素中首要的和最重要的是确保基本权利"。① 法治思维作为一种权利义务思维，既要明确权力与权利的边界，也要明确权利和义务的边界。法治思维体现权利义务为主线，从权利和义务视角观察、分析、处理问题，从而实现法的功能。

没有无义务的权利，也没有无权利的义务，权利与义务是一对孪生兄弟。部分青少年权利义务观不明确、重权利轻义务、义务履行不到位，履行应尽义务时尽量逃避，自己行使权利时又不尊重他人权利。当然，"法只能以法律规则的形式，对权利和义务认定提供一种指导。权利和义务的实现，还取决于对这些法律规则的遵守"。② 正如洛克在《政府论》中指出的"法律按其真正的含义而言与其说是限制还不如说是指导一个自由而有智慧的人去追求他的正当利益。……法律的目的不是废除或限制自由，而是保护和扩大自由。这是因为在一切能够接受法律支配的人类的状态中，哪里没有法律，哪里就没有自由"。③ 由于欺凌者没有树立起正确的权利义务思维，遇事只讲权利不讲义务，盲目扩大权利边界，唯我独尊。被欺凌者同样缺乏权利意识，受到伤害不知道如何维权、怎样维权，维权意识不强，导致自己权利受损。

（3）正当程序思维缺失。程序是为进行某项活动所规定的先后次序，体现为一定的规矩。正当程序思维是现代公民必备的素养，即把保障法律关系主体的程序权利放在优先地位，发挥正当程序的作用，强调"过程好结果才好"的思维方式。④ 任何人不能做自己的法官这是程序的基本含义。程序思维要求公正中立、

---

① 约瑟夫·夏辛，等. 法治［M］. 北京：法律出版社，2005：13.

② 张文显. 法理学［M］. 北京：高等教育出版社，2011：58.

③ 洛克.《政府论》（下篇）［M］. 瞿菊农，叶企芳，译. 北京：商务印书馆，1982：35.

④ 吴传毅. 法治思维的基本向度与运用逻辑［J］. 党政论坛，2010（1）：9-13.

机会平等和权利救济。机会平等的法治思维要求做到实体公正与程序公正并举。中立公正是指"任何人不得做自己案件中的法官",不能既当运动员又当裁判员,否则,公正就没有意义了。权利救济,即当权利遭到侵害时,利用平等机会与公正程序及时得到救济,及时修复社会关系,无救济则无权利。

欺凌事件反映了同学关系的紧张与冲突,青少年处理同学关系时理应选择正确的方式,如报告老师、家长,或选择报警,不能以暴制暴,合法、公平、公正地解决问题。但由于缺乏程序思维理念,不了解救济途径,导致欺凌蔓延,有的被欺凌者在忍无可忍的情况下实施报复,由被欺凌者转变为欺凌者,导致新的伤害发生,令人痛心。

(4)公平正义思维缺失。公平是指客观公正裁决,正义是指公正没有偏私。"正义是社会存在制度的首要价值。"[①] "公平正义主要包括权力法定、利益均衡和程序正当三大原则。"[②] 公平正义是法的实质,也是社会主义法治的核心价值追求。公平正义思维理应成为青少年法治思维的重要内容之一。通过公平正义教育,激发青少年对公平正义的心理诉求,引导其树立公正、平等理念,学会尊重他人,关心他人,增强社会责任感。但由于法治教育的弱化,部分青少年缺乏公平正义思维,没有建立起平等、友善、和谐、互助的同学关系,导致同学关系紧张,引发校园欺凌。

(5)规则思维缺失。法治乃规则之治,规则是法治的基础,是社会有序的保障。规则思维是法治思维的核心要义,要实现依法治校,正确处理校园欺凌,规则思维尤为重要。

规则是一些基本的准则、标准、规定等,包括自然规则和社会规则两种,通常所说的规则一般是指社会规则,这里的规则思维主要是法律规则思维。规则发挥着法律的"指引、评价、预测、教育和强制作用,法治思维的精髓在于规则意识,无论社会治理当中运用何种思维方式,其前提都在于制定良好的规则并得到大家的普遍遵守"。[③] 规则思维要求要遵守规则,运用规则思考处理问题;规则思维是合法性思维,要明确既定规则哪些可为、哪些不可为,以及如何行为等;

① 罗尔斯. 正义论 [M]. 何怀宏,译. 北京:中国社会科学出版社,1998:93.
② 周佑勇. 习近平法治思想的立场观点方法 [N]. 中国社会科学报,2020-11-23.
③ 江必新. 领导干部的法治思维与法治方式 [M]. 北京:中国法制出版社,2014:34.

规则思维要求规则面前人人平等，处理问题时同等情况同等对待；规则思维是形式思维，要追求形式正义。总之，规则思维对于化解同学矛盾、维护校园稳定与和谐具有重要意义。

目前部分青少年存在着规则思维严重缺失的现象，他们缺少对规则的敬畏、信仰，缺乏依据规则思考、分析、处理各种关系和问题的思维意识和自觉。遇事不是找法而是找关系、找保护，奉行潜规则。这些缺乏规则意识的青少年对通过违法、违规的潜规则获得利益的行为不以为耻，反以为荣。① 欺凌发生之后，欺凌者并不感觉到羞愧、自责，有的反而当成炫耀的资本，拍视频进行网上传播，给被欺凌者造成双重伤害。

2. 青少年道德自觉缺失②

道德是一定社会、一定阶级向人们提出的处理个人与个人、个人与社会之间各种关系的一种特殊的行为规范。它以善恶为标准，调节人与人之间以及个人与社会之间关系的行为规范。"道德自觉是在道德意识与道德心理支配下，个体自主自愿地进行道德认知、道德判断、道德选择的个体道德实践活动过程，以及在此基础上所达到的自由自觉的道德境界。"③ 道德自觉包括道德意识自觉和道德行为自控。

总体来说，青少年思想道德水平是健康向上的，他们有着与众不同的时代特征和个性，思想道德素养的主流是好的。但也不否认，随着社会转型和中西方道德文化冲突加剧，整个社会出现了道德信仰危机、诚信缺失、整体道德水准滑坡现象。

道德意识自觉方面，道德理想、公德意识缺失，个人本位盛行，道德推脱现象严重。在当代中国社会生活中，部分人共产主义理想信念淡化，善恶观念模糊、是非标准不清、价值观倾斜，出现了重利轻义、见利忘义、追名逐利、金钱至上等不良现象。《中国伦理道德报告》中对"道德信仰的主要表现"做了抽样调查，结果显示："道德理想目标丧失"占50.6%，"道德情感麻木"占59.1%，

---

① 庞凌. 作为法治思维的规则思维及其运用 [J]. 法学，2015（8）：142.

② 本部分来自姚建涛. 高校师生法律关系研究 [M]. 北京：中国政法大学出版社，2018：122.

③ 白臣. 道德自觉论 [D]. 石家庄：河北师范大学，2014：30.

"道德生活动力欠缺"占 40.7%，"道德人格分裂"占 31.7%。并"您认为现代的人们在理想信仰方面的最主要问题"做了抽样调查，调查数据显示："价值观混乱"占 44.0%，"现实的人太功利、太注重实用，不顾及理想信仰"占 43.0%，"马克思主义理想信念教育不够"占 12.0%，"其他"占 1.0%。① 欺凌者往往不爱学习，调皮捣蛋，不懂礼仪、不遵守校纪校规和公共秩序，不爱护环境和公共设施，上课迟到早退不打报告，我行我素，特立独行。

道德行为自控方面，知行脱节，诚信缺失，道德推脱严重。有的同学缺少自我约束，为泄私愤而故意毁坏公共财物，为争一口气而打架斗殴，为发泄自己不爽情绪而故意伤人，严重者造成犯罪，等等。这些人即使给他人、社会造成严重伤害，也没有内疚感、负罪感，将责任推向社会和他人，找借口找理由，千方百计为自己开脱，不以为耻，反以为荣，道德推脱成为普遍现象。有的同学沉迷网络游戏，昏天黑地，精神萎靡，置学习于不顾。有甚者在虚拟空间毫无法治意识，将欺凌视频上传网络进行传播，通过给他人造成二次伤害来获得自己的满足感。

3. 青少年的自身特点

个性特点和人格特质是个体遭受欺凌的内在易感因素。② 一方面学生个人心理以及思想的成熟对其自身发展存在很大影响，处在这一年龄段的孩子认知能力尚未形成，自我辨别能力和控制能力弱，交往能力不足，极易导致欺凌的发生。研究发现，"生理上青少年身体快速发育，精力充沛，体力旺盛，有足够的力量需要对外宣泄；心理上还不成熟，易将挫折、不满和批评当成对自己人格的诋毁，激发强烈的'面子感'"。③ 青少年的心理发育程度与青少年个人为人处世的能力相关，其对部分社会事物不具备成熟的价值判断，对社会的复杂性缺乏了解，个别中小学生自尊心、嫉妒心强，有时表现出有极强的报复心理，遇到问题

---

① 樊浩等. 中国伦理道德报告［R］. 北京：中国社会科学出版社，2012：466.

② Sentse M veenstra. A Longitudinal Multievel Study of Individual Characteristics and Classroom Norms in Explaining Bullying Behaviors［J］. Journal of Abnormal Child Psychology，2015（43）：943.

③ 刘天娥，龚伦军. 当前校园欺凌行为的特征、成因与对策［J］. 山东省青年管理干部学院学报，2009（4）：80-83.

时不够理智，容易产生欺凌行为。另一方面同学之间的相互熏染也会导致欺凌发生。良好的同学关系能够使得彼此之间建立其相互信任，加强身份认同，自强自信，增强集体意识。相反，同伴的不良行为、盲目的从众心理对青少年的健康成长会产生一定的消极影响，有可能导致欺凌发生。研究显示："一个普通班级中约有4%的学生缺乏朋友。这一小部分孤立的学生个体是欺凌与受欺高风险群体。此类学生中一部分因频繁实施攻击性与冲突性行为而引起同学反感。另一部分属于被忽视的个体，通常孤僻、被动、不入群，对嘲弄与争执异常敏感，由于被同伴群体所孤立，对肢体攻击一般采取默许的态度，容易成为欺凌者攻击的目标。"① 另外，情感偏差也容易引起欺凌行为，当主体需要越满足，情绪反应越积极，道德行为越趋向正向。道德需要得不到满足，情绪反应越消极，道德行为越趋向负向。

就欺凌者而言，其个体性别、自身性格、体格状态以及同伴关系等都与欺凌有很大关系。就人际关系而言，"人类之间的仇恨，除了利益因素之外，很多是源于某种小小的东西：一句话，一个眼神，一种情绪，一种感觉，尽管细小微弱，一旦燃烧蔓延，足以把友情撕裂，把理性抛弃，直到使人疯狂，不可收拾的地步。人与人之间的理解，人与人之间的沟通是一个永恒的难题"。② 被告人甲等12人"校园暴力伤害致死"案就印证了这一点。2016年11月，被告人甲与被害人丁某均为14岁学生，甲因看到丁某与自己喜欢的女同学关系亲密而心生怨恨，纠集社会青年及在校学生等12人，把丁某哄骗至篮球场附近对其进行围殴而致其死亡。③ 本案欺凌发生的原因很简单，欺凌者看到自己喜欢的女同学与丁某关系亲密便产生报复心理，导致被害人死亡的后果，折射出欺凌者人权意识、法治意识淡漠。克雷格将40个国家内的20余万名青少年学生作为样本，通过统计分析得出，北欧国家发生校园欺凌现象的概率相对较低，且欺凌者通常对

---

① Salmivalli, C. Lagerspetz, K., Bjorkqvist, K. Osterman, K., & Kaukianen, A. Bullying as a Group Process: Participant Roles and Their relations to Social Status within the Group [J]. Aggressive Behavior, 1996 (22): 109-114.

② 黄正平. 伏尔泰和卢梭：一个关于怨与恨的故事 [EB/OL]. (2022-04-09) [2022-05-01]. http://www.360doc.com/content/09/0712/17/49267_4239132.shtml.

③ 未成年人权益保护与少年司法制度创新典型案例 [N]. 人民法院报，2020-02-07 (2).

男生实施欺凌行为，同时以体型瘦小、性格内向者为目标对象。OBPP 发现，"欺凌者分为群体地位较高者与地位等级较低者两类。群体地位等级较高者，在同伴群体中较受欢迎，善于规划自己的行为，运用欺凌等操控手段获得更高地位等级。而地位等级较低者，通常不受欢迎，而被视为问题学生"。① 对旁观者（或成为欺凌协助者）而言，"针对欺凌协助者调查发现，协助者具有与欺凌者相似的攻击性认知，这是其选择协助欺凌者的直接原因。在此类群体的配合下，欺凌行为的持续性与恶劣性大幅增强"。②

就被欺凌者而言，"自我认可度较低，缺乏安全感，通常呈现出孤僻、忧郁、忧虑以及恐惧性欺凌事件的被欺凌者一般性格偏内向甚至孤僻，不合群"。③ 被欺凌者往往处于弱势，性格内向者，受到言语或肢体攻击时容易产生畏惧心理，对于自身的处境并不能清晰判别，他们不敢向他人透露自己受到欺凌的事实，更别谈反抗了，这些都是因为其自身防范意识不健全、对相关政策法规不了解、维权意识淡薄，不知道可以利用法律手段进行自我保护。校园欺凌的受害人往往都是未成年人，"心理心智尚不成熟，本身缺乏对法律的认知，遭遇到欺凌行为，往往不告诉家长和老师，不懂得依法维护自己应有的权利，往往选择离家出走或逃学等来消极应对，在一些极端情况中，一部分受欺者会选择自杀来逃离现实困境"。④ 被欺凌者维权意识淡薄，与学校的法治教育工作落实的不到位也有很大的关系。

（二）外因分析

学生除受到个人素养的影响外，校园欺凌现象的发生还与家庭、社会、学校以及国家等因素有关。校园欺凌是功利化社会在教育上的折射。"家庭、学校和

---

① Cillessen, A. & Borch, C. Developmental Trajectories of Adolescent Popularity: A Growth Curve Modeling Analysis [J]. Journal of Adolescence, 2006 (29): 77-81.

② Pöyhönen, V. Juvonen, J. & Salmivalli, C. Standing Up for the Victim, Siding With the Bully or Standing by? Bystander Responses in Bullying Situations [J]. Review of Social Development, 2012 (4): 17-21.

③ 马雷军. 让每个学生都安全：校园欺凌相关问题及对策研究 [J]. 中小学管理, 2016 (8): 7-12.

④ Batsche, G. M. & Knoff, H. M. Bullies and Their Victims: Understanding a Pervasive Problem in the Schools [J]. School Psychology Review, 1994 (23): 10-15.

社会对成绩的高度关注，学生的压力与不满不断积累，到一定程度必然寻求发泄，从而产生了对他人的攻击、伤害和侮辱。"① 低下的家庭社会经济地位、弱势的族群文化、缺损的家庭结构、不当的家庭教育等，以及失败的学校教育、不良的社区氛围、鱼龙混杂的网络环境等共同造成了校园欺凌事件的产生。②

1. 家庭环境原因

家庭基因与环境会对欺凌者或受欺者发生影响。消极家庭环境及家庭成员的焦虑因素都可能成为欺凌的隐性因子。"在欺凌等反社会攻击性行为的形成中，基因影响占据 40%，环境因素占据 60%，其中普遍环境影响 20%，独立环境影响 40%。"③ 家庭是人生长征路上最初的起点，具有教育孩子的时空优势和情感优势，是青少年思维和人格形成的重要场所，在青少年成长的过程中扮演着至关重要的角色。"家庭也是未成年人产生原始的自我感觉以及形成基本的身份、动机、价值和信念的背景，是其社会化最初的起始点与依赖源。"④ 习近平指出：家庭是社会的细胞，家庭和睦则社会安定，家庭幸福则社会祥和。⑤ 培育和践行社会主义核心价值观要"从家庭做起，从娃娃抓起"。⑥ 家庭教育具有不可替代性，是学校教育和社会教育无法替代的。健康、融洽的生活氛围对于未成年人的健康成长具有至关重要的作用。正如法国教育家福禄倍尔所言："国民的命运，与其说是掌握在掌权者手中，倒不如说是掌握在母亲手中。"⑦ Iannotti 研究发现，"家长支持可以有效地保护青少年不受欺凌。那些不参与校园欺凌的孩子家

---

① 杨岭，毕宪顺. 中小学校园欺凌的社会防治策略 [J]. 中国教育学刊，2016（11）：7-12.

② 宋雁慧. 国家治理视角下的校园暴力防治研究 [J]. 中国青年社会学，2017（1）：26.

③ Rhee, S. H. & Waldman, I. D. Genetic and Environmental Influences on Antisocial Behaviour: A Meta-analysis of Twin and Adoption Studies [J]. Psycho-logical Bulletin, 2002（128）.

④ 顾军. 未成年人犯罪的理论与司法实践 [M]. 北京：法律出版社，2010：78.

⑤ 习近平. 在会见第一届全国文明家庭代表时的讲话 [N]. 人民日报，2016-12-16（2）.

⑥ 习近平. 决胜全面建成小康社会　夺取新时代中国特色社会主义伟大胜利 [N]. 人民日报，2017-10-28（1）.

⑦ 沈壮海. 新时期未成年人思想道德建设概论 [M]. 武汉：湖北科学技术出版社，2005：81.

庭中，家庭成员的亲密度适中，父母双方更加的平等"。① "亲子间支持与关怀可以有效避免校园欺凌发生，因为通过亲子间支持和关怀有助于学生对学生生活的适应能力提升。"② 对儿童和青少年来说，家长与孩子之间的相处方式、家庭构成、家长的教育孩子的方法对其身心健康成长、人格的养成都会产生一定的影响。③ Loeber 和 Dishion 等人的研究发现："欺凌者主要来自有这样父母的家庭：更喜欢常规的纪律（权利主义者）；有时候排斥或者敌对孩子；父母亲是过于严厉的或宽容的（父母不一致或者很少管理孩子）；父母解决问题的能力较差；教他们的孩子学会反击，至少应该学会挑衅。"④ 犯罪学家布雷德（CP，Brady）和布雷（JH，Bray）等人对破碎家庭的孩子进行大量研究后指出：在破碎家庭中成长的孩子更容易出现不恰当行为，表现出行为失范问题。家庭的矛盾冲突、暴力敌对，以及攻击性行为都是导致青少年犯罪的因素。可见家庭教育在欺凌防治中的重要性。

　　然而现实情况是，部分家庭由于受传统文化影响，受社会物质享乐主义熏染，再加上应试教育的裹挟，未能真正发挥其应有作用。家长"望子成龙"、爱慕虚荣、功利和世俗、重智轻德的观念，容易导致孩子自私、反叛。"家贫富加剧使得条件优越家庭只重视学生的物质满足，忽视内心需求，导致学生对味觉和视觉过度追求，做出危害他人和社会的行为，而贫困生则易滋生不满情绪。"⑤ 无论是欺凌者、被欺凌者还是旁观者，其家庭教育存在着明显的短板，集中表现为家庭教育的缺失、父母子女关系疏离、教育方式简单粗暴、父母自身素质低，等等。

---

① Iannotti R. School Bullying among Adolescents in the United States: Physical, Verbal, Relational, and Cyber [J]. Journal of Adolescent Health Official Publication of the Social for Adolescent Medicine, 2009, 45 (4): 368.

② Miklos Z. Molnar, Vanessa Ravel, Csaba P. Kovesdy, Matthew B. Rivara, Rajnish Mehrotra, Kamyar Kalantar-Zadeh. Survival of Elderly Adults Undergoing Incident Home Hemodialysis and Kidney Transplantation [J]. Journal of the American Geriatrics Society, 2016, 64 (10): 2003.

③ 陈道涌，等. 家庭环境与社区青少年暴力攻击行为的关系及影响因素分析 [J]. 现代预防医学, 2011 (14).

④ Loeber R, Dishion T J. Boys Who Fight at Home and School: Family Conditions Influencing Cross-setting Consistency [J]. Journal of Consulting & Clinical Psychology, 1984, 52 (5): 759.

⑤ 刘天娥，龚伦军. 当前校园欺凌行为的特征、成因与对策 [J]. 山东省青年管理干部学院学报, 2009 (4): 80-83.

（1）家庭教育缺失。家庭教育"是父母或者其他监护人为促进未成年人全面健康成长，对其实施的道德品质、身体素质、生活技能、文化修养、行为习惯等方面的培育、引导和影响"。① 欺凌现象发生，家庭具有不可推卸的责任，归根结底是家庭教育缺位。虽然说《中华人民共和国家庭教育促进法》明确规定了未成年人的父母或者其他监护人有实施家庭教育的职责，培育引导青少年养成良好道德品质、文化行为习惯等。但事实上，家庭教育促进法的法律约束力较低。即便是发现未成年人的父母怠于履行家庭教育责任的，也只是给予教育劝诫，必要时实施家庭教育指导。这种软约束显然作用不大。

现实中有的家长教育理念扭曲，重智轻德轻法，只关注孩子的学习成绩，至于品行教育则认为是学校的事情，将自己承担的责任全部交给学校，放任不管，整天就是围着分数转。望子成龙、望女成凤、急于求成，互相攀比，导致孩子学习任务繁重，放学回家后有大量的作业需要完成，周末更是各种各样的辅导课、兴趣班。有的家长因忙于生计，无暇顾及孩子，由爷爷奶奶或姥姥姥爷照看，隔代教育弊端突出，老人虽发现孩子厌学、情绪低落，甚至出现无端肢体疼痛也无可奈何；江某与周某某等人健康权纠纷案②背后的原因是双方家庭都存在家长缺位问题。被告周某某等5人与原告江某均系未成年人，2021年10月6日晚，周某某等将路过的江某拦住强行带至偏僻处，以扇耳光、拳打脚踢等方式轮流对其实施殴打侮辱，并用手机拍摄了整个过程。经鉴定江某属轻微伤。公安机关对周某某等作出相应行政处罚。这起典型的校园欺凌案件，警方调查发现双方均存在父母监护缺位的问题。法院本着"双向保护"原则，委托心理咨询师对受害方进行心理疏导，对加害方进行行为矫治，向各监护人发出《家庭教育指导令》，并联合区妇联、关工委、教委等共同开展家庭教育指导。后续跟踪回访了解到6名未成年人均已回归正常生活。

有的家长则因受教育水平低，缺乏教育胜任力等，使得家庭教育流于形式，尤其是缺乏法治教育引导。更甚者，有的家长以身示范作用发挥不够，有的家长只养不教，不能言传身教、以身作则，甚至自己违法犯法。如有的父母唯利是图，喜欢占别人的小便宜；还有的家长自身品行不端，喜欢偷拿偷摸他人的物

---

① 参见《中华人民共和国家庭教育促进法》第3条。

② 参见《重庆法院实施〈家庭教育促进法〉典型案例》。

品。"有研究发现，父母一般会被视为道德行为的榜样，儿童与父母间的安全依恋体验有可能是道德同一性（道德认同）的重要来源。"① 儿童道德行为是后天习得的，不是先天遗传的，通过观察模仿他人行为获得。生活在如此的家庭中，孩子也会在"潜移默化"中受到影响。"隧道效应"形象地说明了家庭教育问题的代际传递，即孩子的问题总是折射出家长身上的问题。② 由于家校对德育法育重视不够，主导作用未完全发挥，家长未尽到监护人的责任，孩子的价值观、人生观与世界观就会发生偏差。

（2）教育方式简单粗暴。一般情况下家庭教养方式分为：专制型、溺爱型、放任型和民主型。除了民主型教养方式之外，其他三种教养方式都会对孩子的成长产生一定的不利影响。个别青少年由于缺少关爱或被过度溺爱，而造成心理偏激、攻击性强等多种心理问题。专制型教养方式父母态度粗暴，通常以命令方式进行控制教育，奉行"棍棒底下出孝子"的旧思想，犯错误无论大小都对孩子进行体罚，而不是心平气和地与孩子讲道理，缺乏耐心，彼此之间缺乏有效的交流。要么是拳打脚踢，要么是恶语相向。长此以往，父母与孩子之间的关系变得疏离，孩子不再愿意与父母谈心里话，父母也因此难以及时发现孩子的异常行为，结果会导致父母子女关系紧张，孩子逆反情绪严重，面临同伴冲突时会采用冷漠粗暴的方式解决。有证据表明，"接触暴力会使儿童增加进一步受害和累积暴力经历的风险，包括以后的亲密伴侣暴力"。③ "在凝聚力低、父母管教不严、有暴力倾向等家庭中的孩子，往往更容易养成欺凌行为。"④ "如果长期处于家庭暴力中，子女在紧张家庭氛围的影响下可能会产生巨大的心理压力和情绪障碍。"⑤

溺爱型教养方式是无论孩子犯了多大的错误，父母都会把过错归结于其他人，毫无原则，对自己的孩子不加以批评教育，而是处处以自己的孩子为中心，

---

① 曾晓强．国外道德认同研究进展 [J]．心理研究，2011（4）：20.

② 李积鹏，韩仁生．家庭教养方式对儿童道德发展的影响及家庭德育策略 [J]．现代教育科学，2017（8）：103.

③ 保罗·塞尔吉奥·皮涅罗．暴力侵害儿童问题世界报告 [R]．日内瓦，2006：63-66.

④ 张文新．中小学生欺凌/受欺凌的普遍性与基本特点 [J]．心理学报，2002（34）：387.

⑤ 吴宗宪．西方犯罪学史 [M]．北京：中国人民公安大学出版社，2010：859.

这种做法会导致其自尊心、嫉妒心和报复心爆棚，极易形成以自我为中心的性格，自私任性、飞扬跋扈、不懂得理解和包容他人，没有是非观念，与同学相处过程中总想占上风，总是以控制他人为目的，一旦别人不能听命于自己就会用武力解决。"这阶段的孩子模仿能力特别强，但辨别是非、思考对错的能力还没有完善，于是孩子模仿父亲对待自己的方式来对待自己的同学，这样使得孩子更容易对他人实施欺凌行为。"①

放任型教养方式家长放弃了管教子女的责任，对子女放任自流，较少关心孩子遇到的学习、人际交往、心理、生理等各种问题，更谈不上疏导教育引导。长期处在这种环境下的孩子，容易受到外界不良文化和同伴群体的影响，一定程度上干扰了其对是非的判断，很容易寻找归宿，融入欺凌队伍。再加上家长对欺凌问题认知不足，当欺凌发生时孩子无法与家长正常沟通，这些都会影响校园欺凌被及时发现与制止。

（3）家庭结构缺失影响。校园欺凌案例存在的一个共同现象是单亲家庭、留守儿童等影响青少年健康成长。留守儿童和流动儿童聚集的地方是欺凌的多发地点。2021年公布的第七次全国人口普查数据显示我国的流动人口达37582万人。为了维持生计，给孩子一个更好的发展空间，父母需要外出打工，孩子自然就会交由家里的爷爷奶奶或姥姥姥爷看护。由于老人年龄大、行动不便，很难对孩子进行有效的管教。再加上因长期脱离父母，缺少关爱，缺少正常的沟通与交流，很多留守儿童性格缺陷，感情淡漠。"留守儿童失教、拒教、难教，替代养育者教之无力、教之无方、教之无责等是造成新生代农村留守儿童家庭教育困境的主要因素。"② 单亲家庭的孩子缺少父爱或母爱，使得他们在同龄人面前感到卑微，将自己封闭起来，不愿与他人交流，对情感既渴望又麻木，影响了其健全人格的发展。离异家庭的背后往往伴随父母因感情不和，经常吵架，甚至动手的现象。这给孩子内心留下了严重的创伤，导致他们对感情极度的不信任，从而对生活变得麻木。健康的家庭对孩子的言行举止会起到可靠的约束和规范作用，而缺少父

---

① Whelan Y. Early Experiences of Harsh Parenting, Irritable Opposition and Bullying Victimization: A Moderated Indirect Effects Analysis [J]. Merrill-Palmer Quarterly, 2014, 60 (2): 217-237.

② 段乔雨. 新生代农村留守儿童家庭教育的困境及其突围 [J]. 现代教育科学, 2017 (12): 24.

母教育或因父母感情问题而离异的单亲家庭容易导致孩子价值判断体系的扭曲，从而更易受到外界不良因素的干扰而习之，这种不良因素会被受到其影响的孩子带至学校进而引发校园欺凌的后果。

（4）家长责任未落到实处。有研究表明，"父母监管能够预测未成年人的攻击行为，且预测具有跨文化的一致性"。① 我国法律尚未明确规定家长对欺凌行为承担法律责任，只有当欺凌造成人身或财产伤害时才承担相应的民事责任，对未履行教育管教子女义务的父母没有规定严格的惩戒措施，监护人的责任偏轻，某种程度上放任其监护职责。而美国威斯康星州规定欺凌者父母面临300—600美元的罚款。弗吉利亚州则规定除了2500美元的高额罚款外，还附带一年的监禁。从这点上看，我国欺凌者家长的责任相对较轻。对于造成非常严重后果的青少年家长来说，对其教育的缺失几乎除了赔钱外，不用承担任何责任，家长自然不会从思想上重视校园欺凌行为。有的家长甚至认为，小孩子之间的打闹属于正常现象，没啥了不起，不需要大惊小怪，也不需要管教，树大自直，在这种思想指导下，当青少年出现违法犯罪行为时，其家长却坐视不理，放任其违法犯罪行为。

2. 社会环境影响

班杜拉（Bandura）认为，"人的行为不是与生俱来的，而是通过观察、模仿、学习等后天习得的。现代的网络媒体、父母、同伴等周围环境中含有攻击因素的文字、语言或行为都有可能会诱导学生们的欺凌行为"。② 少年犯罪偏差行为的产生是不良社会化学习的结果，并且少年个人未能与家庭、学校、社区、法律机关等重要机构维系适当的关系。③

（1）社会对欺凌认知度不高。前面提到的湖北嘉鱼县某中学女生遭几个同学轮流掌掴欺凌案件在网上疯狂流传，当地教育局办公室工作人员竟然称：同学之间并无矛盾，只是在一起开玩笑而已，本身是好玩的事情，引发网友争

---

① Jungup Lee , Karen A. Randolph. Effects of Parental Monitoring on Aggressive Behavior among Youth in the United States and South Korea：Across-national Study ［J］. Children and Youth Services Review, 2015, 55：1-9.

② 付星越 . 侵犯动机理论视野下的校园霸凌防控［J］. 南方农机, 2018, 49（11）：29.

③ 许福生 . 刑事政策学［M］. 台北：元照出版有限公司, 2017：126.

议。作为教育行政主管部门同志对校园欺凌都存在这样的认知，那么社会上的其他人员更可想而知了。有调查研究显示，"36.5%的罪错少年表示居住的社区没有送法下乡、送法进社区等法制宣传活动，39.8%的罪错少年甚至表示没有听说过此类法制宣传活动，表示偶尔有此类活动的为16.9%，表示经常有此类活动的仅为6.8%，这说明，在对少年的法制教育方面，社区并未发挥应有的功能"。①

（2）社会环境影响。社会是每个人赖以生存的环境，人离不开社会，因此，每个人都会受到社会所带来的正面或负面影响。社会控制论认为，"校园欺凌行为的形成受到社会控制因素的影响，是社会控制的力度、刚度与控制网络致密度三者的缺位或介入有限的后果，个体依恋、投入、卷入、信仰这四种成分有机作用是防治校园欺凌的实践径由"。② 从社会带来的消极影响看，相比较于成年人，未成年人受到社会的负面影响率更大。道德失范、享乐主义、诚信缺失、极端个人主义等不良社会现象正在影响着欺凌者，使其出现了行为失范，价值观偏离、道德脱离现象。如《可怕！梅州某学校的一名初中生竟向小学生收保护费》事件值得人们深思。2020年4月下旬，江北公安分局北阳派出所民警接到反映收取"保护费"的求助电话。调查发现，小李等同学强迫小毛同学交保护费，小毛害怕小李等人对自己做出不利举动，只好答应交200元的保护费，并交出了自己的游戏账号。之后小毛再次被索要"保护费"280元和"账号"，小毛将此事报告了班主任。民警对小李等人进行了思想教育并告知了可能造成的后果等。③ 可见，青少年在社会化过程中如果习得了社会不良观念，就会影响其行为习惯养成，自然而言将欺凌视为理所当然的事情。再加上网络、动漫、影视作品等对暴力、色情过分宣扬，直接熏染了缺乏判断力和辨别力的青少年，混淆了其是非观念，这些为欺凌的滋生提供了合适的土壤。

（3）经济发展水平不平衡影响。一般情况下，经济的发展水平与当地的教育

---

① 李勐等.罪错青少年法制教育现状与完善［J］.中国青年政治学院学报，2014（6）：115.

② 邹红军，柳海民.基于社会控制论的校园欺凌现象初探［J］.教育理论与实践，2017（22）：26.

③ 可怕！梅州某学校的一名初中生竟向小学生收保护费［EB/OL］.（2017-06-01）［2021-04-05］. https：//www.sohu.com/a/145298058_673057.

资源的丰富程度成正比。经济越发达的地区，教育资源越占优势，对学生德育工作的培养力度也高于经济欠发达地区，欺凌发生的概率也低。而经济欠发达地区的父母大多去经济发达地区务工，导致留守儿童数量的增长，加之德育资源的匮乏，从而导致校园欺凌现象发生的频率整体上呈增长趋势。除此之外，低收入家庭社会地位下降容易产生心理失衡问题，家长的心理失衡问题有可能会传导到孩子身上，会引起孩子对生活的失望和对社会的不满，继而通过欺凌来发泄自己的不满。而高收入家庭的孩子，也容易产生家庭优越感，存在骄傲自大心理，极易利用自身的优势欺凌弱势学生。

（4）社会"亚文化"影响。"亚文化"通常有两种含义：一是在特定社会的一些群体中存在的与主流文化不同的价值观念和行为模式；二是由笃信这些与主流文化不同的价值观和行为模式的个体构成的非主流群体。"暴力亚文化普遍存在于社会中，在暴力亚文化影下，暴力已经渗透于社会群体成员的心理品质中，成为一种内在心理倾向。"[1] 通常犯罪亚文化对犯罪行为、欺凌行为等予以道德支持，相互之间交流犯罪与欺凌技巧，把欺负同学、盗抢财物等违法行为美化为合理的常规行为，有的欺凌者把欺凌行为作为自己炫酷的行为，"为了融入同伴群体、获得朋友的认同，一些青少年很可能顺应群体的欺凌文化，选择扮演'强化者'或'协助者'的角色；而处于弱势地位的青少年，受制于强势群体和同伴压力的影响，只有选择'敬而远之'或'莫管闲事'，成为冷漠的局外人"。[2]

美国社会学家、犯罪学家科恩认为，"暴力亚文化对身心处理发展中的儿童具有重大影响。暴力亚文化因为有多样性、否定性、恶意性、非功利性以及群体自主性和即时享乐性的特点，对身心远未成熟而又渴望了解社会、融入主流群体的青少年儿童具有很强的腐蚀性"。[3] 美国著名犯罪学家 E. H Sutherland 提出的不同交往理论叙述了亚文化群影响行为的方式，认为"与教唆越轨的人联系越紧密、接触的次数越频繁、接触时的年龄越小，产生越轨行为可能性越大"。[4] 美国总统奥巴马在中学期间也曾因自己的大耳朵和怪名字而遭到同学的欺负。

---

① 吴宗宪. 西方犯罪学史 ［M］. 北京：中国人民公安大学出版社，2010：1093.

② 杨梨. 文化生产与预防欺凌：基于一个社会工作服务项目的案例研究 ［J］. 社会工作，2020（1）：93-104.

③ 吴宗宪. 犯罪亚文化理论概述 ［J］. 比较法研究，1989（3-4）.

④ 戴维·波普诺. 社会学（第10版）［M］. 北京：中国人民大学出版社，1999：214.

网络是一把双刃剑，既给人类带来便利，又引起了许多新问题。"儿童和青少年校园欺凌问题突出，主要是因为媒体对校园欺凌事件和暴力事件的价值导向以及整个社会对校园欺凌的态度，媒体的错误导向是校园欺凌行为发生的重要因素之一。"① 奥维斯认为个人气质、家庭环境、同辈群体影响以及大众传媒都会促使欺凌行为的滋生。② 未成年人沉溺于网络虚拟世界甚至不惜逃课去上网现象的日益增多，成为又一个困扰父母、老师的难题。根据一份针对在押未成年犯的调查报告显示，"在100名被调查者中，观看含有有害色情并受到影响的占56%，经常观看的占44%；经常观看含有暴力内容并受到影响的占83%"。③ 网络上充满着暴力、色情等不良信息以及带有暴力色彩的网络游戏，无时不在影响着未成年人的价值观。久而久之，这些未成年人便会出现崇尚暴力以及对异性强烈渴望的极端思想，进而在这种不良思想的影响下，实施暴力性犯罪以及性犯罪。由此可以看出，网络传媒中色情与暴力内容是造成校园欺凌事件频发的原因之一。

3. 学校层面原因

学校承载着教书育人的重要使命，是人才培养、人格塑造的地方。九年义务教育的普及，使得学校在一个人的人生成长道路中扮演着越来越重要的角色。可以准确地说，校园生活对于未成年人正确的人生观、价值观的树立起着关键性的作用。学校对待欺凌理念、管理力度、校园法治文化建设的态度等关系到校园欺凌现象发生的概率以及校园欺凌问题处置的有效性。

（1）学校对欺凌现象存在认知偏差。对于校园欺凌现象，学校存在认知不足现象。有的学校认为校园欺凌是青少年之间的打打闹闹，是学生成长中的正常现象，不值得大惊小怪，持一种包容态度，这就使得欺凌现象长期得不到足够重视。有的学校考虑自己的声誉，当欺凌发生后睁一眼，闭一只眼，大事化小，小事化了，尽量回避。正如澳大利亚詹姆斯·库克大学 Dianne L. Byers、Nerina Jane Caltabiano 和 Marie L. Caltabiano 等所指出的，"老师一般也只是重视和严肃

① 王笑妍. 校园暴力及其心理干预探析［J］. 中小学心理健康教育，2013（8）：13.

② Olweus D. Development of Stable Aggressive Reaction Patterns in Males［C］//Advances in the Study of Aggression. London：Academic Press，1984：38.

③ 金泽刚. 青少年暴力犯罪的心理和人格因素辨析——以赵承熙、马加爵等大学生杀人案件为例［J］. 青少年犯罪问题，2008（3）：19-21.

地对待公开性的欺凌行为，而不少校园欺凌行为的隐秘性正导致其不易被发现。学生对学校环境的看法是积极的、支持的或者是消极的、反对的，就形成了他们不同的行为"。① 有时学校管理者及教师会顾及学校声誉、担心影响招生而对欺凌行为有意回避、包庇，甚至拖延解决，使得欺凌行为得不到及时制止而出现"破窗效应"。2019 年 12 月 15 日，央视网报道了岂是简单"闹着玩儿"的欺凌现象，男同学将大量纸片塞到女童眼睛里，给女童造成了极大痛苦，但该校的负责人却说"小孩子才七八岁一起打打闹闹，没什么恶意"。② 可见，学校态度影响了对欺凌事件的正确处理，在某种意义上纵容了欺凌的发生。这也是欺凌长期得不到有效治理的原因之一。因此，相较于校风严谨、中小学校管理到位的中小学校而言，欺凌事件在一些校风涣散、校园管理不科学、对学生的行为缺少有效的规范、对欺凌事件采取漠视的态度或者面对欺凌事件"冷处理""不作为""无效作为"，或者以一种省事的、简单粗暴的方式对待的中小学校或者班级中，更容易出现。③

2016 年 5 月，山东泰安三里小学一名五年级学生被同学推下楼梯，造成软组织受伤，校方却采取息事宁人的态度。④ 2016 年 9 月山东潍坊市昌邑市文山中学发生了一男生在宿舍厕所内遭多名男生群殴事件，校方认为该事件因生活琐事引发，未对欺凌者采取惩罚教育措施。⑤ 2017 年 11 月 10 日中央电视台专题报道的"校园欺凌"案件中，在欺凌事件的处理中，"教师只批评了事，或者根本不管的比例却超过半数，高达 55.36%"。⑥ 这说明，对待欺凌问题学校老师存在着不

---

① Hong J S, Espelage D L, Hunter S C, et al. Integrating Multi-disciplinary Social Science Theories and Perspectives to Understand School Bullying and Victimisation [M]. International Handbook on Aggression: Current Issues and Perspectives, 2018: 103.

② 校园欺凌，岂是简单"闹着玩儿"！[EB/OL]. (2019-11-15) [2021-03-08]. http://news.cctv.com/2019/11/15/ARTIAPfAuXWqoQaYGSWuaVd6191115.shtml.

③ 杨垠红、裴静. 中小学校在校园欺凌事件中的安全保障义务及其民事责任 [J]. 福建师范大学学报（哲学社会科学版），2017（6）：114-122.

④ 泰安 12 岁少年被推下楼梯 施暴者家长：并非校园暴力 [EB/OL]. (2016-12-16) [2021-11-18]. http://www.sd.chinanews.com.cn/2/2016/1216/32084.html.

⑤ 山东一初中男生宿舍厕所内遭同学群殴，学校：涉事双方已和解 [EB/OL]. (2016-09-23) [2021-09-11]. http://news.ifeng.com/c/7fba4POqzCT.

⑥ 纪沅坤. 校园欺凌防治项目的成效及其原因分析——以 OBPP 项目为例 [J]. 外国教育研究，2019（5）：119.

敢管、不想管、不能管的现象。

事实上，只要学校能够正确认知欺凌现象，不回避，不偏袒，欺凌就会得到有效遏制。如前面提到的收取"保护费"事件，正是由于被欺凌者及时报告老师，老师不回避，及时处理，有效制止了事件的恶化。这一成功案例足以说明学校对待欺凌态度的重要性。

（2）心理健康教育的缺失。心理健康教育有利于疏导欺凌者、被欺凌者以及旁观者的不良心理状态，有利于及时疏导、发现、化解欺凌行为。"以美国为例，纽约学校的专业心理辅导师与学生的比例，小学为 1 比 594，中学为 1 比 387，高中为 1 比 338。"① 访谈中了解到，很多学校存在"唯成绩论"思想。"唯成绩论"所带来的结果便是过分重视学生的考试成绩，而忽视了对学生心理健康的关注。从中小学的课程设置上可以看出，有的学校并未开设心理健康教育课程，抑或表面开设，实际上却被文化课所占据，时间被大大压缩。初高中生面临着中考、高考两个淘汰性的考试，初升高的竞争力非常大，入学率在 50% 左右，即使加上职业教育，仍有部分孩子没学上。高考影响着未来职业发展，自然压力山大，如果这些压力得不到及时有效的疏导，久而久之就会引起严重的心理疾病，心理存在疾病的未成年人在处理问题时会容易冲动并且采取的极端做法，进而逐步走上犯罪的道路。

（3）道德教育的重视程度不够。有研究认为，"校园欺凌产生的根本原因是学校自身伦理和校园关系伦理失范，学校自身的教育、学校制度、教师伦理失范和学生之间的关系伦理没有顺应青少年自身伦理发展需要"。② 德智体美劳，德育立于首位，它是落实立德树人根本任务的重要途径。习近平认为德育从根本上说是做人的工作，"要不断提高学生思想水平、政治觉悟、道德品质、文化素养"。③ 我国的教育体制目前还处于转型期，升学率仍然是评估一所学校办学质量的决定性指标。在这样的背景下，成绩俨然成为每所学校、每位教师所追求的

---

① 吴芝仪. 他山之石：先进国家学校辅导工作比较和省思 [J]. 现代教育论坛（台湾），2006（15）：40.

② 王嘉毅，等. 校园欺凌现象的校园伦理分析及建构 [J]. 中国教育学刊，2017（3）：54.

③ 习近平在全国高校思想政治工作会议上强调把思想政治工作贯穿教育教学全过程开创我国高等教育事业发展新局面 [N]. 人民日报，2016-12-09（1）.

唯一目标。在这种观念的影响下，学校大幅度增加文化课的时长，压缩道德教育所需的课程。学校重智轻德，使得学习成绩差的学生选择"逃离"，逃离了教师的视线，跑到教室后排角落，或者到校园僻静区域，以自娱自乐、抽烟喝酒、欺侮他人，戏弄嘲笑成绩好的学生为乐趣。思想道德教育的忽视，严重阻碍了青少年明辨是非能力的发展，不利于其正确人生观、价值观的形成，使得他们容易被他人不良行为所左右，最终误入歧途。有研究者指出，"同学之间相互排斥、奚落和欺凌的根本原因在于课堂上普遍的竞争氛围，这种氛围陷学生于相互倾轧，为了好的等第分以及老师的尊重等稀缺资源而相互竞争"。① 同时，老师的言行举止对于学生良好品德的养成十分重要。然而，有些老师思想落后，不遵守师德师风，酗酒后带着一身酒气给学生上课，有的在讲课的过程中吸烟，趋炎附势，谈吐粗俗；有些老师对待学生采用双重标准，对个别不良行为的学生变相体罚、言语打压，这种区别对待使得学生产生抵触情绪、逆反情绪，怨恨老师，严重的会怨恨这个社会，进而形成极端的报复心理。"学校的老师很看不起成绩差又调皮捣蛋的学生，很少和学生谈心，有时候很想让老师看我一眼，知道我的存在，我就不会再违反纪律了，可老师从来就没有给我这个机会……"② 有的教师对学生进行管教或惩戒的方式往往受到家长和社会的质疑，导致教师权威下降或丧失。③ 再加上师资力量短缺，有的教师要身兼数职，教学精力有限，在道德与法治课堂中多依照学科"采分点"的准确标准进行授课，采填鸭式的教学方式对学生进行灌输式的道德与法治课程知识点讲授。④ 为了缓解这种情况，很多学校从社会上聘任未经过专业学习的人员临时担任任课老师，而这些"外来人员"的道德品质却很难得到有效保障。

（4）法治教育未能有效开展。⑤ 长期以来，我国青少年法治教育处于"上边

---

① 乔东平，文娜．国内外校园欺凌研究综述：概念、成因与干预 [J]．社会建设，2018（3）：5.

② 张路．教育"软暴力"与未成年人的违法犯罪——以福建省未成年犯和劳动教养人员为例 [J]．现代教育科学，2010（20）：86.

③ 徐玉斌，郭艳艳．校园欺凌的原因与对策分析 [J]．河南教育学院学报（哲学社会科学版），2016（6）：55.

④ 邢学慧．中学校园暴力的德育对策初探 [D]．济南：山东师范大学，2006：31.

⑤ 本部分来自姚建涛，牟昱凝．青少年法治教育：现实考察与理性回归 [J]．社科纵横，2020（3）：131-135.

热，下边冷"的现象，主要表现为：

第一，重视程度不高。国家层面关注度很高，学术界研讨也很热烈，但是到了落实的学校、家庭却响应一般，执行力不足，落不到实处，实效性不强。学校是落实青少年法治教育最基本、最重要的单位，但部分学校由于升学压力对法治教育的重视程度远远不够。以法治副校长为例，国家明令要求每个学校必须配备一名法治副校长，虽说大部分学校设立了这一岗位，但实际上是流于形式。由于校内缺乏专业人员，大多数学校的法治副校长是外聘公检法司等部门的领导，这些领导日常工作较忙，只能在每个学期开学时进校做个报告就算完事，没有形成长效机制。有的学校法治教育课时难以保障，再加上长期以来形成的过分重视智育而忽视法育的现象没有得到根本扭转，导致部分青少年的法治意识偏低，校园欺凌、校园暴力等违法犯罪现象时有发生。现在的学校教育往往只重视培养学生的应试能力，忽视了学校教育的本质在于育人，把升学率作为学校的首要工作目标。越是高年级的学生，学校为保证其升学率在法治教育上花费的时间越少，如初三学生和高三学生，他们的主要任务就是升学。这就使得青少年的法治意识不仅没有随年龄增加而提高，相反高中生的法治意识有的还要低于该年龄段的法律认知水平。由此一来，学生的升学率，各科的学习成绩也就成为了衡量老师教学工作的标准，这就会导致老师完全忽视对学生法治教育的培养，仅仅追求学生成绩的提高。从欺凌案例分析可以看出，真正导致欺凌现象发生的根本原因在于欺凌者（被欺凌者或旁观者）自身，即青少年缺乏法治思维。如果青少年自身法治意识强，养成了法治思维习惯，处理问题时就会理智、理性、不莽撞、不冲动，欺凌就不会发生。正是由于青少年缺乏法治思维模式，同时受到外部环境的影响，欺凌行为的产生就成为了可能。因此，需要补强青少年法治教育，涵养青少年法治思维思维。

第二，实践性不强。大多数学校开展的法治教育形式主要是课堂讲授和专题讲座，缺少实践教学活动。"填鸭式、满堂灌的课堂讲授，学生只能机械地、被动地接受法律知识。这样轻视教育成效的方式，难以触及法律自身内在的价值，更无从谈起能使青少年产生对法律价值的遵从和认同。"[1] 而内容鲜活的案例教学、模拟法庭、重大法治事件剖析等形式缺乏，法治教育与日常生活联系不密

---

[1] 张华. 青少年法制教育：困境与转型 [J]. 中国青年社会科学，2015（3）：1-7.

切，教育的质量和实效难以保证。即使有所谓的社会实践活动，也仅仅运用诸如发传单、拉横幅、现场设点等一系列法治宣传教育方式，对实现青少年法治意识培养及法治素养提升作用甚微。

第三，评价体系不科学。目前我国青少年法治教育缺乏科学有效的评价体系，"就评价标准而言，通常是通过举办了多少次法律知识竞赛、印发了多少法律知识宣传手册来对法治工作的成果进行标榜"。[①] 一般法律知识的灌输结束教育也就结束了，缺乏后续的对法治教育实施的效果，如青少年法治理念、法治意识等方面有无提升的评价机制。就评价效果而言，往往都是通过考试获得相应得分来衡量成效，判定教学质量。"在这种功利的教学模式下，学生们缺乏运用法律知识的机会，不能真正掌握法律知识的精髓，缺乏运用法律的能力，难以形成青少年对法律的信仰和内在的认同。"[②] 就评价主体而言，青少年法治教育评价者往往是相关部门自身，没有形成由学校管理者、教师、学生以及家长等多元主体的公共参与的评价机制。同时评价缺乏有效的监督机制，难以形成客观评价。效果评价缺乏科学有效的监督，就会导致青少年法治教育难以由表及里，从而导致青少年法治教育仅仅停留在表面上，难以实现德育培养健全人格的人的教育使命。

第四，缺少专门的师资队伍。我国中小学校目前缺少专门培养学生反欺凌意识的师资队伍，大部分学校缺少法律专业背景的教师，在法治课程讲授上往往力不从心。学校平时只注重法律知识的传授，把相关法律知识发给学生机械背诵，没有将其融入日常学习生活、融入第二课堂活动、融入学生的一言一行。虽然教师也能讲得很出彩，但是分析问题时，不能从法律专业的角度出发给出学生准确的答案，这对青少年法律意识的熏陶、法律能力的培养、法治意识的形成都十分不利。学生面对枯燥的法条死记硬背，这不仅不能引起学生的共鸣，反而容易产生不愿学习的情绪，不利于法治教育的开展。中小学生往往都正处于青春期、叛逆期阶段，本阶段需要老师的教育引导，树立正确的思想观念，否则很容易误入歧途。

---

① 金娣，张远增. 青少年法治教育效果评价的维度、标准及实施 [J]. 江西社会科学，2018（3）：247-253.

② 汪蓓. 日本青少年法治教育改革经验及其启示 [J]. 学校党建与思想教育，2015（19）：93.

　　第五，校园法治文化滞后。学校是青少年成长的重要基地，校园法治环境、法治文化建设得如何将直接影响青少年的健康成长。但部分学校对法治教育重视不够、法治文化建设滞后，法治教育师资专业性不强，法律法规教育和思想道德教育等方面功能被弱化，部分学生法治意识不强，导致校园暴力、校园欺凌等违法犯罪现象频繁发生，屡禁不止，严重影响了正常的教学秩序。目前中小学校缺乏适合不同年龄阶段学生的法制教材，国家规定的法制教育课也只是流于形式。学校很少开展有关法制讲座，即使开展也仅仅是照本宣科，内容单调，不利于调动中小学生学习的积极性并且缺少大型法制教育活动。另外，监管设施不完善造成部分欺凌事件未被发现或者未被及时发现。

　　（5）忽视学生主体。① 忽视了欺凌治理主体之一——学生，把学生当成了治理对象而不是治理主体。从欺凌的发生来看，青少年既可能是欺凌者，也有可能是被欺凌者或旁观者。作为当事人，青少年自然应当成为欺凌治理的主体之一，只有参与欺凌治理主体之中，明晰欺凌是对他人人身权的侵犯，具有违法性和社会危害性，才能知晓什么可为、什么不可为，从内心树立起对法律的敬畏之情，养成法治思维，增强自觉抵制欺凌的积极性、主动性。如果将其当作欺凌治理的客体，成为被治理对象，青少年只会被动、消极地等待接受治理，缺乏自我参与意识，治理效果自然会大打折扣。同时，青少年世界观、人生观、价值观尚未形成，认知水平、思维方式不成熟，自我控制能力、是非判断能力差，法治知识匮乏，再加上自身性格特点，对欺凌行为缺乏辨别能力，自我防护经验不足，欺凌发生时束手无策，不懂得向家长和学校求救，不是忍受就是反击，有的甚至演化为暴力事件，这是导致欺凌发生的内因，也是欺凌发生的根本原因。而学校更多注重的是对欺凌的外部规制，也就是外因。事实上，外部环境只是影响欺凌发生的外在因素，不是根本原因，真正导致欺凌现象发生的根本原因是欺凌者（被欺凌者或旁观者）自身的原因，因此，需要更多关注青少年本身。

　　（6）师生关系紧张。② 从根本上讲，"师生关系是教师和学生在共同的教育和教学活动中，通过相互的认知、情感和交往而形成的人际关系，是教育活动中

---

　　① 本部分来自姚建涛. 从单一转向复合：校园欺凌治理模式的反思与重构 [J]. 临沂大学学报，2019（8）：117.

　　② 本部分来自姚建涛. 高校师生法律关系研究 [M]. 北京：中国政法大学出版社，2018：72.

最基本、最重要，同时也是最活跃的人际关系系统"。① 卡尔·罗杰斯强调，"尊重学生个性尊严，重视学生的创造力和主观能动性，培养学生发展人性、自我实现价值取向，用理性、知性的方式来交流，使师生关系转向民主、平等、对话与互动"。② 尊师爱生、师生平等、教学相长。多数教师学识渊博、治学严谨、品德高尚。他们不仅教书，而且育人。而大多数学生也对老师敬重爱戴，乐意听他们讲课，愿意和他们交流。教育民主与平等的意识在师生关系中逐步树立，师生都重视建立和谐的情感、态度等方面的心理关系，师生之间个人交往关系在教育教学活动中的润滑作用逐步增强，师生都认识到师生道德关系应依靠师生双方的责任感和义务感来维持，尊师爱生的理念被师生共同接纳。③ 在和谐的师生关系中学生所吸取的道德经验是责任、尊重、诚实、诚信、友爱、平等、坚强等，不良的师生关系学生所吸取的道德经验是冷漠、仇恨、鄙视、势利、散漫等。良好的师生关系不仅有利于学生的高效学习，而且有利于师生有效沟通，便于及时发现问题、解决问题，促进学生的全面发展，能有效防治欺凌发生。"师生关系也是引发校园欺凌的因素之一，不和谐的师生关系可能会使儿童产生孤独感，对学校产生抵触情绪，疏远与老师、同学之间的关系，甚至出现攻击行为。"④ "师生情感能显著降低学生被暴力索要财物这类财务欺凌，班级氛围尤其是班级中的情感氛围（比如同情的班级氛围）对校园欺凌的防治十分重要。"⑤ 欺凌者或被欺凌者往往是性格特殊，属于问题学生，学习成绩不好，上课调皮捣蛋或不爱发言，属于恨铁不成钢的一类，因此，师生关系紧张，有了问题也不愿意沟通。再加上个别老师存在以学生成绩好坏作为评判标准的偏见，所谓的差学生在老师眼中也就失去了关注，如此一来，教师对待学生的方式无形中就影响到了学生，榜样"可使道德准则及行为规范具体化、形象化、人格化，因而具有极大的感染

① 李瑾瑜. 关于师生关系本质的认识 [J]. 教育评论，1998（4）：35.

② Carl R. Rogers. A Way of Being [M]. Boston，1980：263-268.

③ 秧志强. 和谐关系下高校师生冲突及其解决对策研究 [J]. 哈尔滨工业大学，2010（6）：16.

④ 邹泓，等. 中小学生的师生关系与其学校适应 [J]. 心理发展与教育，2007（4）：77-82.

⑤ Evans I M，Harvey S T，Buckley L，et al. Differentiating Classroom Climate Concepts：Academic，Management，and Emotional Environments [J]. Kotuitui：New Zealand Journal of Social Sciences Online，2009，4（2）：131.

力、吸引力、鼓劲力"①，发生欺凌行为也就成为必然。

除此之外，师生关系紧张反映在另一方面就是教师缺乏与家长的沟通，除了有问题找家长外平时关注家长的诉求不够，家访活动就更少了。正是由于双方沟通不畅，双方不能对问题学生达成共识，形成教育合力，往往忽视学生出现不良行为的某些苗头。台湾学者梁福镇认为，"教师要承担家长托付的教育责任，尽心尽力把每一个孩子教育好。教师要利用各种管道和家长进行沟通，让家长了解子女的学习状况。提供机会让家长参与子女的学习，多倾听家长的心声和意见"。② 可见，良好的师生关系对防治欺凌非常重要。

（7）教育惩戒的缺失。③ 惩戒是文明的教化，是教育活动必不可少的组成部分。"惩戒即通过对学生失范行为实施否定性制裁，避免失范行为再次发生、促进范行为产生和巩固的一种教育措施或手段"。④ 惩戒权是教师的法定权利，对于规制欺凌行为有着独特功能。关于教育惩戒既有政策规定，也有法律规定。政策层面，《中小学教育惩戒规则（实行）》规定："教育惩戒是指学校、教师基于教育目的，对违规违纪学生进行管理、训导或者以规定方式予以矫治，促使学生引以为戒、认识和改正错误的教育行为。"⑤ 并对教师职责、惩戒原则、惩戒情形、具体程序等做了相关规定。《关于防治中小学生欺凌和暴力的指导意见》首次明确以教育惩戒来矫正校园欺凌。中共中央、国务院 2019 年 7 月印发的《关于深化教育教学改革全面提高义务教育质量的意见》中正式提出"制定实施细则，明确教师教育惩戒权"，进一步明确教师的权利，保障教师有效行使惩戒权，维护师道尊严。法律层面的规定主要体现在两法中。《中华人民共和国未成年人保护法》（2020 年修订）规定开展防治学生欺凌的教育和培训。⑥ 《中华人

---

① 顾明远. 教育学大辞典（增订合编木）［M］. 上海：上海教育出版社，1998：203.

② 梁福镇. 教师专业伦理内涵与养成途径之探究 ［J］. 教育科学期刊，2005（2）：85.

③ 本部分来自姚建涛. 高校师生法律关系研究 ［M］. 北京：中国政法大学出版社，2018：68.

④ 余雅风，吴会会. 推进立法完善保证教育惩戒合法合理 ［N］. 中国教育报，2017-04-25（4）.

⑤ 参见《中小学教育惩戒规则（试行）》第 2 条。

⑥ 《中华人民共和国未成年人保护法》第 39 条规定：学校应当建立学生欺凌防控工作制度，对教职员工、学生等开展防治学生欺凌的教育和培训。学校对学生欺凌行为应当立即制止，通知实施欺凌和被欺凌未成年学生的父母或者其他监护人参与欺凌行为的认定和处理；对相关未成年学生及时给予心理辅导、教育和引导；对相关未成年学生的父母或者其他监护人给予必要的家庭教育指导。

民共和国预防未成年人犯罪法》（2020 年修订）规定了对学生不良行为的管理教育措施，"包括予以训导、要求遵守特定的行为规范、参加特定的专题教育、参加校内服务活动、接受社会工作者或者其他专业人员的心理辅导和行为干预、其他适当的管理教育措施"。① 除此之外，《教育法》《教师法》等也有相关规定。但是近年来受赏识教育影响，加上媒体不断报道教师惩戒权过当引发的负面消息，引起家长对教育惩戒权的强烈反感，公众对教育惩戒的不信任，使得教育惩戒的正当性、权威和效力不复存在，人们更愿意相信司法惩戒。这就导致教师对学生不良行为不愿管、不想管、不敢管成为常态，而教师是发现制止欺凌的最佳主体，当教师出现了消极情绪，防止欺凌可想而知。虽有地方立法，如《青岛市中小学校管理办法》《广东省学校安全条例（草案）》等规定了教育惩戒，但立法层次低，效力等级低，难以有效发挥作用。事实上，预防犯罪，最可靠也是最艰难的方式是完善教育。"教育能够正本清源。"② 这也是世界各国通用的做法。美国反校园欺凌法规定教师有权对欺凌者进行纪律制裁，制裁方式包括但不限于：暂停学习、拒绝参加课外活动、开除、转学。其中，佐治亚州反校园欺凌法包括最严格的校本纪律措施，有 3 次欺凌行为者则被开除。③ 英国《2006 年教育与督导法》也明确规定教师对学生拥有法定惩戒权。④ 英国教育部于 2014 年颁布了《学校中的行为与纪律：给校长和教师的建议》，文本又提出教师管理和惩戒学生的具体建议。⑤ 但因种种原因，我国的教育惩戒权落实不到位。

4. 国家层面原因

为治理校园欺凌，教育行政部门出台了《关于开展校园欺凌专项治理的通知》《中小学公共安全教育指导纲要》《青少年法治教育大纲》《关于防治中小学生欺凌和暴力的指导意见》《中小学（幼儿园）安全工作专项督导暂行办法》

---

① 参见《中华人民共和国预防未成年人犯罪法》（2020 年修订）第 31~33 条。

② 切萨雷·贝卡里亚. 论犯罪与刑罚 [M]. 黄风，译. 北京：商务印书馆，2017：113.

③ Analysisi of State Bullying Laws and Policies-December 2011（PDF）[EB/OL].（2019-05-15）[2021-11-21]. https：//www2. ed. gov/rschstat/eval/bullying/state-bullying-laws/state-bullying-laws. pdf.

④ 屈书杰. 英国校园欺凌综合治理体系及其对中国的启示 [J]. 河北大学学报（哲学社会科学版），2018（1）：51-63.

⑤ 刘长海. 英国中小学生管理新规解读 [J]. 比较教育研究，2015（3）：61.

《全面推进依法治校实施纲要》《加强中小学生欺凌综合治理方案》等，这些行政政策，属于"应急性"措施，缺乏有利的法律保障。从国家层面看，缺少专门立法、处罚手段偏轻、少年司法机构缺失等因素影响了欺凌的有效治理。

（1）法律政策规定过于笼统。国家高度重视欺凌的治理问题，由于起步较晚，出台的防止欺凌政策规定不够细致，缺乏操作的具体指导。《关于开展校园欺凌专项治理的通知》要求学校要严肃校纪、规范行为，并规定学校对校园欺凌要及时发现，及早处理，已构成违法犯罪的欺凌行为，要及时移送公安机关处理。《加强中小学生欺凌综合治理方案》规定了几种情形的处理方式：①情节较轻的初犯者，学校应进行批评教育，并要求当面道歉或递交书面致歉书。②情节较轻但累犯者，可酌情给予纪律处分。③情节较为恶劣造成严重身体或心理伤害的，批评教育的同时记性训诫，酌情给予记过处分并记入综合素质考评。④情节恶劣且屡教屡犯者，转送工读学校学习。⑤已涉嫌违法犯罪的，应移送公安机关处理。上述规定虽然较为全面，但由于缺乏上位法规定，操作起来缺乏具体指导：一是处罚行为规定不够全面，仅仅对欺凌行为作了规定，没有对旁观者报告义务以及帮助欺凌行为做出规定，处罚就缺乏依据，实际操作中对旁观者的行为认定就存在困境。二是规定的处罚方式主要是口头批评、书面检讨，与欺凌性质相比处罚偏轻，容易导致欺凌者变本加厉。三是进入专门学校学习需要未成年人及其监护人自愿选择，并非强制性管教手段，再加上家长对专门学校有排挤情绪，实践中难以落实。四是新修订的《中华人民共和国未成年人保护法》《中华人民共和国预防未成年人犯罪法》对未成年人的处罚参照的是成年人的处罚从轻方式，没有专门的反校园欺凌法，针对性不强，不利于欺凌的有效防治。

除此之外，相关规定效力等级低，权威性不强，且缺乏强制性措施，实践中难以有效发挥作用。正如2019年黄绮委员在"两会"上指出，"这些文件的出发点很好，但由于这些通知、指导意见或者治理方案，法律规范的效力等级低，内容主要针对的是相关工作部门的做法和职责，对校园欺凌者的惩戒措施规定得柔性、笼统而宽泛，不具有可操作性和威慑性，校园欺凌事件并未因此而减少"。①

---

① 张春莉，黄绮：校园欺凌的预防和处置呼唤［EB/OL］.（2019-03-01）［2021-10-15］. http：www.mizxb，com.cn/c/2019-03-01/2296639.shmL2019-03001.

（2）缺少专门反校园欺凌立法。目前我国对校园欺凌行为规制，国家层面大多是依据《中华人民共和国宪法》《中华人民共和国民法典》《中华人民共和国刑法》《中华人民共和国预防未成年人犯罪法》《中华人民共和国未成年人保护法》《中华人民共和国治安管理处罚法》等法律法规进行处理。《宪法》规定"中华人民共和国公民的人身自由不受侵犯。中华人民共和国公民的人格尊严不受侵犯。禁止用任何方法对公民进行侮辱、诽谤和诬告陷害"。① 《民法典》规定"自然人的人身自由、人格尊严受法律保护"。② 《预防未成年人犯罪法》规定，"预防未成年人犯罪，在各级人民政府组织下，实行综合治理"。③ 《未成年人保护法》规定国家、社会、学校和家庭应当教育和帮助未成年人维护自身合法权益，增强自我保护的意识和能力④，等等。除此之外，还有相关地方立法规定了对欺凌行为的处置。如《山东省预防未成年人犯罪条例》（2016.12）、《新疆维吾尔自治区预防未成年人犯罪条例》（2016.11）、《湖北省预防未成年人犯罪条例》（2017.2）、《江苏省预防未成年人犯罪条例》（2017.6）、《天津市预防和治理校园欺凌的若干规定》⑤、广东省《加强中小学生欺凌综合治理方案的实施办法（试行）》⑥ 等。另外，国务院出台了相关规范性文件，如《关于开展校园欺凌专项治理的通知》《关于防治中小学生欺凌和暴力的指导意见》等。但从整个法律体系上来讲，我国目前没有专门的规制校园欺凌行为的《反校园欺凌法》，缺少专门规制校园欺凌问题的机构和人员。

2020年全国人大代表李亚兰提交了《关于校园霸凌立法的建议》，建议明确界定认定标准、责任年龄，重点加强对低龄霸凌的惩戒，根据不同行为后果明确对违法犯罪行为惩罚、纪律惩戒以及协商处理。⑦ 对于治理校园欺凌的相关法律法规大多是笼统的规定，没有专门的法律来规制校园欺凌事件，出现了法律法规的空白地带。⑧ 有的规定表述不统一，带来一定异议。如国务院文件使用"校园

---

① 参见《中华人民共和国宪法》第37、38条。
② 参见《中华人民共和国民法典》第109条。
③ 参见《中华人民共和国预防未成年人犯罪法》第4条。
④ 参见《中华人民共和国未成年人保护法》第6条。
⑤ 参见天津市人大官网，http：//www.tjrd.gov.cn/lfjj/lfgs/。
⑥ 参见广东省人民政府官网，http：//www.gd.gov.cn/。
⑦ 李亚兰．建议对校园霸凌单独立法细化惩治标准［N］．人民日报，2020-05-21（3）．
⑧ 胡学亮．中小学校园欺凌高发原因与对策分析［J］．中国教育学刊，2018（1）：31．

欺凌"概念,而《中华人民共和国未成年人保护法》则使用"学生欺凌"的概念,概念之间的不统一会影响地方性法规和行政规章的制定,难以形成统一完备的欺凌防控体系,导致实践中难以操作。

纵观世界其他国家,很多都制定了专门的预防欺凌立法。英国 2003 年颁布了《反欺凌行动宪章》。2014 年教育部制定并发布《2014 教育(独立学校标准)法规》,强制性要求学校制定合理可行的反校园欺凌政策。① 日本 2013 年通过了《校园欺凌防止对策推进法》,随后出台了《少年法》《少年审判规则》等。美国的佐治亚州与 1999 年最先颁布了《反校园欺凌法》,2015 年蒙大拿州又通过了《反校园欺凌法》,之后美国的 50 个州已经全部制定了相关反校园欺凌的法律条文,② 等等。专门法的颁布实施,为治理欺凌现象提供了有力的法律保障。

由于缺少专门立法,再加上相关规定之间不协调,立法效力层级低,概念界定模糊,责任主体不明确,处置机制不健全,沟通协调不畅,给欺凌防治带来不便。因此,要有效规制校园欺凌,必须制定专门反欺凌法律。

(3)处罚手段偏轻。与世界其他国家相比,我国对欺凌的处罚手段偏轻。以美国为例,在美国,每年有"大量的学生由于违反相应纪律的行为而被开除,在 2009 年到 2010 年之间,就有大约 33 万学生因违纪行为而被迫暂时停课"。③ 我国对未成年人的处罚坚持"教育为主、惩罚为辅"理念,实行"教育、感化、挽救"的方针和综合治理原则。《未成年人保护法》规定了国家机关、武装力量、政党、社会团体、企事业组织、城乡基层群众性自治组织、未成年人的监护人和其他成年公民具有保护未成年人共同责任。对违法犯罪的未成年人,实行教育、感化、挽救,坚持教育为主、惩罚为辅的原则。④《预防未成年人犯罪法》规定,"预防未成年人犯罪,立足于教育和保护,从小抓起,对未成年人的不良行为及时进行预防和矫治。预防未成年人犯罪,要实行综合治理"。⑤《中华人民

---

① 张宝书. 英国中小学反校园欺凌政生探析 [J]. 比较教育研究, 2016 (11):1-8.

② 教育部青少年法治教育协同创新中心(华东师范大学):校园欺凌治理的跨学科对话 [J]. 华东师范大学学报(教育科学版), 2017 (2):12-23.

③ Kaeanna·Wood, Restoring Our Children's Future:Ending Disparate School Discipline through Restorative Justice Practices [J]. Journal of Dispute Resolution, 2014 (2):399.

④ 参见《中华人民共和国未成年人保护法》第 6、54 条。

⑤ 参见《中华人民共和国预防未成年人犯罪法》第 2~3 条。

共和国刑事诉讼法》在特别程序中规定，对犯罪的未成年人实行教育、感化、挽救的方针，坚持教育为主、惩罚为辅的原则。①

就处罚手段而言，目前针对欺凌处罚措施有侵权责任、刑事处罚、行政处罚、校纪校规处分、非惩罚性措施。由于缺乏专门立法，法律对于校园欺凌等行为的处罚措施缺乏相应力度。《刑法》《治安管理处罚法》《预防未成年人犯罪法》《未成年人保护法》等相关法律出于对未成年人保护的角度而言，对未成年人的处罚太轻，缺乏可操作性、强制力和规约力。《治安管理处罚法》规定，不满 14 周岁的人违反治安管理的，不予处罚，但是应当责令其监护人严加管教；已满 14 周岁不满 16 周岁的或者已满 16 周岁不满 18 周岁，初次违反治安管理的行为人，依照《治安管理处罚法》应当给予行政拘留处罚的，不执行行政拘留处罚。② 这一规定对欺凌者的惩罚性明显不足"。《刑法》修正案虽然规定：已满 12 周岁不满 14 周岁的，犯故意杀人、故意伤害罪的应当负刑事责任，这一规定只对造成明显的严重后果的行为实施制裁，且大多参照成年人处罚方式从轻或减轻处理，但是对于隐性欺凌带来的精神痛苦、精神障碍、抑郁，甚至导致被欺凌者自杀问题，在司法实践中很难举证。对于轻伤和轻微伤，多数由学校出面或公安机关调解或和解结案，不作为刑事案件处理，或者不起诉，终结司法程序，这就使得这部分欺凌者逃避了法律的制裁。据权威部门统计，在 2015 年前 5 个月经媒体曝光的校园欺凌案件就达到三四十起，其中最后致死案件比例高达 17%，承担刑事责任的不足 30%，七成左右案件以批评教育、民事赔偿方式解决，适用行政拘留的案件也很少。还有许多案件，根本就没有暴露出来，而是被"内部消化"。③ 根据媒体曝光，2017 年 6 月 24 日北京延庆二中一名初中生在厕所被其他七名同学实施欺凌侮辱的视频在网络上传开。视频中七名欺凌者要求初中生捡拾粪便，并用舌头舔碰接触粪便的手指。两天后，延庆警方在微博发布此事件的处理结果：7 名欺凌学生构成寻衅滋事违法行为，但是依法不予处罚，责令其家长

---

① 参见《中华人民共和国刑事诉讼法》第 277 条。
② 参见《治安管理处罚法 》第 12、21 条。
③ 陈小英. 校园欺凌事件频发 大量个案被"内部消化处理"［N］. 法制日报, 2015-07-13（3）.

严加管教。① 2019 年 1 月，河北省清河县委宣传部通报的挥公实验中学校园欺凌事件，受欺凌学生构成轻伤二级，该案作为刑事案件被警方受理，但因 7 名涉案学生均不满 14 周岁，最终只能以批评教育结案。②

和世界其他国家相比，这种处理显然过轻。如不满 14 岁的被告人赵某伙同他人盗窃专卖店内的财务，涉案价值共计人民币 12230 元。法院基于刑事责任年龄，结合自首、从犯及取得谅解等情节，对赵某免予刑事处罚。赵某在激动之余也说出了心里话"虽然一直盼着能够被放出去，但一下子被免予刑事处罚，心里又有些迷茫……"③ 美国法律在处理校园欺凌案件时，不仅评价被欺凌者受到的"物理伤害"，同时也会评价欺凌者实施欺凌行为时的主观恶意，即使被欺凌者受到的"物理伤害"很轻，但欺凌者依然会因为主观恶意过大而受到重判。④

由学校自行处理的案件，大多学校都希望尽快平息事件，恢复正常的教学秩序，避免事态扩大引发舆论，于是大事化小、小事化了，某种程度上纵容了欺凌行为。

（4）非惩罚性惩戒措施不足。我国现行法律对未成年人规定的非刑罚惩戒措施主要有责令父母管教、收容教养、专门学校教育制度和社区教育矫正等，从目前实施效果看，这些规定对欺凌者的教育矫治的效果不佳。

虽然《未成年人保护法》第 16 条规定：未成年人的父母或者其他监护人应当为未成年人提供生活、健康、安全等方面的保障，关注其生理、心理状况和情感需求，教育和引导未成年人遵纪守法、勤俭节约，养成良好的思想品德和行为习惯，预防和制止未成年人的不良行为和违法犯罪行为，并进行合理管教等。但实际情况是发生欺凌的孩子本身就存在家庭教育不到位问题、教育方式简单粗暴等问题，欺凌发生之后责令父母管教既无约束力，又没有惩罚力，形同虚设，流

---

① 北京 5 名中学生因逼同学厕所里拾粪便被拘留，但不执行处罚 [EB/OL]．（2018-03-24）[2021-09-18]．https：//mp.weixin.qq.com/s/Uh39JO80G2exwEcFW0nq6A.

② 河北清河通报校园欺凌案：初一女生遭 7 同学多次殴打致轻伤 [EB/OL]．（2019-05-15）[2021-08-19]．http://www.sohu.com/a/28680602-260616.

③ 任海涛．为了明天——预防青少年违法犯罪理论与实践 [M]．北京：光明日报出版社，2015：287.

④ 许锋华，徐洁，黄道主．论校园欺凌的法制化治理 [J]．教育研究与实验，2016（6）：50.

于形式，达不到预期目的。

我国的专门教育学校前身是工读学校，是借鉴苏联"高尔基工学团"教育矫正违法犯罪的未成年人的办学经验开办的学校。通过工读学校矫正青少年的不良行为是世界各国的通用做法。德国被记录过违反学校规章制度两次的学生，若仍恃强凌弱，学校有权将其送往"不良少年管教部门"。① 工读学校是为建立一种以"教育而非拘留、拘役等限制人身自由的方法来保护和矫治那些近乎于犯罪边缘的未成年人的一种介乎于少管所、劳教所的过渡机构"。② 教育对象是对因违法犯罪而采取劳教措施后、解除劳教的未成年人。工读学校实行半天劳动，半天学习政治理论和文化课的半工半读形式。工读教育的功能为"弥补家庭教育不足和普通教育的缺陷，提供特殊的教育环境以及专业化的社会服务"。③ 它在挽救问题少年、促进社会和谐发挥了重要作用。第一所工读学校是 1955 年成立的北京海淀工读学校，其至今已有 65 年的历史。2006 年《中华人民共和国义务教育法》的修订将"工读学校"转变为"专门学校"，之后 2012 年修正《未成年人保护法》继续沿用"专门学校"。《义务教育法》规定，"县级以上地方人民政府根据需要，对具有严重不良行为适龄少年设置专门学校实施义务教育"。④《教育部等九部门关于防治中小学生欺凌和暴力的指导意见》规定，对屡教不改、多次实施欺凌和暴力的学生，必要时转入专门学校就读。2019 年 3 月，中办、国办才出台了《关于加强专门学校建设和专门教育工作的意见》，明确了"专门学校"是教育矫治有严重不良行为未成年人的有效场所。2020 年 12 月 26 日《中华人民共和国预防未成年人犯罪法》进一步明确了其法律地位。"国家加强专门学校建设，对有严重不良行为的未成年人进行专门教育。专门教育是国家教育体系的组成部分，是对有严重不良行为的未成年人进行教育和矫治的重要保护处分措施。省级人民政府应当将专门学校建设纳入经济社会发展总体规划。县级以上地方人民政府成立专门教育指导委员会，根据需要合理设置专门学校。"⑤《中华人民共

---

① 徐晶晶. 校园欺凌治理的跨学科对话 [J]. 上海教育，2016 (36)：56.

② 管奇刚. 我国工读教育未来发展路径选择探究 [J]. 青少年犯罪问题，2018 (3)：10.

③ 鞠青. 中国工读教育研究报告 [M]. 北京：中国人民公安大学出版社，2007：26.

④ 参见《中华人民共和国义务教育法》第 20 条。

⑤ 参见《中华人民共和国预防未成年人犯罪法》第 38 条。

和国预防未成年人犯罪法》第43条规定：对有严重不良行为的未成年人，未成年人的父母或者其他监护人、所在学校无力管教或者管教无效的，可以向教育行政部门提出申请，经专门教育指导委员会评估同意后，由教育行政部门决定送入专门学校接受专门教育，但必须有父母自愿送读。由于部分家长对专门教育不了解，误认为专门学校是少年犯管教所，所以不愿意将孩子送去接受专门教育，导致对有严重不良行为学生的管理束手无策。同时，由于专门学校实行军事或半军事管理，如果心理疏导跟不上容易产生心理问题，就会导致其社会适应能力弱化，重新返回学校和社会就会遇到阻力。"截至2020年6月，全国专门学校仅剩94所；且呈现地区分布不均态势，山东、江苏、福建等省份一所专门学校也没有。"① 以上海为例，"2009—2019年10年间，专门学校总体上出现萎缩趋势，教师人数略有下降，学生人数大幅减少，2019年学生人数不到2009年一半"。② 专门学校自身教育模式不足、家长的误解，再加上专门学校数量减少和分布不均衡，通过专门教育矫正欺凌行为效果可想而知。

劳动教养制度已于2013年年底彻底被废止，公安机关在办理欺凌案件时，因欺凌者未达刑事责任年龄，不符合刑法规定，又缺乏相应的教育矫治场所，只能将其一放了之。虽然《刑法》规定，"因不满十六周岁不予刑事处罚，责令其父母或者其他监护人加以管教；在必要的时候，依法进行专门矫治教育"。③ 但是，在现实生活中，公安司法机关处理违法犯罪的校园欺凌行为，也往往由于牵扯未成年人以及毕竟是在校学生而不好处理，如果给予刑事、行政处罚往往担心处罚过重，不给予处罚或仅承担民事侵权责任而又太轻，所以对校园欺凌案件很难做出处理。即便如此，专门学校及收容教养等措施在具体现实中对规制校园欺凌行为效果也欠佳。所以，我国现在急需通过完善立法，规定专门处理校园欺凌这一问题的惩戒措施。

社区教育矫正缺失。"教育矫正是以特定设施为主要条件的一种特殊教育形式，是以实现矫正对象再社会化为本质，系统地影响和改变矫正对象的思想观念与行为方式的策略、方法和手段。"④ 教育矫正的目的是引导罪错少年反思自身

---

① 张晓冰. 专门教育：以教代刑 [J]. 预防青少年犯罪研究，2020（5）：81.

② 参见上海市教委统计资料。

③ 参见《中华人民共和国刑法》第17条。

④ 高莹. 矫正教育学 [M]. 北京：教育科学出版社，2007：8.

行为的危害性，培育其自省、自觉、自律的能力，以及修复社会关系，实现社会化。我国的社区矫正开始于 2003 年，目前已在 18 个省进行试点，取得了良好效果。2020 年 7 月 1 日我国首部《社区矫正法》开始施行，该法填补了我国社区矫正工作法律依据空白，充分体现了人权保障、科学矫正、宽严相济、社会参与的现代刑罚执行精神。① 但是，由于社区矫正是一项系统工程，需要犯罪学心理学、管理学、社会学等多学科知识，而司法工作人员大多是法律专业，知识结构单一，难以满足矫正者所需的心理疏导、技能培训以及再次融入社会的能力。而社区矫正工作志愿者、社会工作者队伍缺乏，出现了资源严重不足、专业人员能力不足、矫正措施内容有限、专业化矫正方法单一问题，实施矫正的力度和效果大打折扣，再加上监督力度不够等，实施社区矫正存在一定困难。

---

① 参见陈伊纯. 首部社区矫正法今天实施! 它将如何保障社矫对象的权益？[EB/OL].（2020-07-02）[2020-10-18]. https：// www. thepaper. cn / news Detail_ forward_ 8083629.

第五章　域外校园欺凌治理的经验借鉴

他山之石，可以攻玉。域外治理校园欺凌理论与实践起步较早，已经形成了较为成熟的理论体系、法律法规和实践经验，可以为我所用。本书重点选取了英国、美国、挪威、澳大利亚、日本五个国家及我国台湾地区，重点分析其在治理青少年校园欺凌方面的理论与实践，包括反欺凌立法、多措严惩、建设防卫体系、反欺凌预防教育、强化学校家庭责任、对被欺凌者实施救济等。具体探讨英国应对校园欺凌的综合对策，分析美国尊重教育、纪律与干预措施、法律规制等，探讨挪威欺凌预警和识别系统、结构化的欺凌干预措施和干预机制，以及澳大利亚的《国家安全学校框架》，思考日本在进行道德教育、强化学校、家庭、社会责任等方面的做法。通过分析以上国家在治理青少年校园欺凌理论与实践方面取得的成功经验，以期为我国复合治理体系的构建提供经验借鉴。

一、相关国家立法与实践

（一）美国

美国的校园欺凌也是司空见惯的。"美国欺凌组织资料显示 90% 的学生认为被欺凌会导致社交、情绪或学业上的问题；69% 的学生认为学校对于欺凌报告反应冷淡；3/4 的学生说曾被欺凌；每个月有超过 25 万名的学生报告被人身攻击58 次。2015 年美国每年有 320 万以上的学生受欺凌，每天因欺凌而逃学的约为16 万人，17% 学生在一个学期内每月被人欺负 2 到 3 次甚至更多，90% 的 4~8 年级学生称自己是欺凌受害者，1/10 学生因受到反复欺凌而退学。"① 上述数据足以显现美国欺凌问题的严重性。

1. 制定修改完善法律

美国治理校园欺凌起步较早，《民权法案》（1964）和《教育法修正案》（1972）中规定了反欺凌的条款。随着欺凌的升级，政府对 1990 年的《校园安全法》、1994 年的《校园禁枪法案》和 2004 年的《安全无毒学校及社区法》进行了规定。20 世纪八九十年代各州相继出台了反欺凌立法，成为欺凌治理的重点。各州的立法内容有所不同，但本质上是一样的。从 1999 年美国制定了第一部反欺凌法开始，到 2017 年已有 49 个州通过了反欺凌法，在 45 个州地区开展反欺凌事件示范教育，41 个州设立了反欺凌示范政策，36 个州重点加强对网络欺凌的打击力度，其中以新泽西州之反欺凌法以及华盛顿州及东部的德拉瓦州最为代表。

2000 年《保护我们的孩子：行动指南》发布，这是第一个与校园欺凌治理有关的行动纲领，明确要求学校要制订安全计划，采取有针对性的预防、干预措施。2001 年《不让一个孩子掉队》发布，联邦政府对学校治理欺凌做出了硬性规定，要求必须储备安全应急资金以确保校园安全之需。2002 年联邦教育部发布了《早期预警、及时应对，校园安全指南》，其中明确了校园欺凌的内涵，对认定校园欺凌行为提供了依据和参考。2015 年《让每一个孩子都成功》法案的颁布体现了保护学生，并为其成长提供良好的安全环境思想，对欺凌与戏谑等细节进行了更为详细的区分规定。不只是联邦政府，各州也颁布了许多法律法规，至 2015 年，所有州均颁布了欺凌治理法案，法案超过了 110 个。其中 49 个是法案，60 多个是州欺凌法案修正案。各州不仅新通过了法案，而且对大量已有法案进行了修正。可见，美国在治理校园欺凌方面的立法已经很完善了。

美国强化反欺凌立法，其反欺凌立法有以下特点：一是明确了立法目的。反欺凌立法主要是为了使学生能够得到较好的安全和学习环境，针对校园内外发生

① 全球"校园欺凌"事件触目惊心 留学生如何应对？［EB/OL］. （2016-12-12）［2021-11-10］. https：//www.sohu.com/a/121321036_413913.

的骚扰、恐吓或欺凌事件，建立了一套关于预防欺凌事件的标准与处理程序，对具有破坏性和暴力性的骚扰、恐吓或欺凌，学校的教师、职员、父母、监护人有拒绝容忍或参与骚扰、恐吓、欺凌的义务。二是明确规定了欺凌的定义。欺凌包括骚扰、恐吓，形式以口头的、书面的或者肢体的为主，表现出针对学校员工、学生以损害身体、财产或者贬低、侮辱等方式，持续地造成具有破坏性和暴力性的行为干扰学校的正常教学秩序。三是规定了防治欺凌内容。①由各个学校、社区制定相应的禁止骚扰、威胁或欺凌政策，并规定参与人员，制订预防方案，做好宣传工作。在制定政策时应当有代表参加，如学校、家庭、学生、行政人员、社区代表等，其中新泽西州出台政策还需要咨询学术界、儿童福利团体、非营利机构、专业组织及政府机关等有关专家的意见。在制定政策时应当强调正面的特性与价值，其内容至少包括一项声明、合理怀疑的报告制度、程序和参与人员、惩罚与补救措施、通报等。②规定了相关人员的职责，包括教育厅或者理事、学校、学区的职责，教育厅对相关事件的咨询，对相关教师的培训，提供资金的帮助，具体如下：第一，提供培训，培训有关欺凌、骚扰、恐吓的相关政策；第二，制定用于制止学生讨论区的骚扰、恐吓和欺凌的政策；第三，制订培训计划，分配拨款。学校及学区制定防治欺凌的相关政策时，需要有家长、学生、教职员、行政人员及社区等代表参加。对于具体的反欺凌政策内容学区有权决定，并每年制定相应的档案，选聘反欺凌人员，进行调查和处理。最后，做好防止报复等善后工作。

2. 强调各相关主体协同治理

在美国对校园欺凌的治理过程中，各个主体都发挥了作用，协同治理。治理欺凌学校具有不可替代的地位，其他相关主体也不能袖手旁观。其主要的欺凌治理经验是学校为欺凌治理的核心，各相关主体（如学校、其他政府部门、当地教育委员会、监护人、社会团体、受害者、教职工、欺凌者以及其他学生）发挥职责并积极配合，建立起一套欺凌治理的综合体系。除非学校不"实际知情"且"故意漠视"，否则必须承担责任。学校从以下几方面防范欺凌事件："第一，制定规章制度；第二，对学生开展安全教育，对教师开展反欺凌培训；第三，自我评估欺凌治理成效；第四，建立学校安全委员会并接受外界评估；第五，检查学生携带物品；第六，营造学校安全氛围。"①

其他政府部门承担协助义务，教育委员会的职责是进行调查评估，监护人的义务是参与调查且有权得到报告，社会团体的职责主要是参与预防及教育宣传，受害者是救济保护对象，教职工是宣传教育及参与调查主体，欺凌者是惩罚对象。各个主体权责独立、各相关主体共同参与，协同治理体系的建立和不断完善是美国校园欺凌治理取得较好成效的关键所在。

3. 突出预防与处罚并重

美国设立校园警察制度，警察或专门安保人员被政府安排到学校，依法行使警察的职能，管理学校治安问题，负责维护学校秩序，发现问题及时制止，而且在每个中小学校园里，都设有直通警局的报警电话亭，校园警察在预防方面起了主要作用。除此之外，许多学校用金属探测器对校园进行全面监控；为学生设置安全教育课程，提高学生的安全意识和自我保护意识；建立反校园欺凌网站，通过动画视频等方式，明确界定何为校园欺凌，反校园欺凌的法规政策是什么，遭受校园欺凌的人群有何特征，谁是容易实施欺凌的主体，以及如何应对、处置校园欺凌，受害人如何寻求帮助等；制订校园安全计划，"学校安全委员会"制订实施反欺凌计划，评估反欺凌工作，评估欺凌状况，对霸凌发生的频次、时间、地点、学生如何应对、家长如何处理的方式、学校的处置是否有效等进行评估，准确把握欺凌现状，分析原因，加大对欺凌高发区域的监管，并制定跟进措施。

在处罚方面采取"零容忍"的政策，一旦发现欺凌事件，学校必须立即行动，对欺凌事件进行调查，对欺凌者及时干预，警告轻者，开除重者，涉及犯罪的，司法机关及时介入。不仅对实施欺凌者进行处罚，而且对所有参与者都进行处罚，同时明确学校、教师在校园欺凌治理上的责任。欺凌发生之前预防为先，欺凌发生之后处理为要，两方面协同阻止欺凌发生。

家长如果因自身不良行为而导致孩子成为欺凌者，便失去对孩子的监护权，孩子将被送往寄养家庭。家长若教养方式不当，政府会通过训导课程培育，引导

---

① Analysis of State Bullying-US Department of Education ［EB/OL］. （2017-09-17）［2021-01-18］. https：//www2. ed. gov/rschstat/eval/bullying/state-bullying-laws/state-bullying-laws. pdf.

其使用合理的方式教育子女。① 为推动品格教育，资助中小学开展品格教育，自
1996 年起联邦政府每年拨款 270 万美元，各州也制定了政策法规，要求所在地的
中小学开展品格教育。中小学品格教育内容包括信赖、尊重、责任育、公平、关
怀和公德教育六个方面。纽约、阿拉巴马等 10 多个州纷纷设立了以道德品质教
育为主题的"诚实周""勇气周""友爱周"等活动周。②

4. 开展反欺凌课程教育

中小学生的《健康与幸福》必修课程从三年级开设，"明确告诉学生预防暴
力伤害的重要性，之后不断深化课程内容，逐渐介绍家庭、社区、学校等不同场
所的暴力行为、不同形式的暴力行为如欺凌、性骚扰、虐待等以及获得保护和远
离暴力的方式"。③ 联邦政府还颁布了《学术，社交和情感学习法》（ASELA），
"支持通过发展学生的社交和情感技能，如自我控制、目标设定、协作、解决冲
突和问题，以营造积极的学校气氛来改善学生的学业成就"。④

除此之外，美国学者注重欺凌研究。如 2017 年 6 月出版了美国学者贾斯
汀·W. 帕钦与萨米尔·K. 辛社佳合著的《校园欺凌行为案例研究》。该书调查
了全美 15 000 所初中、高中的学生，并提出了切实可行的解决欺凌建议。2017
年 8 月出版的芭芭拉·科卢梭的《如何应对校园欺凌》很受大众欢迎。该书详细
介绍了校园欺凌的概念、背景、环境、类型、欺凌形式，以及各个角色的性格、
类型及心理特征，从家庭、学校和社会层面对如何打破暴力循环，恢复良好社会
关系提供了可操作性的技巧与方法，指导性很强。

总之，美国在加强立法、强化主体责任、开设反欺凌课程，开展学术研究以
及其治理欺凌的惩罚与教育并重理念，对校园欺凌治理起到了有效作用。尤其是
反欺凌立法坚持问题导向，注重公众参与及立法评估、专家与大众理性统一、立
法过程与立法后评估统一、问题导向与立法引领统一是美国反校园欺凌立法的成
功经验。我国在制定反欺凌立法时可以借鉴。

---

① 参见陈偲，陆继锋. 美国如何应对校园欺凌 [N]. 学习时报，2015-10-15（2）.
② 参见杨益琴. 美国中小学校园暴力预防研究 [D]. 重庆：西南大学，2010：45.
③ 米克斯·海特. 健康与幸福（三年级下）[M]. 杭州：浙江教育出版社，2012：64.
④ Academic，Social，and Emotional Learning Act of 2013 [DB/OL]. (2013-12-11) [2021-
12-03]. http：//www. character. org/more-resources/character-education-legislation.

（二）英国

20 世纪 80 年代，英国社会开始广泛关注校园欺凌问题。1986 年《地方政府法案》（*Local Government Act* 1986）明确规定学校教师有责任阻止任何形式的校园欺凌行为。① 1989 年政府发布了《学校中的纪律》（*Discipline in Schools*）的报告，指出欺凌对学校及学生的危害性，建议各学校校长及教师对欺凌以及种族骚扰保持高度警惕，坚决处理欺凌及骚扰行为，并根据明确规则采取适当行动，将制裁和制度作为后盾，来保护遭受欺凌的学生。② 与此同时，研究校园欺凌的著作《校园欺凌》《欺凌：一个国际视角》《学校中的施暴者和受害者》相继问世。

1991—1994 年教育部资助了谢菲尔德的反欺凌计划，该计划成功地改善了实验学校的欺凌状况。2015 年英国教育部在其官方网站上宣布学校欺凌行为开始下降。③ 英国反校园欺凌已经形成了以法律政策为依据，学校为主导，家庭、社会协同参与的治理体系。

1. 制强化法律保障

1986 年《地方政府法案》（*Local Government Act* 1986）规定：支持学校教职员采取措施来阻止任何形式的欺凌行为；1989 年《儿童法》（*Children Act* 1989）明确提出："学校有保护儿童的责任，当有'合理的理由怀疑一个孩子正在遭受痛苦或重大伤害'时，应将欺凌事件作为儿童保护问题处理。"④ 1998 年颁布《学校标准与框架法案》（*School Standardand Framework Act* 1986），提出防止学生间出现任何形式的欺凌行为政策。1990 年的谢菲尔德计划（the Sheffield Bullying Project）参考了挪威的"全校性反欺凌途径"（Whole-schools Approach），谢菲尔

---

① Local Government Act 1986 ［EB/OL］. （2016-03-21） ［2020-12-18］. http：//www. legislation. gov. uk/ukpga/1986/10/contents.

② Sharp S, Smith P. Bullying in UK Schools：The DES Sheffield Bullying Project ［J］. Early Child Development and Care, 1991, 77 (1)：47-55.

③ DFE. Bullying in School Plummets ［EB/OL］. （2016-03-25）［2021-11-23］. http：//www. gov. uk/government/news/bullying-in-school-plummets.

④ Children Act 1989 ［EB/OL］. （1989-11-23）［2021-09-11］. https：//www. legislation. gov. uk/ukpga/1989/41/contents.

德计划是英格兰反欺凌实务的主要参考依据。① 1999 年英国首次立法规定学校必须制定反欺凌举措（Anti-Bullying Policy）。2000 年教育与技能部（Department for Education and Skills）颁布《欺凌：不要忍受沉默——学校的反欺凌手册》（Bulling：Don't Suffer in Silence—an anti-bullying Pack for Schools）一书，提供学校反欺凌举措与策略。② 2003 年，儿童、学校和家庭部颁布了《反欺凌行动宪章》（Bullying—A Charter for Action），建议各校根据《反欺凌行动宪章》中提到的原则制定本校反欺凌举措。2006 年颁布的《教育和检查法》（the Education and Inspections Act，2006）明确规定校长、教职工在管教学生时的职责，例如"为预防欺凌事件、鼓励学生正确行为，校长应以各种形式对教职员工、学生、家长进行学校规章制度的培训，并提供外语版本给不以英语为母语的家庭"。③ 2007 年颁布的《安全学习：加强在学校开展的反欺凌工作》（Safe to Learn：Embedding Anti-bullying Work inSchools），要求学校和地方政府履行各自职责，增进儿童福祉。④ 2011 年重新修订的《教育法》（the Education Act 1996），规定"学校教师及工作人员有权扣押学生电子设备，检查学生手机数据及文件。如果理由充分可删除相关资料，无须征得学生父母同意。但在某些情况下，学生之间的骚扰或威胁行为可能构成了刑事犯罪，如果教师认为可能发生了违法行为，就应该寻求警察的帮助，而不能简单地定义为校园欺凌"。⑤ 2014 年《教育（独立学校标准）条例》（the Education Independent School Standards Regulations，2014）规定学校要在合理可行范围内，制订实施反欺凌策略，来阻止任何欺凌行为的发生。2016 年《解决学校欺凌问题法案》（北爱尔兰）（Addressing Bullying in

① Office of Children's Commissioner. Bullying Today：A Report by the Office of Children's Commissioner, with Recommentations and Links to Practioner Tools [R]. London, 2006：23.

② OFSTED. Bullying：Effective Action in Secondary Schools [EB/OL].（2016-04-26）[2022-01-19]. https//www. gov. uk/govemment/uploads/system/uploads/attachment ＿ data/file/379594/Bullying：effective_action_in_secondary schools pdf.

③ Education and Inspections Act 2006 [EB/OL].（2006-11-8）[2021-11-21]. https：//www. legislation. gov. uk/ukpga/2006/40/contents.

④ Department for Children, Schools and Families. Safe to Learn：Embedding Anti-bullying Work in Schools [EB/OL].（2007-07-01）[2021-12-20]. http：//webarchive. nationalarchives. gov. uk/20100712094408/http：//publications. teachernet. gov. uk/eOrderingDownload/SAFE% 20TO% 20LEARN. pdf.

⑤ Preventing and Tackling Bullying Advice for Headteachers, Staff and Governing Bodies [R]. UK：Department of Education, 2017：8.

Schools Act（*Northern Ireland*）2016）扩大了学校的责任，"规定学校有义务防止学生在往返学校时遭到的欺凌，并采取措施防止学生网络欺凌行为"。① 2017 年教育部在《关于预防和处理校园欺凌的建议》（*Preventing and Tackling Bullying: Advice for Head Teachers, Staff and Governing Bodies*）中概述了对英格兰所有学校反欺凌行为要求。② 2017 年，苏格兰政府发布了《尊重所有人：针对苏格兰儿童和年轻人的全国反欺凌方法》（*Respect for All: National Approach to Anti-bullying for Scotland's Children and Young*），希望所有学校制定反校园欺凌举措。③

上述立法明确了学校、家长、社会和学生的相关责任。如"家长责任规定，家长或监护人对其子女的欺凌等偏差行为被永久停学或在一年内被定期停学两次以上，地方教育局或学校可向法院申请，对其家长发出'教养令'，要求家长共同负起改善学生偏差行为的责任，并且对家长违反'教养令'的行为，学校可以移送治安法院裁决处以罚金"。④ 该种措施与我国在 1928 年民国时期的惩罚措施相类似，当时刑法规定：13 岁以上不满 16 岁人之行为，得减轻本刑 1/2。对减轻刑罚者，施以感化教育，或者责令其监护人、保证人缴纳数额相当的保证金，在 3 年之内对品行进行监督。该种立法措施的设计避免了仅由监护人承担民事责任而缺乏有效性的弊端，同时对于规范行为人自身具有重要作用，值得借鉴。

2. 建立监督监测机制

政府检查由 Ofsted 组织。⑤ 检查内容要求学校详细说明他们治理校园欺凌行为的举措以检查治理措施的有效性，尤其是学校处理低水平校园欺凌行为的举措。检查每周进行一次，调查结果会在线发布，并直接向议会报告。2012 年

---

① Addressing Bullying in Schools Act（Northern Ireland）2016［EB/OL］.（2016-05-12）［2021-11-03］. https: //www. legislation. gov. uk/nia/2016/25/pdfs/nia_20160025_en. pdf.

② Preventing and Tackling Bullying: Advice for Headteachers, Staff and Governing Bodies［EB/OL］.（2012-05-22）［2020-11-21］. http: //www. gov. uk/government/publications/preventing-and-tackling-bullying, 10.

③ Respect for All: National Approach to Anti-bullying for Scotland's Children and Young［EB/OL］.（2017-11-15）［2020-12-27］. http: //respectme. org. uk/wp-content/uploads/2017/11/RESPECT-FOR-ALL-FINAL. pdf.

④ 周冰馨，唐智彬. 防治校园欺凌的国际经验及其启示［J］. 外国中小学教育，2017（3）：39.

⑤ Ofsted 是教育、儿童服务和技能标准办公室（the Office for Standardsin Education, Children's Services and Skills）.

Ofsted 把各学校欺凌的治理实践进行了总结，发布了《没有欺凌之所》（*No Place for Bullying*）的调查报告，"报告列举了各个学校治理校园欺凌的有效实践经验，以供英国国内各个学校之间相互借鉴"。① 对于因受欺凌需要转学的学生，《教育法》《教育和检查法》都作了明确规定，英国教育部也颁布了相应文件，对地方当局和学校提出了具体要求，保证学生的受教育权。

3. 明晰学校主体责任

学校要收集可能引发学生冲突信息并制订方案，开展预防欺凌的专题讲座和专门活动，营造良好的学校氛围，让学生明白学校对待欺凌的态度是零容忍，既不欺凌也不做旁观者，防治欺凌是大家的共同责任，解除学生的后顾之忧。从 2020 年起，"学校将人际关系教育、健康教育、人际关系与性教育纳入必修课程"。② 同时学校加大纪律惩处，让学生了解欺凌行为应承担的后果，强化纪律的约束力。"学校鼓励家长以身作则，为子女树立良好榜样，培养学生社交能力，重视学生全面发展。"③ 支持家长充分参与到欺凌防治活动中，让家长充分了解欺凌处理的程序。对遭受欺凌的学生需要转学的，尊重由学生与家长共同商讨制订的详细计划，而不是学校和地方当局擅自决定，以保护学生的受教育权。

4. 社会力量参与治理

英国有多个社会组织参与校园欺凌治理，如反欺凌联盟（Anti-Bullying Practice）④、戴安娜奖（Diana Award）⑤、儿童保护营（Kidscape）⑥、古尔本基

① Approaches to Preventing and Tackling Bullying Case Studies ［R］. UK：Cooper Gibson Research，2018：6.

② Children and Social Work Act ［EB/OL］.（2017-04-27）［2021-08-19］. http：//www. legislation. gov. uk/ukpga/2017/16/contents/enacted.

③ Dealing with Bullying ［EB/OL］.（2015-07-21）［2021-10-08］. https：//contact. org. uk/media/1546238/dealing_with_bullying. pdf.

④ 该联盟成立于 2002 年，目标是提高人们对欺凌可能造成的危害性的认识，营造欺凌不为社会接受的氛围，确保教师、家长以及儿童等主体具有应对欺凌的有效技能和相关知识。

⑤ 这是一家独立的慈善机构，2012 年启动了闻名世界的反欺凌计划（Anti-Bullying Campaign），通过训练以及支持学校的反欺凌大使（Anti-Bullying Ambassador）来实现反欺凌的目标。

⑥ 预防欺凌的慈善机构，为家庭、年轻人等提供处理和应对欺凌的帮助和指导，为学生家长提供有针对性的咨询服务，来帮助父母处理和应对孩子遭受的欺凌。

安基金会（Gulbenkian Foundation）等，他们为学校、老师、家长学生提供专业的咨询与帮助。如古尔本基安基金会（Gulbenkian Foundation），除了提供免费的咨询服务，"还出版了防治校园欺凌治理小册子，《欺凌：一个积极的回应》（*Bullying：A Positive Response*）、《欺凌的实用解决途径》（*Practical Approaches to Bullying*）和《欺凌：一份针对学校的实用指南》（*Bullying：APractical Guide to Coping for Schools*），为校园欺凌的治理发挥了实质性的效用"。①

总之，英国反欺凌主要经验：一是有完善的法治保障体系，无论是国家立法还是地方立法针对性较强；二是强调学校主体地位、教师职责以及对学生的要求，尤其是发挥校纪校规作用；三是监督检查机制，强调预防与干预；四是儿童权益保护，包括受教育权、参与权、生命健康权、隐私权等基本人权。五是发挥家长和社会的作用，协同治理。

（三）日本

20世纪80年代开始，日本就将校园欺凌列入全社会问题。1984年7名学生因受欺凌而自杀，1986年发生了鹿川裕自杀事件②引起日本社会各界的哗然，日本校园欺凌升级。2006年教育再生会议发布的《欺凌问题紧急建言——面向教育者和国民》在指导学校规制和预防欺凌现象方面发挥了一定的作用。③ 外文部科学省2007—2013年的追踪调查显示，"小学四年级到初中三年级间，接近九成的学生有过欺凌受害体验，而从未欺凌他人或被人欺凌的学生仅占12.7%和13%"。④ 2015年联合国教科文组织发布的《亚太地区学校欺凌、暴力与歧视报

① Smith, Peter K. Bullying in Schools：The UK Experience and the Sheffield Anti-Bullying Project［J］. The Irish Journal of Psychology, 1997, 18（2）：191.

② 欺凌事件的受害者鹿川裕生前被同学举行过"葬礼"，他们将鹿川的课桌放在黑板前，摆上鲜花、照片和祭品，并在横幅上写着"鹿川，再见"。此外，以4位老师为首，同学们还在横幅上签名，并写下类似"笨蛋""要是没有你，就太好了"等寄语。这个"死亡游戏"对鹿川造成了巨大伤害。

③ 陶建国. 日本校园欺凌法制研究［J］. 外国中小学教育, 2013（3）.

④ 文部科学省（2013）. 平成23年度「児童生徒O問題行動等生徒指導上CO諸問題｜：：関5調査」［EB/OL］.（2017-07-21）［2020-11-15］. http：//www. e-stat. Go. Jp/SG1/estat/List. do？ bid＝000001055973&cycode＝0.

告》称，"欺凌现象在日本、韩国、澳大利亚、菲律宾等很多国家较为普遍"。①
为此，日本出台了一系列防治校园欺凌的措施。《儿童学生欺凌问题指导的加速
（1985）》《解决欺凌问题当前应当采取的措施（1995）》《关于彻底解决欺凌问
题的通知（2006）》《关于指导问题行为儿童的通知（2007）》以及《关于彻底
把握欺凌实态和解决欺凌问题的通知（2010）》《关于向警察咨询和通报被视为
犯罪行为的欺凌案件的通知》（2012）和《关于尽早向警察咨询和通报欺凌案件
的通知》（2013）等措施。"大津市自杀事件"② 推动文部科学省于 2013 年出台
了《欺凌防止对策推进法》，使校园欺凌防治真正迈入了法治化进程。日本在欺
凌立法方面的突出特点是建立了刑事立法模式，"该模式下年龄不是犯罪是否成
立的决定性因素，无论什么样的欺凌行为都有可能是'犯罪'行为"。③ 这种立
法模式为欺凌治理提供了刑法支持，威慑力更强。日本防治欺凌的措施具体有以
下几个方面：

1. 制定反欺凌专门法

除了相关的政策外，2013 年日本出台了《防止校园欺凌对策推进法》，这是
日本出台的第一部针对学校欺凌问题的专门法律。本着早发现、早应对的目的，
与其他法律互相配合、彼此协调，在《少年法》《儿童福利法》《教育基本法》
《学校教育法》等法律中也有规定，形成了一套较为严密的防止欺凌法网。

《欺凌预防对策推进法》由六章组成，即总则、基本方针、基本实施对策、
防止校园欺凌的措施、重大事态的应对、杂则。尤其是对欺凌概念、行为进行了
明确界定：在校学生（儿童）受到来自学校一定关系的其他学生（儿童）加诸

---

① United Nations Educational, Scientific and Cultural Organization. From Insult to Inclusion：Asia-Pacific Report on School Bullying, Violence and Discrimination on the Basis of Sexual Orientation and Gender Identity ［EB/OL］. （2016-02-03）［2021-07-18］. http：//unesdoc. unesco. org/images/0023/002354/235414e. pdf.

② 大津市滋贺县一名初二男生，2011 年 9 月 29 日该男生在体育馆遭多名同级生捆绑、胶带封口，并施以暴行。10 月 8 日，欺凌者闯入他家盗走贵金属及财物。自杀前一天，也就是 10 月 10 日，被害者通过邮件告知欺凌者想要自杀，却不被理会。次日便从自家楼上跳楼身亡。这一事件推动了日本欺凌治理法治化进程。

③ 任海涛，闻志强. 日本中小学校园欺凌治理经验镜鉴［J］. 复旦教育论坛，2016（6）：106-112.

的心理或物理的行为（包括利用网络进行的行为），并因此身心感受到不同程度的痛苦，法令强调的是校园欺凌的行为双方、行为发生途径和行为的后果。同时，《防止校园欺凌对策推进法》对校园欺凌的具体行为做了明确规定。如踢踹、殴打他人；强令他人做出侮辱性的、令人反感行为；抢劫他人财物极易敲诈勒索行为，等等，该法明确了"绝不容忍欺凌"的态度，而且在该部法律中，对相关主体的责任做出了详细的规定，并区分了校园欺凌与暴力。文部省还指出，"虽然校园欺凌行为与校园暴力行为有重合的部分，但不能将两者混为一谈，两者之间的区别对于甄别潜在欺凌者和采取正确的制裁措施是必需的"。①

2. 强调多元主体共同治理

《校园欺凌预防对策推进法》规定，文部科学大臣负责掌控全国中小学的校园欺凌防治工作，并与相关行政机关的长官合作，制定能够有效防止校园欺凌的方针政策和法律法规。地方政府则参照国家层面制定的校园欺凌防治基本方针，结合本地实际情况，制定相应的校园欺凌防治对策。第 3 章第 17 条规定，国家及地方公共团体要协同努力，对受欺凌儿童、学生及其监护人进行援助，加强对儿童、学生及其监护人展开指导。该法第 4 款规定学校应当与家庭、社区等协同配合处理欺凌行为，要充分保障受欺凌儿童、学生受教育权及其他权益。这说明，日本在国家、地方和学校层面都采取了预防和干预政策，地方公共团体、新闻媒体、学者、学校、家庭、社区，以及志愿者组织、公益组织、NPO/NGO 等参与其中，建立起相对完善的预防和干预机制。

在国家方面，2014 年 6 月通过的《地方教育行政法改正案》加大了国家对教育的控制力。《防止校园欺凌对策推进法》的颁布规定了对欺凌进行针对性治理；学校、教育委员会、法务局等须协同建立"欺凌问题对策联络协议会"，完善欺凌通报咨询与协同机制。加大治理经费投入，2008 年，为解决少年儿童的心理问题，预防少年儿童实施或遭受校园欺凌，文部省组织开展了"学校社工（School Social Worker）"活动，由政府财政拨款，为全国中小学配备熟悉教育领域且具有社会福利等专业知识技术的社工人员。据 2018 年 3 月日本总务省发

---

① 文部科学省国立教育政策研究所生徒指导·进路指导研究 センター. いじめと暴力［EB/OL］.（2005-03-23）［2021-02-12］. https：//www. nier. Go. jp/shido/ leaf /leaf10. pdf.

布的《关于防止欺凌相关对策推进的调查结果》报告显示，"用于各种宣传活动、人才培养和设置相关部门等，2014 年投入 47 亿日元，2013 年投入 48 亿日元，2016 年投入 57 亿日元"。①

在治理欺凌的具体施策上，规定国家及地方公共团体，要制定欺凌防治综合对策以应对措施，并给予财政支持；为完善欺凌防治相关对策，及时针对欺凌防治情况开展调查研究，将调查成果予以公布。重视数据统计，严格把控地方上报数据，严惩虚报瞒报行为。不断进行学校教育课程改革，明晰教育的育人重心。设置了 24 小时欺凌救治热线、人权维护 110 和网络咨询机制，为校园欺凌行为被发现后能够及时上报提供途径。

在地方公共团体及相关机关的治理措施方面，日本以地方自治体为单位，设置由学校、教委、儿童咨询所、法院或地方法院等人员组成的欺凌问题对策联络协议会，同时设置相关机构辅助学校出台治理制定政策，设置了"校园心理咨询"和"校园社会福祉专家"，来帮助处于困境中的学生。

家长层面，日本法律既规定了加害人家长责任，也规定了受害人家长责任。《教育基本法》（2006 年）第 10 条提出，对孩子进行教育是父母及其他保护人首要义务。《校园欺凌防止对策推进法》也做了同样规定，家长应当教育、指导、监护儿童，培养其规范意识，防止实施欺凌行为。横滨地方法院在"津久井中学校园欺凌诉讼案"中表明，"虽说学校是义务教育，但孩子的教育本来应该由父母承担首要责任，监护人则要配合国家、地方公共团体等的防治措施对儿童进行规范意识养成教育，并对受欺儿童提供及时的保护"。② 1996 年 10 月 25 日，金沢地方法院判决的"七塚小学欺凌诉讼案"，"说明了家长监护教育义务，孩子无论在家还是学校，家长教育及于孩子生活关系全部，对他人生命和身体不得施加不法侵害"。③ 大阪地方法院在"丰中市第十五中学欺凌诉讼案"中表明，"即便是中学生，家长基于亲权人原则，应当对其整个生活关系保护和监督，进

---

① 日本总务省评价局. いじめ防止対策の推進に関する調査結果報告書 [EB/OL]. (2018-03-16) [2020-10-14]. http: //www. soumu. go. jp/menu_news/s-news/107317_0316. html.

② 横滨地裁平成十三年（2001 年）1 月 15 日判决，平成 9（ワ）2192，判例时报 1772号，第 63 页。

③ 金沢地裁平成八年（1996 年）10 月 25 日判决，平成 4（ワ）281，判例时报 1629号，第 113 页。

行社会生活基本规范教育、理解与认识，促进其人格的成熟，这是家长'广泛而深远'义务"。① 2002 年"鹿儿岛知览中学欺凌诉讼案"，家长在孩子自杀的前一天知晓其遭受欺凌情况而没有采取措施，法院认为家长已预见了孩子遭受欺凌，但没有履行监护教育义务是造成孩子自杀的原因之一，根据过失相抵原则降低了赔偿额。②

在学校层面，设置欺凌接待处理通报机制，成立由校长、教职员、校外专家在内的防止欺凌委员会。该委员会义务有："一是立即通报义务，二是确认并报告欺凌行为的义务，三是支援被欺凌儿童，指导、建议欺凌者的义务，四是完善学习环境义务，五是通报并寻求帮助的义务，六是协作配合警方义务。"③ 校长及教师要联合各方（如监护人、儿童咨询所、地方居民等）共同致力于欺凌的早期发现及应对，要做到事前程序保障、事后权利救济。学校要开展定期调查，建立欺凌接待处理机制、通报机制，以及与未成年人及其家长的商谈机制。学校以道德实践为主开展道德教育、人权教育、安全教育、法治教育以及友善教育等，引导学生遵守公德、尊重生命、善待他人、与人和善，对欺凌行为产生羞耻感和厌恶感，提高学生对欺凌的综合认识，形成尊重他人、敬畏生命的精神信念。2015 年日本正式宣布将在中小学实行"道德学科化"，把德育上升到和国语、数学等学科同等重要的高度。同时，该法要求对教师专业素养和业务能力进行培养，利用各种研修项目、讲座论坛等，提升教师欺凌防治专业知识和政策法规知识，以及应对处置技巧。加强提升相关人员的专业素养和应对技能，培养学生的道德情操和心灵沟通的能力。④ 既能保护被欺凌者，也能引导欺凌者，还能为家长提供帮助。

3. 惩罚与救济并用

日本也建立起一套完整的刑事立法体系，只要欺凌行为构成犯罪，都要对其

---

① 大阪地裁平成九年（1997 年）4 月 13 日判决，平成 4（ワ）7577，判例時報 1630 号，第 84 页。

② 鹿儿岛地裁平成十四年（2002 年）1 月 28 日判决，平成 10（ワ）55，判例時報 1800 号，第 108 页。

③ 向广宇，闻志强. 日本校园欺凌现状、防治经验与启示——以《校园欺凌防止对策推进法》为主视角［J］. 大连理工大学学报，2017（1）：8.

④ 丁英顺. 日本是如何应对校园欺凌的［J］. 世界知识，2017（2）：67.

进行刑事追究，如《少年法》（2014 年最新修正）《少年审判规则》（2015 年最新修正）等。在日本，所有的欺凌行为都有可能被纳入"犯罪"范畴，如果行为人是"未成年人"则适用"特殊的少年司法体系"处置。这样做的好处是："第一，对大量校园欺凌行为可以评价为违法和犯罪，极大地发挥了刑法的威慑作用，比我国单纯以批评教育来处理校园欺凌的方式更有效；第二，如果行为人是未成年人，则适用特殊司法程序，采取特别处分方式，这对欺凌者的基本权利也是一种保护。"① 《学校教育法施行规则》还赋予了校长对于特殊情况的惩戒权，包括退学、停学和训告，规定了学校对重大事态的应对职责。当欺凌行为发生时，对实施欺凌者采取了禁止听课的措施。除此之外，在发生欺凌行为后，及时对受害者进行各种救济措施，在专业人员的协助下，对被害人进行心理疏导，同时学校也有权决定让实施者和受害者不再在同一个班级上课。在发生重大后果时，如使被害人的生命、身心、财产遭到重大损害时，法律规定学校必须成立调查小组进行调查。日本教育学者、爱知教育大学教育学部名誉教授折出健二等人提出，"在预防校园欺凌的行动中，应该赋权学生参与对话和相互支持"。② 日本还设立了欺凌行为咨询网站和服务窗口，对受害者提供多种救济途径。2018 年协议会的统计报告，"2016 年来自家长或儿童的咨询约有 4 万多件"。③ 日本总务省的 2016 年与 2017 年的调查结果表明，"SC"和"SSW"制度④介入之后，校园欺凌的早期发现件数明显增加。⑤

总之，日本防治欺凌的成功经验就是形成了以《校园欺凌防止对策推进法》为核心的综合防治体系。专门法与相关法互相衔接，保障了法律的权威性，堵塞了法律盲点。学校、家庭、社会有机配合形成合力，提升治理的针对性、可行性

---

① 任海涛，闻志强. 日本中小学校园欺凌治理经验镜鉴 [J]. 复旦教育论坛，2016，14 (6).

② 折出健二・福田八重（2004）「いじめの予防とエンパワメント~生徒相互の対話と支援~」『愛実践総合センター紀要』第 7 号、271-278 ページ.

③ 日本总务省评价局. いじめ防止対策の推進に関する調査結果報告書 [EB/OL]. (2018-03-16) [2020-05-190]. http：//www. soumu. go. jp/menu_news/s-news/107317_0316. html.

④ "SC"（School Counselor）是指校园心理咨询专家。"SSW"（School Social Worker）是指校园社会福祉专家，他们的工作是援助由于欺凌、逃课、虐待、贫困等原因在学习和家庭生活处于困境的孩子.

⑤ 日本总务省评价局. いじめ防止対策の推進に関する調査結果報告書 [EB/OL]. (2018-03-16) [2020-05-19]. http：//www. soumu. go. jp/menu_news/s-news/107317_0316. html.

和时效性。完善的数据统计工作既有前瞻性，又能随时反思政策、实践的不足，做到及时修正。惩罚与救济结合充分保障了学生的合法权益。这些成功经验可以为我国制定反欺凌法提供参考。

（四）澳大利亚

澳大利亚是世界上多元文化和多元民族的国家之一，"约有190多个民族，形成了200多种不同民族的文化，其人口2434万，其中超过374万是1985年的移民人口，仅2016年一年便有来自近200个国家和地区的18.9万人加入澳大利亚籍"。① "不同的宗教信仰和文化差异也使得学生形成相应群体，极易导致欺凌发生。如果学生的文化、种族和宗教信仰与所就读学校的主流文化、种族和宗教不一致的话，更容易成为校园欺凌的目标对象。"② 因此，澳大利亚是世界上关注欺凌问题较早的国家之一。1994年政府公布《棍子与石头：学校暴力报告》，激发了全国性反欺凌暴力的运动。1995年肯·瑞格比（Ken Rigby）在对塔斯马尼亚州中小学生调查研究发现，"大约有将近32%的男生和37%的女生遭受过校园欺凌"。③ 2009年研究中发现，"大约有27%的学生经历着校园欺凌，他们每隔几周或是在更频繁时间内被欺凌。这些被欺凌的学生多为中小学生，主要集中在四年级到九年级。另外研究还显示，在五年级（32%）和八年级（29%）的学生中，校园欺凌的发生率最高"。④ "20%的中小学生经历着网络上的辱骂、威胁甚至骚扰，遭受网络欺凌的学生身心更加脆弱，众多的受害者因为受辱、被恐吓

---

① Department of Immigration and Border Protection, Australian Government. Migration Programmestatistics［EB/OL］.（2017-07-04）［2021-11-01］. http：//www. border. gov. au/about/reports-publications/research-statistics/statistics/live-in-australia/migration-programme.

② Bullying. No Way! Diversity and Bullying［EB/OL］.［2017-06-12］. https：//bullyingnoway. gov. au/Understanding Bullying/WhyDonesBullyingHappen/Pages? Diversity-and-bullying. aspx.

③ Ken Rigby. The Motivation of Australian Adolescent Schoolchildren to Engage in Group Discussions about Bullying［J］. Journal of Social Psychology, 1995, 135（6）：773.

④ Cross D, Shaw T, Hearn L, Epstein M, Monks H, Lester L, etal. Australian Covert Bullying Prevalence Study［R］. Perth：Child Health Promotion Research Centre, Edith Cowan University, 2009：31.

而患上抑郁症甚至自杀。"① "72%的学校报告称，他们在过去每年都要处理至少一起网络欺凌事件。"② 网络欺凌被称为年轻人面对的一种新癌症，同时，种族欺凌在学校社区中时有发生。

上述数据说明，澳大利亚校园欺凌形势严峻，欺凌形式有身体、言语、心理、社会性欺凌以及网络欺凌等，且呈现出独特特点。

1. 出台政策法规

为治理校园欺凌，澳大利亚政府出台了一系列政策法规。1974 年颁布的《监察员法》，1975 年颁布《种族歧视法》，1984 年颁布《性别歧视法案》，1986 年颁布《人权与平等机会委员会法案》，1990 年颁布《教育法》，1992 年颁布《残疾人歧视法》，1995 年颁布《种族仇恨法》，1998 年颁布《儿童和青少年（护理和保护）法》《隐私和个人信息保护法》《儿童和青少年委员会法》，2002 年颁布《健康记录和信息隐私法》。2003 年澳大利亚政府又颁布了《国家安全学校框架》（NSSF），确定了欺凌治理的目标原则，这是第一份国家级别的指导安全学校建设的法令，为各州制定反欺凌政策和法规提供了依据。NSSF 明确指出所有学校应是一个互相尊重，安全、和谐、支持的环境，学校有责任提供利于学生学习，以及适合于教师教学的优良环境，促进教师有效教学和学生的健康成长。《国家安全学校框架》（NSSF）为所有学校反欺凌计划制定了六大指导原则："第一，确保学校人身及财产安全（师生、领导者及全体成员）。第二，强调学校安全建设及状况评估等。第三，明确学校保护学生职责，并制定安全措施，支持教学团队。第四，强调相关者积极参与到维护校园安全中去。第五，强调学生自我保护意识及保护他人意识的能力。第六，构建和谐的学校氛围。基本原则强调了安全感是学校工作、教学的前提，安全学校要善待差异，包容多元，互相尊重。《国家安全学校框架》（NSSF）鼓励学校采用全校性项目，以改善学校青少年的社会和情绪健康为目标，通过分享欺凌信息和资源，有效地缓解了校园欺

---

① Parliament of the Commonwealth of Australia. Avoid the Harm - Stay Calm Report on the Inquiry into the Impact of Violence on Young Australians ［R］. 2010：13.

② Spears, B, Keeley, M, Bates, S, & Katz, I. Research on Youth Exposure to, and Management of, Cyberbullying Incidents in Australia：Synthesis Report ［R］. Sydney：Social Policy Research Centre，2014：18.

凌、骚扰和暴力问题。"①

2009 年，澳大利亚政府议会发布了《儿童保护国家框架 2009—2020：保护儿童是每个人的责任》，2011 年政府在 2003 年《框架》基础上又颁布了新的《国家安全学校框架》，增加了网络、毒品、枪支等欺凌新要素。强调所有学生都应该受到平等的尊重、支持和包容，学生健康安全必须得到有力保障，学校应帮助学生获得安全知识和理解、交流、解决问题的技能，形成欺凌治理的共同体和联盟。2013 年该框架被第二次修订时增加了网络欺凌及网络安全问题。2016 年澳大利亚安全支持学校社区（SSSC）和教育机构发布了《检查学校方案方法步骤决策框架》（简称 STEPS），2018 年 10 月 19 日，教育部长丹·特汉议员发起《澳大利亚学生福利框架》（*The Australian Student Wellbeing Framework*），该福利框架包括五个关键要素，即领导能力、学生声音、包容、支持、伙伴关系，为欺凌预防干预对策提供了法律基础。

澳大利亚"教育行政体制实行分权制，联邦政府制定宏观的教育目标、原则、策略、发展方向，各州则根据联邦政府的要求，以联邦政府制定的法律政策为依据，结合本州的具体情况制定各州的法律政策"。② 各州、领地政府具有中小学管理责任，出台了不同的反欺凌政策，中小学制定详尽措施加以落实。如首都堪培拉政府发布了《澳大利亚首都地区公立中小学反欺凌、反骚扰和反暴力法案》，要求学校制定欺凌预防政策时达成欺凌是不被容忍的共识，明确欺凌的定义、形式、各方角色和职责，以及每年检讨实施的可行性方案等。南澳大利亚州教育和学生发展部颁布了《学校纪律政策》《儿童和学生健康：欺凌》《安全学校》《网络欺凌和网络犯罪》等，明确了校长、教师、父母、旁观者的角色、责任，以及预防欺凌措施和处理办法。昆士兰州颁布了《安全支持有纪律的学校环境》《对学生负责的行为计划》《学校行为准则》等，明确了学生发展准则、学校防治欺凌职责，帮助学生掌握处理人际关系的技能。南威尔士州制定了包括《防止和应对学生校园欺凌政策》《阻止及响应学生欺凌事件的行为大纲》《阻止

---

① Slee, P. T. & Skrzypiec, G. Well-being, Positive Peer Relations and Bullying in School Settings [M]. Springer, 2016: 135.

② 陈立鹏，张靖慧. 澳大利亚民族教育立法研究及启示 [J]. 民族教育研究，2011（3）：31.

及响应学生欺凌事件的规划》《反校园欺凌计划书模版》《投诉处理政策》等应对欺凌行为的一系列文件，指导学校开展欺凌防治活动。

在对 NSSF 进行修改完善的基础上，不同的州、地区先后出台《学校纪律政策》《儿童和学生健康：欺凌》《学校行为准则》《安全学校》《对学生负责的行为计划》等法律文件，根据家长、教师、学校其他工作人员等不同角色提出了预防欺凌的具体解决方案。

2. 设立专门网站和机构

澳大利亚政府还建立了反校园欺凌专门网站和儿童网络安全办公室。专门网站有"欺凌零容忍"（Bullying. No Way）、"学生健康中心"网站（Student Wellbeing Hub）、"心智问题"（Mind Matters）等；各个州也建立了服务家长、学生、教师的反校园欺凌网站，如维多利亚州的"欺凌终止者"（Bully Stoppers）、新南威尔士州的"绝不偏见"（Prejudice. No Way）和"绝不种族歧视"（Racism. No Way）等，并规定每年的 3 月 15 日为"国家反欺凌及暴力行动日"，并呼吁社会团体及民众来共同抵制并监督校园欺凌问题。如维多利亚州政府教育部下属网站 Bully stoppers 详细介绍了校园欺凌及反暴力措施，明确学生、老师、家长、社会各方职责。新南威尔士州教育与社区部还开设了"Bullying No way！"和"Safe School Hub"等网站向孩子介绍欺凌相关信息、动画、安全手册、礼仪测验等，用简洁的语言形象说明什么是欺凌、欺凌的危害性及后果，引导学生正确认识欺凌，提升反欺凌意识。学校还应利用一切可以利用的机会向学生传递如下信息："尊重自己即是自我保护；你有获得安全的权利，如果你觉得没有安全感，请寻求帮助；你不想当面对某人说的话不要在网上说；如果你转发一条令人厌恶的信息，那么你已成为校园暴力/欺凌过程的一部分；不要在网上与陌生人分享个人信息。"[1]

2015 年，澳大利亚创建了对儿童网络安全专员办公室（Office of thee Safety Commissioner，简称 OESC），这是世界首个专门针对以网络欺凌为代表的网络安全问题的政府机构。机构开展"网络安全培训项目"（OnlineSafety Training

---

[1] 董轩，张先毓. 打造安全共同体：澳大利亚校园欺凌预防机制研究 [J]. 教育发展研究，2017（20）：49.

Programs），提升中小学生网络安全意识，预防网络欺凌。同时，"该机构还及时发布最新的网络欺凌的新闻信息，以及为教师、家长提供关于如何加强网络安全、预防网络欺凌的对策建议等"。① "学校社区的所有成员都熟悉学校的反欺凌措施；积极征求学生对学校在处理欺凌行为方面所采取行动的有用性的反馈建议，接纳学生的建议并且采取行动；对职前教师和执业教师提供更多反欺凌的专业培训学习，提高教师的反欺凌意识。"②

除此之外，澳大利亚设立了国家反欺凌中心（NCAB），由首席大法官 Diana Bryant 和 18 位志愿专家组成，有心理专家、教育家、学者、研究人员等，NCAB 与学校、社区、政府、工业紧密合作，主要负责儿童欺凌和创建安全学校和社区的问题的咨询。

3. 强化学校主体责任

学校是欺凌发生的主要场所，为更好防止欺凌，澳大利亚大多数中小学校依据《国家安全学校框架》和州政府反欺凌政策，结合本校实际，制定适合本校的反欺凌政方案，以保护学生安全。如维多利亚州的奥本中学制定了《奥本高中儿童安全政策》《反欺凌（包括网络欺凌）和反骚扰政策》《奥本高中儿童安全行为守则》等系列安全学校政策，明确学校对待欺凌态度及学校领导、教职工的职责，开展心理健康咨询和疏导，及时调查欺凌投诉；组织反欺凌项目活动，提升学生解决问题能力和处理人际关系技巧，规范应对欺凌的程序和方案。

澳大利亚中小学校开设预防欺凌相关课程，如开设健康和体育课（Health and PE）、社会情感发展教育课成，并开展"自我保护、尊重自己、尊重他人"等一系列的反欺凌教育活动，引导学生学会倾听，学会理解与尊重，平等对待他人，建立和谐人际关系。学校应对欺凌问题时会要求家长配合，学校会给每个家长发送一封邮件，把孩子在校表现以及欺凌等问题告诉家长。学校设置预防欺凌反思室（Reflection Room），用于让问题学生能够得到及时反思。相关人员如果

---

① Bullying. No Way! Participating Schools ［EB/OL］. （2017-06-18） ［2021-11-23］. https：// bullyingnoway. gov. au/. NationalDay/Pages/Participating-schools. aspx.

② Ken. Rigby, Kaye Johnson. The Prevalence and Effctiveness Strategies of Anti-bullying Strategies Employed in Australian Schools ［M］. School of Education University of South Australia，2016：87.

发现学生出现不良行为，就会把该学生送到反思室进行反思。同时，学校设置心理咨询师为学生开展心理咨询服务，引导其控制化解不良情绪，提高自我防护意识；学校及时向学生提供情绪管理、社交技能、反欺凌等方面的培训，明确欺凌含义及惩戒方式；规范学生的日常行为，预防减少欺凌的发生。政府还要求学校加大对教师反欺凌专题的培训，培训内容有知识模块、法规政策模块和能力模块，通过线上和线下方式提升教师辨别和解决欺凌问题的能力。

4. 建构多方合作治理格局

研究表明，"建立合作伙伴关系有利于促进学校提高欺凌行为治理能力"。① 因此，澳大利亚专门成立了由学校、家庭和社区组成了治理欺凌专门机构共同合作小组（School-Family-Community Partnerships）。一方面支持家校合作。表现在欺凌预防和处理阶段，预防阶段双方定期沟通，形成合力，及早预防欺凌苗头的出现，并将其消灭于萌芽之中。欺凌发生后家长及时了解孩子欺凌或被欺凌的情况，主动与学校沟通，了解解决措施。"如果家长对教师处理的方式、结果不满意，抑或是认为欺凌情节比较严重，则可以和副校长或校长对此问题的处理进行讨论。此外，父母也可以向当地教育主管部门申诉或者警察局报案。"② 另一方面学校与社区合作，营造安全的社区环境。社区成员要积极参与到欺凌治理中，如开办欺凌救助热线，发放预防欺凌小册子，提供心理咨询，等等。

澳大利亚应对欺凌措施比较完善，也取得了有效成果。其较为完善的政策法律制度，专门的反欺凌机构，多元主体协同治理以及反欺凌课程体系，可以结合我国实际情况予以借鉴。

（五）韩国

韩国由于受儒家思想影响，等级观念突出，校园暴力频发。1997 年 6 月 24

---

① Leanne Lester, Natasha Pearce, Stacey Waters, Amy Barnes, Shelley Beatty & Donna Cross. Family Involvement in a Whole-School Bullying Intervention: Mothers' and Fathers' Communication and Influence with Children [J]. Journal of Child and Family Studies, 2017, 23 (5): 1.

② Australian Government Office of the eSafety Commissioner. About the Office [EB/OL]. (2017-06-18) [2020-12-01]. https: //www. esafety. gov. au/about-the-office.

日，首尔中浪区某高中发生了 11 名学生将希望退出暴力社团"一阵会"的 8 名后辈用棒球棒各打 1 百次屁股。① 根据警察厅的资料显示，"加害人中有受害经历的占 44%，受害人中有加害经历的占 54%"。② 根据韩国教育部的调查资料显示，"2006 年经由校园暴力自治委员会审议暴力事件数为 3980 件，后上升为年发生 7000 件左右，施暴者及受害者比例维持在 10% 左右。2012 年校园暴力事件 24709 件，出现爆发性增长，遭受暴力中小学生数量也上升至 41368 人。2014 年再次上升至 19521 件，涨幅达 10%。被害学生数为 26073 名，占学生总数 3.8%"。③ 通过 2012—2015 年韩国教育部门调查可以看到，"近四年校园暴力的受害人数分别为 32.1 万、7.7 万、4.8 万、3.4 万。其中，2015 年校园暴力受害人中，中小学 1.9 万、中学 1 万、高中 5 千；施暴类型中语言暴力（35.3%）、集团欺凌（16.9%）所占比例较高，受害时间主要为课间休息（43.2%）、放学后（14.2%），受害场所主要为教室（48.2%）等校内场所"。④ 韩国把校园欺凌和暴力统称为"校园暴力"。自 1995 年开始，政府持续完善制度，出台暴力防治对策，重视跨部门之间校园暴力的防范与治理，为了根治校园暴力，国家层面出台了一系列法律制度，这些法律制度同时适用于校园欺凌治理。在推动专项立法、提升各主体认识、明确责任主体、建构防治机制等方面进行了有益探索，形成了多位一体的防控体系。

1. 加强法律制度建设

1995 年出台了首推政府主导的校园暴力防治政策——《校园暴力根治对策》，1997 年《校园暴力预防根治对策》提出建立三位一体的暴力防治体系，2004 年颁布了首部防治暴力的法律——《校园暴力预防与对策相关法》，明确各部门、机关、学校的职责、保护受害人措施、对暴力实施者处罚及法律依据。之

---

① 校园暴力，可怕的"一阵会"［EB/OL］.（1997-06-29）［2021-03-12］. http：//newslibrary. naver. com/viewer/index. nhn? articleId＝1997062900329101001&editNo＝20&printCount＝1&publishDate＝1997-06-29&officeId＝00032&pageNo＝1&printNo＝16144&publishType＝00010.

② 金学培. 警察对校园暴力预防的介入方案研究［D］. 韩世大学，2013：19.

③ 吕君，韩大东. 韩国青少年校园暴力情况及相关政策［J］. 当代青年研究，2016（5）：16-20.

④ 李琼，等. 校园欺凌现象及其防治策略［J］. 甘肃教育，2009（5）：9.

后 2008 年、2009 年、2011 年、2012 年和 2017 年对其进行了 5 次修改和完善。2017 年 11 月 28 日新修订的《校园暴力预防及对策相关法》（法律第 15044 号）颁布。新修订的《校园暴力预防及对策相关法》（法律第 15044 号）"增加了建立校园欺凌对策委员会以及被害学生保护、上诉、泄密处罚等条款"。① 2012 年韩国政府发布了《校园暴力根治综合对策》，该政策明确学校责任，完善申告与调查体系，开展学生预防教育、人性教育，加强家校社合作，抵制暴力网络游戏七大措施，一定程度上改善了暴力事件频发的现状。2013 年颁布了《校园暴力预防对策五年计划》，2014 年颁布了《"以学校现场为中心"校园暴力应对政策》。2018 年 9 月，韩国教育部联合梨花女子大学预防校园欺凌研究所共同推出了《校园欺凌事件处理指导手册》，指导手册面向学校负责人、教师、学生及家长，手册规定了欺凌事前预防、事中处理和事后总结步骤及操作规程。

《校园欺凌预防及对策相关法》第 2 条规定："校园暴力是在学校内部或外部，以学生为对象所发生的伤害、暴行、监禁、胁迫、掠取、引诱、名誉毁损、侮辱、恐吓、强迫命令、性暴力、孤立和网络上的孤立等，以及利用通信网络传播暴力信息等，造成受害人精神上、身体上或者财产上的损失的行为。"② 这一规定将暴力对象界定为学生，地点包括校内外部。暴力侵害的是身体、精神或财产。形式有语言暴力、孤立排挤、网络暴力、身体暴力、财物勒索和性骚扰。③

身体暴力：用手、脚等击打被害者身体，或带到固定场所监禁，或用强制、利诱、欺骗手段带到固定场所施暴，或假借玩笑、游戏等打击侵犯受害人，这些都可界定为身体暴力。

言语暴力：利用网络、聊天空间，或者在众人面前，公开损毁被害者名誉，脏话攻击，语言威胁等引起被害者恐慌的行为。

财物勒索：索要他人财物并强行占有，借取文具、衣服等拒不归还，故意勒索他人钱财以及损坏他人物品的行为。

---

① 교육부.학교폭력예방 및 대해에 관한 법률 (법률 제15044 호) ［EB/OL］. （2019-08-20）［2020-02-12］. http：//www. law. go. kr/lsInfoP. do？lsiSeq = 199081&efYd = 20171128#0000.

② 韩国校园暴力预防与对策法 ［EB/OL］. （2020-04-26）［2022-07-18］. http：//www. law. go. kr/lsInfoP. do？lsi Seq = 210140&efYd = 20200301#0000.

③ 资料来源．教育부.이화여자대학교학교폭력예방연구소.학교폭력사안처리가이드북［M］. 서울：교육부，2018：6-7.

孤立排挤：强迫被害者做出非自愿的行为，如跑腿儿、游戏、代写作业等，用暴力胁迫等手段侵害被害者权利，勒令被害者做非义务的事情，反复性的集体故意躲避被害者行为，用歧视性言语挖苦、嘲讽、形容被害者等。

性侵害：暴力胁迫性行为或类似性行为，用暴力威胁、通过身体接触使受害者感受到性侮辱，用性挑衅言语让对方感受到性侵犯行为。

网络暴力：通过网络平台进行侮辱、名誉侵害，或者进行性骚扰、传播淫秽，或者强迫受害者参加网络游戏等，或在聊天工具、网络上公开他人隐私等。

上述规定分类科学，内容详细，为各种欺凌行为的研判提供了依据。

2. 建立多方联动机制

韩国已形成"事前预防、过程调查、事后处理"全方位欺凌防控体系，各部门、各领域协同联动机制：政府通过强化法律制度对欺凌进行依法治理的宏观把控。学校对管理者、教师、学生家长等开展专题防治教育，提升应对能力。社会利用互联网等现代信息技术平台开展协同治理。《校园暴力预防和相关对策法》第 15 条规定，"学校为了预防校园暴力事件的发生，要定期对在校学生、教师、家长（法定监护人）进行培训。学校要建立预防校园暴力项目领导小组，可聘请专业机构工作人员、校园暴力专家担任项目负责人"。[1]

在国家层面，韩国形成了教育部、法务部、地方教育厅等组成的预防校园暴力应对系统。国家设立"学校暴力对策委员会"，下设"学校暴力对策地区委员会"，再之下还设有市、郡、区级"学校暴力对策地区协议会"，而学校则要设立"学校暴力对策自治委员会"，形成防范校园欺凌的体系。[2] 除了国家立法，韩国政府还在地方的市、郡、区设立"学校暴力对策地区协议会"，要求有地方政府官员专门负责。"自 2006 年 9 月开始把每年的 3 月和 9 月的第三个星期一定为'无校园暴力日'（No to School Violence Day），全国共有 10000 所学校、16

---

① 凌磊. 政府、学校、社会共同参与：韩国应对校园暴力策略研究 [J]. 比较教育研究，2019（10）：83-88.

② Act on the Prevention of and Countermeasures against Violence in Schools [EB/OL]. (2015-12-22)[2021-03-11]. http：//elaw.klri.re.kr/eng _ service/lawView.do? hseq = 38775 &lang＝ENG.

个市级或省级教育服务处以及 181 个地区教育办事处举办这项纪念活动。"①

（1）突出学校治理中心地位。自 2012 年开始，政府将校园暴力预防与治理重点转移到学校，建立了"以学校为中心、全民共同防治校园暴力"的防治网络。2013 年及 2014 年，韩国政府相继发布了由韩国总理室、企划财政部、教育部、未来创造科学部、法务部等 20 个政府部门共同参与制定的《"以学校现场为中心"校园暴力应对政策》及《2014 年度"以学校现场为中心"校园暴力应对政策的促进计划》。② 要求各学校设立"校园欺凌自治委员会""校园欺凌专职机构"，制订校本方案。校园暴力专门机构由责任教师、保健教师、专职咨询教师组成。责任教师的职责是对事件进行初步调查，与班主任等相关主体合作，记录事件发生的原因与过程、加害人及被害人情况，采取措施保护好现场证据，保护证人，并向"校园欺凌自治委员会"汇报相关情况。自治委员会由 1 名委员长和 5~10 名委员组成，负责对暴力事项进行审议，审议及表决的事项包括："建立校园暴力预防与对策相关的学校体系；受害学生保护措施与加害学生引导及其措施；受害学生和加害学生之间纠纷调解；实施条例规定的其他事项。"③ 校长在自治委员会的审议决定之后 14 日以内对加害学生采取法令，"规定让加害者对受害者做书面道歉；禁止加害者接触、胁迫或报复受害者与举报告发者；在学校进行义务劳动；接受校内外专家特殊教育或心理治疗；停课措施"。④ 同时，定期向老师、学生、家长开展专题培训，培训内容有校园暴力相关知识及法律法规制度，如何识别被害学生的异常行为、预防处理校园暴力事件措施方法及技巧，专题培训活动的开展，此培训提升了教师、学生及家长应对、处置校暴力事件的能力。

（2）强化家长责任。韩国是典型的"三代同堂"家庭结构，子女教育在家庭生活中足以实现，大家庭成员的言谈举止、为人处世影响着子女的行为方式。所以，韩国法律强化了监护人的责任。如暴力事件发生后，除对加害者采取禁止报

---

① 易谨. 韩国儿童保护法律制度的特色与启示［J］. 中国社会科学，2018（3）：134-140.

② 吕君. 韩国"以学校现场为中心"校园暴力应对政策述评［J］. 比较教育研究，2016（1）：86.

③ 参见《关于校园暴力预防与对策的法律》第 12 条第 2 款。

④ 参见《关于校园暴力预防与对策的法律》第 17 条第 4 款。

复行为、心理咨询与教育、校内劳动、社会服务以及采取道歉、停课、降级、转学或强制退学等措施外，其家长也会受到相应的惩戒。《校园暴力预防和对策相关法》第23条第2款规定，"市、道教育厅官员会向加害学生家长（法定监护人）发出通知，要求其参加'特别教育'。如果家长在一个月内无回应，则教育厅官员会向家长发出罚款通知。如果家长持续不回应，相关机构可按照《反社会秩序行为法》（法律第14280号）规定对家长提起诉讼"。① 通过法律的震慑作用，将家长对子女的教育管理责任落到实处。

（3）强化社会责任。2012年5月，全罗北道扶安郡警察署与当地14个机构及社团成立"杜绝校园暴力及构筑青少年保护系统的扶安青少年综合支援团"，该支援团共有200余人。"支援团主要作用在于对因遭受校园暴力而身心受损的学生进行帮助，一旦发现校园暴力事件，支援团将派出警察、专家共同对受害学生的家庭生活环境等进行调查，并对其进行心理检查和性格测试，通过实施不同的治疗手段恢复学生的身心健康，并提供医疗、法律、人生规划等方面的咨询服务，让受害人尽快恢复人生常态。"② 支援团的参与弥补了政府、学校、家庭工作无法辐射到的空间。

3. 积极开展预防教育

韩国政府非常重视暴力事件的预防。"一方面重视学生的心理问题，广泛设立心理咨询中心，及时发现和改善学生的心理问题，同时也为受欺凌者提供专业的心理辅导。"③ 如"我们的情感教育（WEE）项目"会面向有暴力倾向、情感变化大，以及行为异常的学生开展心理咨询，提供辅导治疗。事件发生后，心理咨询老师及时对被害者与加害者开展心理疏导，并将相关情况报告校长和校园暴力自治委员会。一系列措施的实施，"加上社会团体及专业人员参与，使受害者在身体康复、精神心理得到慰藉，努力抚平伤害所造成的后果，尽量减少受害者

---

① 법무부.질서위반행위규제법［EB/OL］.（2017-06-03）［2018-10-26］. http：//www. law. go. kr/lsInfoP. do？lsiSeq＝188039&efYd＝20170603#0000.

② 陶建国. 韩国校园暴力立法及对策研究［J］. 比较教育研究，2015（3）：58.

③ 吕君. 韩国《"以学校现场为中心"校园暴力应对政策》述评［J］. 比较教育研究，2016（1）：84-89.

遭遇不公正待遇的可能"。① 另一方面，建立了完善课程体系。欺凌预防校园暴力课程分为学生、教师、家长三种，每种 24 门，共计 72 门课程。如初中课程内容有自尊、情绪调节、共感、沟通、纷争解决、校园欺凌的认知与应对内容。课程强调预防理念，注重学生心理健康和人性教育，教学方法突出学生主体地位，强化实践体验，使学生感同身受，提升其认知、感知、预防、处理问题能力。同时将此类课程融入学科教学，实现全过程预防教育。

韩国多举措治理校园欺凌取得了显著成效，"校园欺凌事件发生率由 2012 年的 8.5% 下降到 2013 年的 1.9%，2014 年继续下降到 1.22%，另一个数据也支持了这个结论，韩国'117 学校暴力投诉电话'投诉量也在不断减少"。②

韩国对校园暴力通过立法的形式进行了规制，在国家层面设置了"校园暴力对策委员会"，要求学校设立应对暴力组织机构及运营机制，配备相关人员，对受害者和侵害者采取相关救助和矫治措施。社会公共力量如大企业、社会基金组织等积极参与暴力事件治理，在利用信息技术防控方面，即时监控系统和学生定位系统对校园周边公共安全等进行全方位监控，消减暴力发生的物理环境。完善的立法为应对暴力提供了一整套运行机制，做到国家、学校、家庭等全方位地应对校园暴力。专业化的救济与矫治有利于修复破损的关系，最大限度地维护施暴者和受害者合法权益，预防为主的理念有利于将暴力消灭于萌芽之中。这些成功的做法为我国治理校园欺凌提供了有益借鉴。

二、经验与启示

域外校园欺凌治理在法律法规体系完善、加强对学生的教育指导、对校园欺凌"零容忍"态度、多元主体的通力协作以及构建防治校园欺凌平台等方面对构建我国的反欺凌体系具有一定的借鉴意义。

（一）健全的法律法规制度

域外在校园欺凌治理方面的共同点是法律法规完善，法律、政策、干预自上

① 姚建龙. 校园暴力控制研究［M］. 上海：复旦大学出版社，2010：73.
② 陈晓慧. 韩国：法律先行，全员重视［J］. 人民教育，2016（11）：30.

而下一体化进行，能够做到有法可依、有法必依、执法必严，违法必究。同时，制定专门的反校园欺凌法，完善和修订旧法，明确欺凌概念、特征、种类、构成要件、处置措施、法律责任等，为防止校园欺凌行为提供法律保障。针对我国缺乏专门法的现状，建议国家相关部门借鉴国外的成功做法，尽快研究制定反校园欺凌法，同时修改与未成年人相关法律法规，鼓励地方立法规制，使得专门法与其他相关法律相互协调，共同应对欺凌问题，做到既震慑欺凌行为，又保护青少年的合法权益，实现惩罚与矫正双重作用。

（二）完善的反欺凌教育机制

域外校园欺凌治理成功的经验之一是通过开设反欺凌课程教育，普及反校园欺凌的相关知识、应对技巧，提高青少年的反校园欺凌意识和能力。我国目前已开设了相关的校本课程，但缺乏系统性、专业性、实践性，效果不够理想。因此，需要借鉴国外成功的做法，通过依托高校、专门研究机构，结合我国欺凌发生的特点开发如校园欺凌防治手册，开设公民教育及生命教育、心理教育，以及法治教育等相关课程，培养学生社交技巧与能力，学会尊重他人，树立权利意识，做到依法维权，消除以暴制暴观念。培育同情心和同理心，大力建设校园文化，让学生在社团活动中找到团队感、归属感，以增强防治针对性和实效性。同时，依托德育课程引导学生主体学习相关反欺凌理论，发挥学生自身治理主体作用，将校园欺凌消灭于萌芽状态。反欺凌课程教学要增强实践性，如情景模拟、角色扮演、模拟法庭、戏剧表演、专题讲座、社会调查等形式，让学生直观感受危害，自觉防治欺凌，主动承担责任。开展反欺凌教育，"不仅仅需要学校和家长的教育引导，同时希望有公安、司法、医院等部门的坚强后盾，以及心理医生、律师、学者和社会工作者等专业人员的协同合作"。① 学校要积极吸纳社会力量参与欺凌防治，做到家校社协同育人。

（三）明晰的各方主体责任

首先，压实家庭责任。当孩子因处于特殊年龄阶段而未建立良好的价值观体系时，家庭环境是纠正其错误的重要牵引。"亲子支持能显著降低学生的言语欺

---

① 张子豪."校园霸凌"防治路径探索［J］. 学校党建与思想教育，2018（5）：66.

凌、部分财务欺凌和部分身体欺凌，因为有父母情感支持的学生不太可能成为被欺凌者，他们会向父母寻求帮助。"① 家长要转变理念，改变教育方式，严以律己、宽以待人，教育引导孩子遵纪守法，与同学和睦相处，养成健康的心态和良好品格，学会处理人际关系。家长通过主动学习反欺凌方案及解决路径，在对相关政策规定加以了解的基础上，结合家庭对孩子的思想和心理健康发展发挥导向作用，从而保证个体行为方式能够沿正确方向发展。

其次，注重整合社会资源。澳大利亚在政策上呼吁加强社区群众的参与度，营造反欺凌的社区氛围。法国在社区单独设立教育管理所，对于情节严重的校园欺凌行为进行处理。日本通过开展区域性活动以宣传和谐的社会观念。有学者针对联合国教科文组织在 2017 年 1 月发布的《校园暴力和欺凌全球数据报告》提出要求社会机构完善数据采集并做好跟踪指导。对于数据的采集工作涉及学校声誉及当地知名度等问题，应设置社会组织等外部机构对学校的相关情形进行亲自追踪，防止学校为了本校名誉受损而采取隐瞒的手段导致数据上报不真实的现象。因此，在校园欺凌治理中，社区机构在解决方案的宣传及信息采集工作上居主导地位，在矛盾的解决方面起辅助作用更具可行性。

最后，突出学校主体。学校是反欺凌的主要场域，治理欺凌责无旁贷。学校要制定校园欺凌防控机制，采取有效监管手段，强化教职员工职责，加强对盲区的监督检查，形成完善的预防体系。国外在校园欺凌治理方面，有单独设置的欺凌课程、热线辅导、教师培训、家长学校等解决欺凌问题的措施较多，且有相关的责任规定。"家校合作对除被暴力索要财物外的所有欺凌表现产生显著的负向影响。家校合作中，家长能够及时向学校反馈学生受欺凌的情况，方便学校及时地采取相应的行动，减少欺凌的发生。"② 我国大多数学校在职能定位上形成了"教书"的思维定式，但是对于教师以及学生群体的"德育"和"法育"工作投入的关注力度远远不够，尤其在课程上应当增加关于校园安全及其他相关德育课程的设置比例，因此可以通过制度移植加以借鉴和学习。

---

① Olweus D. Bullying at School：Knowledge Base and an Effective Intervention Program ［J］. Annals of the New York Academy of Sciences，1996，794（1）：265.

② Racey Bywater D，Axford N，Farrington D P，et al. Involving Parents in School- based Programmes to Prevent and Reducebullying：What Effect Does It Have？ ［J］. Journal of Children's Services，2015，10（3）：242.

第六章 校园欺凌复合治理体系的建构

在我国欺凌问题早已有之，民国时期就出现了通过校园管理规定应对欺凌的措施，如加强教师的引导作用，明确校纪校规，开设防止欺凌课程，以及加强监督等，只是对待欺凌行为的看法和今天有所差异而已。《乡村小学儿童缺席的原因及补救办法》中描述了欺凌现象："（五）因受同学欺侮：力大欺人在儿童队伍里最易找到。三言两语不和，便诉诸小拳头。骂不如打得疼这是力气大的儿童常常骄矜自夸的。遇到性情孤僻体质衰弱的儿童，便成了他们的对象了。受嘲弄、讥讽、侮辱、殴打……（六）畏惧学级领袖：……先生有事出门，小领袖便做起皇帝来，为所欲为，其余儿童稍有不听，先给你来个下马威；回头告诉先生，还得加料的惩罚。"[1]《单级小学校管理法》通则就规定"各级学生均有爱护箴规之义务，不得相互侵凌"，[2] 并通过开设课程和系列活动进行感化。《小学校里的训育标语》规定："第一周训育目标为秩序，而此周即定名为'秩序周'。在一周中通过张贴'勿和人相打骂''勿大声乱叫'等标语督促学生自省。当'秩序周'结束后，接下来的一周用奖品奖给秩序最好的年级。"[3]"也通过举行'礼貌训练或集团游唱''提倡集团游戏或运动''举行袭击偷营等练习'等活动也能够对'骂人打人欺侮幼小及女同学'的'儿童不良行为'起到规训作用。"[4] 对严重行为的惩罚措施是送入感化院。送入感化院之学生，由各该有关系教师会同训育系积极训练。若学生屡教不改，则对其进行进一步惩罚："学生每学期送入感化院至五次以上者，即行停学。停学时期，临时决定。"上述做法

---

① 王丙辰．乡村小学儿童缺席的原因及补救办法［J］．教育杂志，1937（6）：12.

② 郑朝熙．单级小学校管理法［M］．上海：上海商务印书馆，1920：131.

③ 赵廷为．小学校里的训育标语［J］．教育杂志，1928（6）：24.

④ 吴守谦，吴鼎，朱智贤，等．对于全国儿童年实施委员会提倡小学废止体罚的我见［J］．教育杂志，1935（12）：51.

注重对学生品行的培养，对我们今天防止欺凌仍有一定借鉴意义。

随着社会的发展进步，校园欺凌形式多样，原因各异，欺凌呈现低龄化、群体化、女性化、暴力化、网络化特点。既有治理理论与实践出现了困境，难以根治校园欺凌，需要构建一套包含治理原则、治理主体、治理结构与治理措施的复合治理体系。复合方式着眼于欺凌者和被欺凌者内在心理修复的积极双向矫治，是培养怜悯感和阻却受害心灵扭曲的机会。①

一、校园欺凌复合治理体系建构原则②

校园欺凌虽然发生在校内，但却是一个复杂的社会问题。因此，建构复合治理体系需要坚持综合治理原则：以学生为本原则，事前、事中、事后结合原则，公正与效率结合原则，解决问题与修复关系统一原则，法律效果与社会效果统一原则。

（一）坚持综合治理原则

由于校园欺凌形式多样，欺凌原因复杂，因此，需要采取综合治理原则。一是治理手段全面多元。综合运用教育、预防、惩治、监督等手段，建立健全非刑罚化、非监禁措施，落实好训诫、责令具结悔过、责令赔礼道歉、责令家长管教、禁止令等非刑罚处置措施，完善社会观护帮教制度、专门学校制度和收容教养制度，提升干预的刚性和规范性，做到"宽容而不纵容"，延伸司法功能，既做好对被欺凌者的保护救助，防止二次伤害，也要教育挽救欺凌者，为其回归社会创造条件；二是责任多元。根据欺凌行为严重程度分别追究当事人违反校纪校规责任、民事侵权责任、行政违法责任和刑事责任；三是主体多元。充分吸纳家庭、学校、社会、政府力量参与治理，同时重视学生主体的自治作用。要建立健全针对轻微校园欺凌及轻微不良行为的早期干预体系，由家庭、学校、社区、公安司法机关提早干预，关口前移，防患于未然，提早治未病；四是平衡与保护各

---

① 李婉楠．校园欺凌现象的犯罪学评价及预防路径［J］．重庆交通大学学报（社会科学版），2016（4）：18．

② 姚建涛．高校师生法律关系研究［M］．北京：中国政法大学出版社，2018：175．

方利益。既要保护好被欺凌者利益，又要维护校园和谐、社会秩序，还要保护欺凌者合法权益，贯彻好教育为主、惩罚为辅原则，实现其的社会化。

（二）坚持学生为本原则

《儿童权利公约》第 3 条规定："法庭、福利机构、行政当局或立法机构在处理儿童问题时，应将儿童的最大利益作为首要考虑事项。"① 《加强中小学生欺凌综合治理方案》② 指出学生欺凌事件须依法依规处置，学生欺凌事件的处置以学校为主。学校在处理欺凌事件时必须坚持以学生为本原则，无论是执行规定，还是建立机制，都要站在育人的角度上去思考问题，保护好欺凌者与被欺凌者双方的合法权益。《未成年人学校保护规定》要求学校坚持最有利于未成年人的原则，注重保护和教育相结合，充分考虑未成年人身心健康发展的规律和特点；关心爱护每一个学生，尊重学生权利，听取学生意见。尊重学生的参与权和表达权，指导、支持学生参与学校章程、校规校纪、班级公约的制定，处理与学生权益相关的事务时，应当以适当方式听取学生意见。学校对学生实施教育惩戒或者处分学生的，应当依据有关规定，听取学生的陈述、申辩，遵循审慎、公平、公正的原则作出决定。③

法社会学大师罗斯柯·庞德说过："法学之难者，莫过于权利也。"④ 法治国家与法治社会的基本特征就是要确认和保障公民的基本权利。因此，处理校园欺凌，一定要确立和强化权利神圣的观念和理念，只有尊重权利，才能在处理过程中积极维护合法权利，充分保障欺凌者与被欺凌者的实体权利和程序权利。通过事件的处理最终使学生形成这样的权利观念："自由就是指有权从事一切无害于他人的行为。因此，各人的自然权利的行使，只以保证社会上其他成员能享有同样权利为限制。此等限制仅得由法律规定之。"⑤ 学校在处理欺凌问题时一定要

---

① 段小松. 联合国《儿童权利公约》研究［M］. 北京：人民出版社，2017：338.

② 参见教育部等 11 部门联合印发的《加强中小学生欺凌综合治理方案》，2017 年 12 月 27 日。

③ 《未成年人学校保护规定》第 4 条，第 16~17 条。

④ 程燎原，王人博. 赢得神圣——权利及其救济通论［M］. 济南：山东人民出版社，1998：2.

⑤ 人权和公民权宣言（1789 年 8 月 26 日）［EB/OL］.（2007-03-31）［2021-10-12］. http://www.yihuiyanjiu.org/yhyj_readnews.aspx? id=2240&cols=1313.

全面、客观、充分了解欺凌者的内心所想，要像了解被欺凌者一样，对欺凌者进行批评、训诫或强制送往专门学校不是目的，仅仅是处理手段，真正的目的是使欺凌者实现思想上的转化，以利于其社会化。

（三）坚持事前、事中、事后系统防治原则

2016 年教育部联合多部门共同印发《关于防治中小学生欺凌和暴力的指导意见》，提出了早期预警、事中处理、事后干预的预防与整治指导意见。国务院教育督导委员会办公室《关于开展中小学生欺凌防治落实年行动的通知》也要求明确学生欺凌的早期预警和事中处理及事后干预的具体流程。由于校园欺凌问题具有特殊性，为了更好化解矛盾，修复平等的生生关系，应当坚持事前预防、事中稳妥解决、事后快速跟进相结合原则，形成预防为主、处理及时、干预到位的闭环系统。正如托马斯·戴伊所言："我们不能只满足于计算出一只鸟煽动了多少次翅膀，而必须要知道这只鸟已经飞行了多远。"①

（1）坚持事前预防。事前预防是指将未来有可能发生的生生矛盾根源找出来并提前处理，将其消灭于萌芽之中。古人云：良医者，常治无病之病，故无病。圣人者，常治无患之患，故无患。荀子曰：一曰防，二曰救，三曰戒。防为上，救次之，戒为下。事前预防能将矛盾消灭于萌芽之中，尤为重要。因此，"事前预防"是关键。首先，坚持事前预防要树立关口前移、以预防为主理念，充分认识事前预防的重要性。要建立信息畅通机制，如通过微信、QQ、电子信箱、问卷以及各种方式对可能引发矛盾纠纷的信息进行判断、分析，及时处理可能出现的矛盾纠纷，早发现、早化解。采取事前预防旨在引导青少年学习修复方法，学会处理同学关系，预防欺凌问题的发生。其次，要建立应急机制，针对不同情况、不同类型的矛盾纠纷，制订相应的应急方案，研究处置方法，提高学校防范突发事件的应急能力。再次，要建立心理健康教育网络。对全校师生进行心理健康普查，根据结果建立有潜在心理问题的师生档案，并积极开展心理辅导。最后，设置课程，对学生开展反欺凌教育，尤其是强化实践活动，包括专题讲座、角色表演、模拟活动等，教育学生珍惜生命、热爱生命、尊重生命，认真对待生命健康，自觉敬畏他人权益，维护自身合法权益。开展教师和家长的专题培训，

---

① 托马斯·R. 戴伊. 理解公共政策 [M]. 北京：中国人民大学出版社，2011：285.

普及知识、宣传法律，了解程序，提升欺凌识别技能。

（2）事中稳妥解决。即欺凌发生之后，学校要快速反应，对欺凌性质作出准确判断，不回避、不推责、不拖延，要依法、公正、客观、合理地处理问题，要记录好全过程，及时上报教育行政机关，尽快平息纠纷，避免和减少因纠纷而引发新的矛盾的发生，作出让双方当事人满意的处理结果，以最快速度化解欺凌问题。《未成年人学校保护规定》要求，"学校接到关于学生欺凌报告的，应当立即开展调查，认为可能构成欺凌的，应当及时提交学生欺凌治理组织认定和处置，并通知相关学生的家长参与欺凌行为的认定和处理。认定构成欺凌的，应当对实施或者参与欺凌行为的学生作出教育惩戒或者纪律处分，并对其家长提出加强管教的要求，必要时，可以由法治副校长、辅导员对学生及其家长进行训导、教育。对违反治安管理或者涉嫌犯罪等严重欺凌行为，学校不得隐瞒，应当及时向公安机关、教育行政部门报告，并配合相关部门依法处理"。① 家长发现欺凌情况也要及时上报，并对孩子采取相关措施，避免不良后果发生。因此，当欺凌事件发生后，首先要确保被欺凌者的安全，防止事态恶化。对欺凌者要及时采取相关措施，教育与惩戒相结合，内省自身行为过错，引导其对欺凌的认知，使其认识到做出欺凌行为是要付出代价的，是要接受惩罚的，父母也会付出金钱代价。同时，积极引导学生对平等、尊重、友善、正义、公平的认知，营造良好氛围。

（3）事后快速跟进。事后快速跟进是指纠纷解决之后，为了防止新的矛盾纠纷发生要及时跟踪做好思想工作，尽快修复关系，使已经发生裂痕的生生关系恢复如初。因为，对于纠纷解决者来说，他只注重纠纷解决的形式，至于当事人是否满意，纠纷是否实质上解决，他一般不关注。"法院的生效判决表明司法处理过程终结，却未必能使双方当事人的纠纷终结，某些当事人可能重新寻求新的救济途径；双方也可能因此产生更深的芥蒂，酝酿着新的纠纷；而处理结果得不到执行或履行、胜诉当事人并未获致任何救济的情况并不鲜见。"② "纠纷解决的标准首先是纠纷的消除和合法权益的保障，其次是恢复法律秩序的权威与尊严，再

---

① 参见《未成年人学校保护规定》第 23 条。

② 范愉，李浩. 纠纷解决——理论、度与技能［M］. 北京：清华大学出版社，2010：15.

次，从更高的层次上考察，纠纷的解决还意味着纠纷主体放弃或者改变一种心态，这种心态就是蔑视乃至对抗现行的法律制度和统治秩序，增强与社会的共容性，避免或者减少纠纷的重复出现。"① 所以，解决欺凌问题首先要做好欺凌者和被欺凌者的心理疏导工作，帮助被欺凌者驱除心理阴影，减少精神痛苦，让欺凌者从灵魂深处感到愧疚，主动向受害者道歉，使得双方尽快修复破损关系，找回丢失的自信心，恢复平静的校园生活，取得双方都满意的结果。同时要及时对事件进行评估总结备案。

因此，鉴于欺凌问题的特殊性，要坚持事前预防、事中稳妥解决、事后快速跟进三结合原则，这样才能防患于未然，才能有效预防和化解欺凌现象，才能达到法律效果与社会效果的有机统一。

（四）坚持解决问题与修复关系相结合原则

通常情况下，纠纷解决一般是指通过运用一定手段、方式，化解双方冲突，使受损方的合法权益得到维护，义务方的义务得以履行的活动。包括实现合法权益和保证义务的履行，纠纷的化解和消除等。校园欺凌是社会纠纷的一种特殊形式，社会纠纷的解决方式对其自然适用。

那么，欺凌问题怎样才算真正解决了呢？有没有具体标准？不同人由于出发点不同观点各异。关于纠纷解决的标准，英国法学家威廉·马克白爵士认为，"解决一项纠纷就是做出一种权威，或关于孰是孰非的具有约束力的决定，也是关于谁的观点在某种意义上能够成立，谁的观点不能成立的一种判定"。② 而我国学者顾培东教授则主要从主观效果的角度，分析了纠纷解决的三个层次标准：一是纠纷的消除和合法权益的保障，二是恢复法律秩序的权威与尊严，三是纠纷的解决从更高的层次上考察，意味着纠纷主体放弃现行法律制度和秩序的对抗，避免或者减少纠纷的重复出现的心态。纠纷解决对于法官而言，只要依法走完了法定的程序，得到了一个裁判结果，就算是案结事了。对于当事人而言，愿望得到了满足和实现，纠纷也就算是解决了。对于社会公众而言，他们看重的则是裁

① 顾培东. 社会冲突与诉讼机制 [M]. 北京：法律出版社，2004：29.
② 马汀·P. 戈尔丁. 法律哲学 [M]. 齐海滨，译. 北京：生活·读书·新知三联书店，1987：217.

判结果是否符合社会主流价值。

事实上，在整个欺凌案件中，关键是双方当事人对案件的处理结果是否满意。可以借鉴国外做法，引入恢复性司法理念。最早将恢复性司法用于青少年犯罪的是 1997 年美国少年司法和犯罪预防办公室（OJJDP），由其支持的倡议得到了全国各地的司法普遍认同。① 2002 年联合国经济社会第十一届会议将恢复性司法定义为"承认犯罪不仅经常影响受害者和社区的未来，而且还影响涉案犯罪的未来的一种概念。它寻求尽可能利用受害者和社区的积极和自愿参与方式，恢复受犯罪影响的所有当事方的一切利益"。② 我国学者认为恢复性程序是指"通过犯罪人与被害人之间面对面接触，并经过专业人士充当中立的第三者调解，促进双方当事人的沟通与交流并确定犯罪发生后的解决方案的程序规制"。③ 可见，恢复性司法作为一种修复措施，在中立机构的调解下通过向罪犯开展教育，使其内心忏悔，主动向受害者道歉赔偿等，鼓励双方达成和解来修复已经被损伤的关系，使人际关系恢复当初，避免牺牲受害人的利益，也有利于加害人的再社会化，它改变了传统报应性司法以恶制恶应对犯罪的手段，发挥特殊预防之功能。

在挪威，恢复性司法理念被用于解决校园欺凌问题。欺凌行为发生后，学校立即启动"零容忍方案"措施进行干预，即先对受害者进行抚慰或必要的治疗，之后"教师会召开反欺凌座谈会，学生家长也会被要求出席。如果时机成熟，老师会安排一至二次的调解，使双方在相互尊重的基础上达成建设性的终止欺凌协议"。④ 澳大利亚学校采取"同伴调解"法，一些性格开朗、责任心强的学生被选为调解员，一旦发现有被孤立的同学，就特意接近该同学，尽量消除他的寂寞与孤独；还会找关系不好的同学谈话，帮助其消除偏见分歧，重归于好。⑤ 由于双方当事人之间存在利益冲突，所以处理结果在双方当事人看来不会绝对公平，一方认为是公平的，另一方很可能认为是不公平的，如果出现了这种想法，很可

① Sandra Pavelka, Douglas Thomas. The Evolution of Balanced and Restorative Justice [J]. Juvenile and Family Court Journal, 2019: 37.

② 吴立志. 恢复性司法基本理念研究 [M]. 北京：中国政法大学出版社，2012：30.

③ 张建升. 恢复性司法：刑事司法新概念——访中国社会科学院法学所副研究员刘仁文 [N]. 人民检察，2004（2）：29-31.

④ 李爱. 青少年校园欺凌现象探析 [J]. 教学与管理，2016（3）：67.

⑤ 陶建国. 瑞典校园欺凌立法及其启示 [J]. 江苏教育研究，2015（12）：5.

能会使裂痕越来越大，因此，欺凌问题处理后仍需要做大量的工作，尽量使被破坏的社会秩序和生生关系恢复如初。

在我国引入恢复性司法既有着传统经验的做法，如"马锡五审判方式"就带有浓重的恢复性司法的理念，也有着法律价值追求，"法律体系或者具体制度都必须满足秩序、正义、自由与效益等主要价值取向"。① 所以，本着惩罚与保护的理念解决欺凌问题，必须坚持解决问题与修复关系相结合原则，只有这样，才能回复生生关系的本真状态，恢复欺凌者与学校的关系，以及受欺凌学生与学校的关系等，才能促进欺凌者与被欺凌者的健康成长，构建和谐稳定平安的校园。将修复式正义作为霸凌处置的指导理念，"其核心价值包含了治疗替代处罚、道德学习、社区参与和照顾、尊重的对话、道歉、责任、补偿与宽恕。倡导通过和平的方式解决冲突，建立彼此信任、关怀、尊重的社区人际关系"。②

（五）坚持法律效果与社会效果相统一原则

法律效果与社会效果统一原则是司法裁判追求的目标。"司法的法律效果是指司法裁判应当严格适用法律，维护法律尊严和法律确定性、统一性，解决纠纷以实现人们确定的行为预期但不能机械地适用法律；而司法的社会效果是指司法裁判时应充分考虑本国国情或本地的历史习俗、文化观念、民情与社会实际状况和当事人的能力以及裁判结果为社会公众及当事人的接受认可度、满意度。"③

事实上，法律效果与社会效果是对立统一的，首先表现为二者的统一性。"法律目的和功能具有社会性，法律是用来调整社会关系的，是用来解决社会问题的，法律的终极目的是为了实现社会的福利。"④ 正如苏力教授所言，"一个社会的法律的全部合法性最终必须而且只能基于这个社会的认可，而不是国外的做法或抽象的原则。最终说了算的，必须是以各方面表现出来的民意"。⑤ 所以法

---

① 毛煜焕．修复式刑事责任的价值与实现 ［M］．北京：法律出版社，2016：68．

② 李英姿．校园霸凌事件处置历程与困境之案例分析 ［J］．青少年犯罪防治研究期刊，2018（2）：118．

③ 张文显，李光宇．司法：法律效果与社会效果的衡平分析 ［J］．社会科学战线，2011（7）：191．

④ 本杰明·卡多佐．司法过程的性质 ［M］．苏力，译．北京：商务印书馆，1998：39．

⑤ 苏力．面对中国的法学 ［J］．法制与社会发展，2004（3）：8．

律效果与社会效果具有统一性。其次，二者存在冲突。由于法律规范的有限性。虽然立法者在立法的时候会尽可能地考虑到社会效果，但是立法只能作出一般性的或者普遍性的规定，它难以穷尽社会生活的方方面面，如果出现特殊情况，法律规范就会捉襟见肘，导致法律效果与社会效果的冲突。再加上法律的稳定性与社会变动性之间存在矛盾冲突，当新的社会现象或者新型社会关系出现时，原有的法律规范就难以应对新问题，难以发挥其应有的社会控制功能。

法律效果是实现社会效果的手段，也是社会效果的前提与基础；社会效果是法律效果的内在要求，是司法裁判追求的高级目标，是法的社会作用在司法中的体现。因此，需要正确把握二者关系，把握司法的法律效果与社会效果应该综合考虑各方面的价值要求，做到主观与客观、现实与未来、眼前利益与长远利益的统一，不能迁就某一方面的价值或要求。正如学者所言，"少年司法的内在目标是关爱少年的成长和就业，从少年成长环境入手，消除负面社会因素，通过关爱，使其能够在犯错后无歧视地、顺利地回归社会"。[①] 冉某与杨某等人格权纠纷案[②]因双方均系某校未成年人，杨某长期带头与其他同学使用带有侮辱性、歧视性语言讥讽、嘲笑、孤立冉某，导致冉某出现轻微抑郁症症状，法院认定杨某的行为构成侵权。但考虑到双方是同学，且出于高三阶段，高考任务重，经多次沟通调解，双方握手言和，矛盾有效化解，取得了各方满意结果。

坚持法律效果与社会效果统一是解决社会纠纷的原则，同样也是处理欺凌问题应当坚持的一项基本原则。当欺凌案件进入司法程序后，在处理这一特殊问题时既要看法律效果，也要看纠纷解决的社会效果，最大限度地追求二者统一。

（六）坚持公正与效率相结合原则

由于校园欺凌是在学校发生的特殊主体生生之间欺凌与被欺凌问题，具有侵权性、违法性特征，有着不同于一般主体纠纷的特殊性，解决这一纠纷既要坚持公正，还要兼顾效率，做到公正与效率的有机结合。

公正是人类文明进步的显著标志，是司法机关的生命和灵魂。公正是指在司法的过程和结果中体现公平正义，它包括实体公正和程序公正。效率通常是指投

---

① 侯东亮. 中外少年司法模式研究［M］. 北京：法律出版社，2014：156.
② 参见《重庆法院第四批未成年人司法保护典型案例》。

入与产出的关系。而诉讼效率是指诉讼中所投入的人力、物力、设备等司法资源与所取得诉讼成果之间的比例。提高诉讼效率就是要求尽可能以较少的司法资源投入取得尽可能多的诉讼成果，即降低诉讼成本，提高工作效率。

公正与效率二者是辩证统一的关系。通常情况下，二者具有统一性。诉讼效率越低，诉讼持续的时间就会越长，对当事人权利的损害就越大，即"迟来的正义为非正义"。同时，程序的公正有利于诉讼效率的提高。当二者发生冲突时，要坚持公正优先，兼顾效率。反之，对司法效率的追求不当，可能会使司法公正无法在诉讼活动中得以体现，从而导致冤狱丛生，影响公正的实现。因此，要正确处理好二者的关系。

校园欺凌是一个或多个学生故意或者蓄意地对某一个学生实施的带有欺负性质、使被欺凌者受到身体上或者心理上伤害的或者财产上损失的行为，具有隐蔽性、长期性、反复性和危害性特征，因此处理这类问题等不得，也急不得。通常情况下，要坚持公正与效率并重，如果过于追求公正则会影响效率，会导致案件久拖不结，影响学生的合法权益。《未成年人学校保护规定》要求，学校在作出与学生权益有关的决定前，应当告知学生及其家长，听取意见并酌情采纳。学校应当发挥学生会、少代会、共青团等学生组织的作用，指导、支持学生参与权益保护，对于情节轻微的学生纠纷或者其他侵害学生权益的情形，可以安排学生代表参与调解。① 以教育评价为例，如果教师根据自己的喜好对学生做出不公正评价，学生就会不服气，并心生怨恨。老师的做法起到了负面导向的作用，学生在处理问题的过程中有可能会效仿老师，这就会使教育效果大打折扣。

二、校园欺凌复合治理体系建构路径

校园欺凌是一个复杂的社会问题，要想有效根治，单一治理模式难以奏效，必须构建一套德法结合，多元主体参与、多措并举的复合治理体系。

---

① 参见《未成年人学校保护规定》第 45 条。

（一）治理结构：德法结合、以法为主①

人类社会的稳定与有序发展需要多种手段加以调节与保障。作为调节法律关系的法律手段必然居于首要位置，但仅仅依靠强制力的外在约束还远远达不到目的。荀子主张礼法并举，提出"明礼义以化之，起法正以治之，重刑罚以禁之，使天下皆出于治，合于善也"。（《荀子·性恶》）习近平总书记指出，法安天下，德润人心。法律是成文的道德，道德是内心的法律。法律和道德都具有规范社会行为、调节社会关系、维护社会秩序的作用，在国家治理中都有其地位和功能。法律有效实施有赖于道德支持，道德践行也离不开法律约束。法律是准绳，任何时候都必须遵循；道德是基石，任何时候都不可忽视。在新的历史条件下，我们要把依法治国基本方略、依法执政基本方式落实好，把法治中国建设好，必须坚持依法治国和以德治国相结合，使法治和德治在国家治理中相互补充、相互促进、相得益彰，推进国家治理体系和治理能力现代化。② 因此，必须将法律手段与道德手段相结合，即实现道德和法律相辅相成，法治与德治相得益彰。

道德是一种特殊的社会意识形态，属于上层建筑的范畴，通过社会舆论、传统习惯和内心信念来维系，是对人们行为进行善恶评价的心理意识、原则规范和行为活动的总和。③ 美国法学家富勒把道德区分为义务道德与愿望道德。义务道德是使有序社会成为可能，或者使有序社会得以达到其特定目标的基本规则。义务道德则是从最低点出发，而愿望道德是人类所能达到的最高境界，是卓越的道德。道德运用信念、舆论等积极教育唤醒人们的道德认知和道德自律，引导个体自觉履行道德责任，惩恶扬善，培育良好的社会风气，维护社会秩序，营造良好的环境。"道德的普遍目的就是在社会联系中建立起一种秩序"④，与法律相比缺乏强制力，表现出一定的脆弱性。

法律是由国家制定、认可并由国家强制力保证实施的，反映由特定物质生活

---

① 姚建涛. 从单一转向复合：校园欺凌治理模式的反思与重构［J］. 临沂大学学报，2018（3）：110-119.

② 习近平在中共中央政治局第三十七次集体学习时强调：坚持依法治国和以德治国相结合推进国家治理体系和治理能力现代化［N］. 人民日报，2016-12-11（1）.

③ 思想道德修养与法律基础［M］. 北京：高等教育出版社，2010：90.

④ 洪谦主编. 逻辑经验主义（下卷）［M］. 北京：商务印书馆，1989：634.

条件所决定的统治阶级（或人民）意志，以权利和义务为内容，以确认、保护和发展统治阶级（或人民）所期望的社会关系和社会秩序为目的的行为规范体系。① 法律是一种授权性、命令性、禁止性规范，它追求公平、正义、秩序、效益、自由、平等、人权等价值，具有普遍性、概括性、严谨性，法律具有指引、教育、评价、预测、强制等功能。由于立法相对滞后于社会发展，法律规定的明确性与语言的模糊性之间存在矛盾，② 以及法律适用中存在的差异性，法律的规范作用会大打折扣，同样存在一定的脆弱性。

德治与法治都属于社会价值范畴，二者均起源于社会的公共习俗，是由社会最基本的风俗习惯演变而来的，两者各有优势与不足，单靠一种方式很难完成社会治理，需要互相渗透、互相制约、互相保障，只有这样，才能实现规范人们行为，培养适应社会需求的合格公民的目的。从法律与道德的关系来看，"很多法律所关注的问题也是道德问题。道德与法律是社会的一体两面。道德是最高的法律，法律是最低的道德。道德与法律在内容上相互吸收，一些法律规范常常是道德中最基本的要求，而一些道德要求又常常被吸收进法律"。③ 以法律规范覆盖道德领域，并使既存规范吻合一个合理的道德体系的要求，造就了近代法。④ 这种内外结合、刚柔并济形成了二者的内在统一，达到了治理效能的最优。

法律与道德都具有规范性，是社会治理不可缺少的手段。但二者又是有区别的、性质不同的规范体系。道德以社会意志形式出现，而法以国家意志形式出现；道德制裁是社会直接实施的，而法律制裁是由专门机关实施的；道德以义务为本位，而法律以权力为本位；道德要求人的外部行为和内部动机都要符合道德要求，而法则调整人的外部行为，通过告知各种行为外在法律后果的方式，通过外部力量引导人们的行为，等等。总之，道德和法律是社会规范的并行调节器，缺一不可，法律是首先的底线，道德则是高标准的社会规则。"一个法律制度并

① 张文显. 法理学 [M]. 北京：高等教育出版社、北京大学出版社，2007：75.

② 谢晖. 法律的模糊、局限性与制度修辞 [J]. 法律科学（西北政法大学学报），2017（2）：3-19.

③ 罗国杰. 建设与社会主义市场经济相适应的思想道德体系 [M]. 北京：人民出版社，2011：69.

④ 罗斯科·庞德. 法律与道德 [M]. 陈林林，译. 北京：中国政法大学出版社，2003：83.

不而且也不能仅仅依赖统治者的权力，所以它必须依赖道德义务感或对制度的道德价值信念。"① "道德建设应当主动引领法制建设，为立法行为指明方向、提供道义支持，将公正等道德价值观融入法律规范。"② 法律与道德犹如车之两轮、鸟之两翼，不可分离。道德强调自律，通过劝导说服社会成员提高思想认识和道德觉悟；法律强调他律，通过强制力法律规范实现对社会成员行为的规制。《新时代公民道德建设实施纲要》提出用社会主义法治来加强公民道德建设，体现了依法治国与以德治国的有机结合。2018 年 5 月 7 日中共中央印发的《社会主义核心价值观融入法治建设立法修法规划》，提出 "法律法规要树立鲜明的价值导向，充分体现社会主义核心价值观要求，把实践中广泛认同、较为成熟、操作性强的道德要求上升为法律规范，以良法促进发展、保障善治，以德治促进法治，更好构筑中国精神、中国价值、中国力量"。③ 道德和法律的功能具有互补性，在现实生活中只有各展所长、共同作用，才能保证社会的良性健康发展。④ 处理生生之间的欺凌问题应当坚持德治与法治的有机结合。

治国不可无法，治国无法则乱，这是被历史证明了的真理。同样，治校不可无法，治校无法则乱。要根治校园欺凌，就必须坚持法治。如果学生内心缺少对法律的敬畏，仅靠道德诚信等软法教育显然不够。"有些法律是为诚实的人的利益制定的，如果他们想友好地生活，就都给他们必须遵守的人际交往的规则；另一些法律是为那些拒绝指导的人制定的，他们顽固不化的本性难以使他们摆脱罪恶。我正要提出的论点就是由他们触发的。为了他们的利益，立法者被迫制定法律，尽管他决不希望有任何机会使用这些法律。"⑤ 进行法治教育，不仅使其知法、懂法，更重要的是使其树立法治理念和法律信仰。2012 年教育部《全面推进依法治校实施纲要》明确要求，"必须以中国特色社会主义理论为指导，坚持社会主义办学方向，弘扬和践行社会主义核心价值体系，将坚持和改善学校党的

---

①　哈特. 法律的概念 [M]. 张文显等，译. 北京：中国大百科全书出版社，1995：128.

②　罗国杰. 建设与社会主义市场经济相适应的思想道德体系 [M]. 北京：人民出版社，2011：74.

③　进一步彰显法律法规的社会主义核心价值观导向 [N]. 人民日报，2018-05-08.

④　罗斯科·庞德. 法律与道德 [M]. 陈林林，译. 北京：中国政法大学出版社，2003：173.

⑤　柏拉图. 法律篇 [M]. 张智仁，何勤华，译. 北京：商务印书馆，2011：308.

领导与学校的依法治理紧密结合起来；必须全面贯彻国家教育方针，把立德树人，培养德智体美全面发展的社会主义建设者和接班人作为学校教育的根本任务，全面提高校长、教职工和学生的法律素质，加强公民意识教育，培养社会主义合格公民；必须坚持以人为本，依法办学，积极落实教师、学生的主体地位，依法保障师生的合法权利；必须切实转变管理理念与方式，提高管理效率和效益，为全面推进依法治国和全面实现教育现代化打下坚实的基础"。①《未成年人保护学校规定》明确要求，学校根据学生的身心特点和成长需求开展以宪法教育为核心、以权利与义务教育为重点的法治教育，培养学生树立正确的权利观念，并开展有针对性的预防犯罪教育。②

治国不可无法，但治国更不可无德，同样，治理校园欺凌亦是如此。处理欺凌问题同样离不开道德，在坚持法治的前提下必须坚持德治，要以马列主义、毛泽东思想、邓小平理论为指导，以为人民服务为核心，以集体主义为原则，以"五爱"为基本要求，建立与法律体系相配套的社会主义思想体系，并使之成为学生普遍认同和自觉遵守的行为规范。

需要注意的是，德治与法治二者不可偏颇。道德在法治建设中的作用不容忽视，我们也不能容忍纯粹的道德程序在法治中的泛滥，不允许将道德作用绝对化，因为道德没有外在强制性。同理，既不能片面扩大法治作用，也不能排斥其作用。要把道德理念融入法治，实现道德对法治文化的支撑作用，以道德滋养法治精神，也要强化法律对道德的促进作用。正如习总书记所言，发挥好道德的教化作用，必须以道德滋养法治精神、强化道德对法治文化的支撑作用。再多再好的法律，必须转化为人们内心的自觉才能真正为人们所遵行。"不知耻者，无所不为。"没有道德滋养，法治文化就缺乏源头活水，法律实施就缺乏坚实的社会基础。③要运用法治手段解决道德领域的突出问题。法律是道德底线，也是道德的保障。要依法加强对失德行为、诚信缺失问题的整治与惩戒。使人不敢失德失信、不能失德失信。对见利忘义、制假售假的违法行为，要加大执法力度，让败德违法者受到惩治、付出代价。④只有把握好二者的关系才能处理好校园欺凌问

---

① 参见《全面推进依法治校实施纲要》。
② 参见《未成年人学校保护规定》第 43 条。
③ 参见习近平 2014 年 10 月 23 日在十八届四中全会第二次全体会议上的讲话。
④ 参见习近平 2016 年 12 月 9 日在十八届中央政治局第三十七次集体学习时的讲话。

题。正如柏拉图所言"教育乃是从小在学校里接受善，使之抱着热情而又坚定的信念去成为一个完善的公民，既懂得如何行使又懂得如何服从正义的统治"。① 通过法治教育使青少年知晓行为后果，通过道德教育融化其内在的恶念，防范行为走偏，二者相得益彰。

（二）治理主体：多元主体、协同治理②

《全面推进依法治校实施纲要》要求，政府依法管理学校，学校依法办学、自主管理，教师依法执教，社会依法支持和参与学校管理的格局；要以提高学校章程及制度建设质量、规范和制约管理权力运行、推动基层民主建设、健全权利保障和救济机制为着力点，增强运用法治思维和法律手段解决学校改革发展中突出矛盾和问题的能力，全面提高学校依法管理的能力和水平；要切实落实师生主体地位，大力提高自律意识、服务意识，依法落实和保障师生的知情权、参与权、表达权和监督权，积极建设民主校园、和谐校园、平安校园。③ 这一要求体现了多元主体协同治理精神。2016 年民政部成立未成年人（留守儿童）保护处，有利于推动实现未成年人家庭保护、学校保护、社会保护和司法保护的有序衔接，建立完善未成年人保护工作机制和服务体系。④

校园欺凌行为隐蔽性比较强，常常存在着发现难、报告难、干预难、联动难、监督难、追责难等一系列问题。校园欺凌的产生，既有国家、社会、学校、家庭的因素，也有学生自身的因素。因此，治理校园欺凌，学校管理层、老师、社工、家长及学生的互助协作，提前向一些存在潜在危难的学生提出帮助（包括欺凌者或被欺凌者），预防欺凌事件的发生。⑤ "先进国家几乎均将反霸凌（anti-bullying）列为学校校园安全政策之优先内涵，通过法制（法令规范）建构整合不同利害关系人及资源网络（资源分配），超越班级经营或学校管理的层面，使

---

① 柏拉图. 法律篇 [M]. 张智仁，何勤华，译. 北京：商务印书馆，2011：308.

② 姚建涛. 从单一转向复合：校园欺凌治理模式的反思与重构 [J]. 临沂大学学报，2018（3）：110-119.

③ 参见《全面推进依法治校实施纲要》。

④ 民政部设立未成年人（留守儿童）保护处 [EB/OL]. (2016-02-27) [2021-10-12]. http：//www. gov. cn /xinwen /2016/02/27/ content_ 5046905. htm.

⑤ 黄成荣，等. 香港学童欺凌行为与全校总动员手法 [J]. 预防青少年犯罪研究，2012（7）：86.

其成为学校、家庭及政府部门共同的责任。"① 治理工作亟待学生、家长、学校、政府职能部门等各个相关主体的共同参与，这样才能有效地进行防控，同时在制定措施的过程中一定要极其重视其中所存在"责任稀释"的潜在可能与危害风险。② 因此，需要构建一套国家、学校、学生、家长、社会共同参与的多元主体体系。

1. 国家主导

政府主导主要是法律保障与政策支持。"政府本身是社会系统的一个组成部分，它主要影响政策过程，是政策制定、执行过程中的社会行动者之一。"③ 协同治理需要政府强有力的支持，由政府制定协同机制、规则与程序，加大协同平台建设，实现资源共享、权力支持。"组织之间的合作有时是为了符合来自更高权威机构必要的法律和法规的要求。"④ 纵观欺凌多发国家，治理校园欺凌国家发挥着主导作用，均有法可依且制定了相关具体可行的政策。如美国颁布实施了《校园反欺凌法》，英国出台了《反欺凌行动宪章》，日本颁布了《防止欺凌对策推进法》，澳大利亚出台的《国家安全学校框架》等，体现了国家在治理校园欺凌中的主导作用。新加坡则制定《纪律框架》，为校园欺凌行为的处理提供帮助。《学生手册》也对实施欺凌行为后应接受惩罚做了具体说明。⑤ 以英国为例，"其比较著名的行为教育支援小组，通过整合地方政府各部门的相关职能与配套资源，实行多部门协同的任务化编组与团队式合作，来对有行为偏差、适应困难及逃学率偏高学生及其家长及时提供心理咨询、行为矫正、社会福利等服务"。⑥

近年来，我国在治理校园欺凌方面采取了很多措施，也取得了一定的成绩。

---

① 林斌. 英国防治校园霸凌法制之研究：教育治理之观点 [J]. 教育经营与管理研究集刊，2013（9）：1.

② 姚建龙. 防治学生欺凌的中国路径：对近期治理校园欺凌政策之评析 [J]. 中国青年社会学，2017（1）：19-25.

③ Kickert W. J. M. Koppenjan J. F. M. Managing Complex Networks [M]. Sage，1997：32.

④ 托马·穆里埃斯. 协同治理：读菲利浦·莫罗·德法尔日著作的笔记 [M]. 陈力川，译. 南京：江苏人民出版社，2006：69.

⑤ 新加坡. 纪律当头，对校园暴力零容忍 [J]. 人民教育，2016（11）：31.

⑥ 尹毅，葛蓝. 赋权·增能·法治：校园欺凌治理的理想图景 [J]. 常州大学学报，2020，21（5）：23.

但仍存在法律体系不够完善、司法不健全、执法不到位的现象。就法律体系而言，缺少专门的反校园欺凌法。现有的《中华人民共和国教育法》《中华人民共和国未成年人保护法》《中华人民共和国未成年人犯罪预防法》《刑法》《民法典》《治安管理处罚法》等对于不满 14 周岁的未成年的相关法律责任规定不明确，难以操作，在某些方面助长了欺凌行为。而立法上的不完善又导致了司法上对欺凌行为的惩戒乏力，甚至欺凌情节类似的案件处理方式大相径庭，有的欺凌案件处理的是欺凌当事人，有的则是处理学校相关领导、班主任，欺凌者却毫发未损，一定程度上纵容了欺凌行为。由于考虑刑事处罚的严厉性以及对触犯刑法的欺凌者会打上了罪犯的标签，不利于其成长，所以针对未成年人犯罪始终坚持以教育为主、惩罚为辅的原则，致使很多的校园欺凌案件无法处罚，也没有针对校园欺凌治理的专门机构，毫无疑问导致了我国针对校园欺凌的法律仅停留在法律条文之中而不能得到切实有效的实施。而在国外很多国家都设立了专门机构。如韩国《校园暴力预防及对策法》规定了"校园暴力对策委员会"制度，委员会归国务院总理管理，负责制定校园暴力预防和规制对策基本计划、评价相关对策实施效果等；美国也设立了"联邦预防欺凌委员会"，负责督导各学校制定反校园欺凌法律与政策。因此，应完善相关法律，尽快出台反校园欺凌法，明确界定校园欺凌的内涵、治理主体、法律责任等。"应该思考如何在现有的法律规定里对涉及校园欺凌的问题进行具体的细化和修改。"①同时配套各种政策加大治理力度，如加强校园欺凌动态研究，处罚措施多样化，深层治理校园欺凌。可以借鉴英国的做法，引入第三方评估机构，对欺凌行为进行专项调查、行为评估、磋商协调与个案服务，以利于欺凌者重返校园。英国公立的"转介学校"（pupil referral units）与主流学校一样，"配有专职教师、教学助理、学习指导员以及支援人员，将课程重心置于基本学科能力及学生行为改善，希望学生在经过定期评估后，能够重返主流学校"。② 在处理校园欺凌事件后，整理有关校园欺凌事件

---

① 赵亭亭. 我国校园欺凌问题的现状、成因及防治：基于两次校园欺凌论坛的会议综述［J］. 当代青究，2018（6）：84.

② Penfold C, Cleghorn N, Tennant R. Department for Childern, Schools and Failies ［J］. Journal of Poyerty & Social Justice，2009，17（3）：295.

的一切相关事项，进行事后报告，并上报教育评论办公室，构建全国反欺凌信息库。①

2. 学校主体

《中华人民共和国教育法》明确规定，学校具有维护受教育者合法权益的义务。防治校园欺凌，学校有天然的优势，最有条件发现、干预和处理，同时，保护好学生的发展权、参与权与生存权也是学校的责任。"教育之目标在于充分发展人格，加强对人权及基本自由尊重。"② 但是，要想有效根治校园欺凌，就需要提升学校的综合水平，建立长效机制。

要根治或最大限度地减少校园欺凌，学校应发挥好主体责任，即有安全的校园环境、防治欺凌的教育体系、预防和处理"校园欺凌"事件应急方案及机制、正确识别和处理欺凌的师资队伍、健全的心理疏导机构等。目前，由于应试教育的压力，社会、家长仅仅通过考试成绩来评判一个学校的好坏，这就导致学校不断强化知识学习时间，法律法规教育和思想道德教育等方面的教化内容和教化功能被弱化，对反欺凌教育重视不够。而随着知识学习时间的增加，升学压力的加大，学生容易出现身心疲惫，性格扭曲等心理问题。在欧美，每400个学生建议配备一个心理老师，但是在我国教育部建议是每1000个学生配备一个老师，实际上很多学校不仅远远达不到，而且许多心理辅导机制形同虚设。对学生心理疏导重视不够导致学校不能及时发现并阻止危害结果的发生，这也是诱发欺凌的重要因素之一。再加上学校对欺凌问题重视不够，预防机制不够完善，教师缺乏正确识别欺凌行为的能力，这就导致了校园欺凌发生时学校不能及时采取正确的处理措施，使得欺凌行为进一步恶化。日本《校园欺凌防止对策推进法》第18条规定："采取以专门知识为基础的妥当举措，并应在教员相关素质、能力培养和提高、师生关系体制调整、配置心理、福祉等包含校园欺凌应对和防止内容在内的有专门知识的教员等相关人员方面采取必要措施。"③ 因此，治理校园欺凌首

---

① 刘杨，李高峰. 新西兰中小学反欺凌行动探析 [J]. 比较教育研究，2019，41（10）：89.

② 参见《世界人权宣言》第26条。

③ 向广宇，闻志强. 日本校园欺凌现状、防治经验与启示：以《校园欺凌防止对策推进法》为主视角 [J]. 大连理工大学学报，2017，38（1）：10.

先要树立学校安全意识，尤其是学生的心理安全意识，高度重视和科学理性认识欺凌行为，充分认识其危害性。

要建立健全反欺凌教育体系，建设反欺凌网站，开设反欺凌课程，强化欺凌案例教学，培养学生反欺凌意识。积极开展法治教育，强化学生规则意识，建设校园法治文化。要强化思想政治教育，发挥思政育人优势，提升学生思想觉悟、道德水平、文化素质，促进其全面发展。要围绕学生、关照学生、服务学生，利用大数据分析欺凌容易发生的时间、地点、形式等，建立分层级的预警防范机制。要强化教师责任，将反欺凌教育融入课程教育之中，提升识别、处理欺凌行为的能力。要制定班级层面的干预措施，如由教师指导学生自主制定反欺凌班规，明确班级管理责任，监督制度执行，定期向班主任汇报。教师定期主持召开班会，学生自由研讨欺凌问题，教会学生如何应对欺凌技巧，防止学生打破"第一扇窗户"，及时修复"被打坏的第一扇窗户"，利用"第一扇被打坏的窗户"及时开展教育引导，亡羊补牢。同时引导学生学会合作与交流，正确处理同学关系，形成团结友爱、互助合作的良好氛围。定期组织活动，提升学生的移情能力，等等。教师也要采取灵活多样的教育方法，具体问题具体分析，针对不同特点的学生采取不同的教学方法。如民国时期治理欺凌采用的灵活多样方法就可以借鉴。《儿童感化》中记录了教师运用谈话法与榜样法，使校园侵凌者回归正常状态的故事。该生自小失去母亲，因"继母遇之甚酷，性遂流于顽僻"，致使其"与同学言论，一不当意，即肆力殴击，或毁坏他人用品"。教师知道了情况原委，采取谈话法和榜样鼓励法唤起他的上进心，鼓励其向历史名人学习。一段时间后该生由"狂暴执拗之儿童，一变而为勤恳黾勉之学子。其收效之速，为喻始愿所不及"。[①]《学校管理法要义》从学校管理角度对学生间言语辱骂以及斗殴行为提出要求："如在游戏散步时，有妨同行之安宁，或适用粗鄙之言语则暂命退去""凡生徒课毕归家，在途中有恶行或与同学争斗者，则于课毕后，留禁该生校中约十数分时，俟他生均去，然后释之。"[②]《小学训育上几个实际问题的处理》一文探讨了学生间的"打""骂"问题，并将之归因为受社会风气的影响，

---

① 日人某. 儿童感化［J］. 教育杂志，1909（5）：9.
② 谢冰，易克臬. 学校管理法要义［M］. 上海：上海商务印书馆，1910：198.

除了通过开办"秩序周"外,建议用"罚举手""戴红手套"等方式进行惩戒。① 这些做法,有效防范了欺凌的发生。

3. 学生中心

欺凌过程中有欺凌者、被欺凌者、协助者和观望者,无论哪一类主体都是这一过程中的当事人,要根治欺凌,就必须以学生为中心,提高学生自身的法律自觉、道德自觉、纪律自觉和反欺凌自觉。由于近些年中小学大力提倡激励教育、赏识教育,严禁对学生进行体罚或变相体罚,使得惩戒教育相对弱化,缺少教育惩戒权,造成了部分学生认知误解与行为偏差。无论是欺凌者、协助者、观望者,还是被欺凌者,其自我保护意识、权利意识淡漠,反欺凌意识、规矩意识不强。因此,有效治理校园欺凌,必须坚持以人为本、以学生为中心的理念,本着宽容但不纵容的原则,除了有效开展法治教育、安全教育、道德教育外,更要强化反欺凌教育,引导学生养成自律意识、他律意识、反欺凌意识和自我保护意识,正确认知欺凌行为的危害,预防自己欺凌和被欺凌,学会沟通、交友、尊重,采用正确方式修复同学关系。当遇见欺凌时首先要保护好自己,及时向家长和老师报告,不能擅自处理,以免伤害到自己,在确保自己安全的前提下救助同学。南通15岁少年被殴打致死案②留给我们的教训是深刻的。据受害者的母亲讲儿子是因劝阻校园欺凌惹了祸端,受害者发现欺凌后进行劝阻,此事其没有报告家长和老师,而是告诉了欺凌者的同学,欺凌者于是怀恨在心,进行报复,导致悲剧发生。如果当时被害人选择报告老师或家长,由学校及时制止欺凌者,也许被害人就不会丧失性命。

要引导学生建立健康的、良好的人际关系,如日本学校"同伴支持计划",这是一项重要的反欺凌措施,包括同伴咨询、同伴调解、同伴辅导等,目的是在校园内共享担忧和建议,以培养大家相互关心、相互帮助的态度。

4. 家长源头

2016年12月12日,习近平在第一届全国文明家庭表彰大会上指出,无论时

---

① 罗迪先,黄紫轩.小学训育上几个实际问题的处理 [J].教育杂志,1929(6):24.
② 南通15岁少年被殴打致死,母亲:他劝阻校园欺凌惹祸端 [N].中国新闻周刊,2021-01-07(2).

代如何变化，无论经济社会如何发展，对于一个社会来说，家庭的生活依托都不可替代，家庭的社会功能都不可替代，家庭的文明作用都不可替代……家庭成为国家发展、民族进步、社会和谐的重要基点。① 家庭是预防未成年人不良行为的第一道防线，也是防治校园欺凌的重要场所。良好的家庭环境、和谐的家庭关系、正确的教育方式、充满爱与关怀的温暖氛围对孩子健康人格养成至关重要，也是预防欺凌的有效举措。在防治策略上，要提高家长的教育素养，重视认知及规则教育，既要在立法上确定家长、子女在教育上的责任，更从文化层面上要引导"友善"的核心价值观。②

（1）要转变家庭教育理念。家庭教育作为青少年的本源教育是学校法治教育的有效补充。家庭是青少年成长中最重要的环境，"家庭环境、教养方式等因素对孩子产生作用的方式是独特而深远的，影响到孩子社会性、情绪、认知发展的方方面面"。③ 由于受时代背景影响，教育的功利化突出，家长往往只关注孩子的成才而忽视了成人教育，家庭教育功能弱化。据《全国家庭教育状况调查报告（2018）》显示，"近八成的四、八年级学生认为家长对自己最关注的方面是学习情况，而仅有一成左右的四、八年级学生认为家长对自己最关注的方面是兴趣爱好或特长和心理状况"。④ 因此，家长要转变理念，树立关注孩子全面发展理念，真正把握家庭教育功能，改变过去只关注孩子成绩，把教育责任推给学校的错误做法。家长应重视孩子的身心健康发展、应敦促孩子养成良好的饮食卫生习惯。"做父母的应当教训小孩子顾虑别人的安宁""否则他年之成人即将侵犯他人的幸福"。⑤《家庭教育促进法》明确规定："父母或其他监护人应当树立家庭是第一个课堂、家长是第一任老师的责任意识，承担对未成年人实施家庭教育的主体责任"。2021 年民政部门一项关于离婚原因的调查统计显示有"43.12%的

---

① 习近平.动员社会各界广泛参与家庭文明建设 推动形成社会主义家庭文明新风尚 [N].人民日报，2016-12-13（1）.

② 苏春景，等.家庭教育视角下中小学校园欺凌成因及对策分析 [J].中国教育刊，2016（11）：18.

③ 边玉芳，等.充分重视家庭对儿童心理发展的重要作用 [J].北京师范大学学报（社会科学版），2016（5）：46.

④ 边玉芳，等.全国家庭教育状况调查报告 [R].北京：北京师范大学中国基础教育质量监测协同创新中心，2018：33.

⑤ 陈鹤琴全集（第二卷）[M].南京：江苏教育出版社，1989：722.

夫妻因观念不合提出离婚，其中教育理念差异就是一项重要因素"。① 因此，家长不仅要关注孩子的学习成绩，更要关注孩子的纪律意识、责任意识、网络安全意识、权利义务意识；不仅注重自我法律素养提升，更要以身作则，知法、懂法、守法、护法，给孩子以榜样示范力量；不仅要注重优良家风的传承，更要营造民主平等的家庭氛围，尊重孩子的基本权利，和平相处，构建亲密的亲子关系。同时，家长还要积极配合学校做好孩子的法治教育工作，发现问题及时向学校反馈信息，做到相互配合、有效联动，给青少年健康成长营造良好家庭氛围。

（2）关注孩子心理健康。心理问题是导致欺凌发生的原因之一，因此，家长要增加与孩子的沟通交流，主动询问、耐心倾听，及时合理地处理孩子的诉求，正确引导孩子学会处理人际关系，培养孩子良好的心理素质，促进孩子的全面健康发展。

（3）认真履行家长责任。"父母有权管教与训练他们的子女，因为子女本人尚无恰当地运用他的肌体（作为一个有机体）和心智（作为一种理解力）的能力。这就涉及对子女的抚养和关心子女的教育。"② 《家庭教育促进法》规定，未成年人的父母或者其他监护人负责实施家庭教育。国家工作人员应当带头树立良好家风，履行家庭教育责任。发现父母或者其他监护人拒绝、怠于履行家庭教育责任，或者非法阻碍其他监护人实施家庭教育的，应当予以批评教育、劝诫制止，必要时督促其接受家庭教育指导。发现未成年人存在严重不良行为或者实施犯罪行为，或者未成年人的父母或者其他监护人不正确实施家庭教育侵害未成年人合法权益的，根据情况对父母或者其他监护人予以训诫，并可以责令其接受家庭教育指导。③ 《预防未成年人犯罪法》规定，未成年人的父母或者其他监护人发现未成年人有不良行为的，应当及时制止并加强管教。学校和家庭应当加强沟通，建立家校合作机制。学校决定对未成年学生采取管理教育措施的，应当及时告知其父母或者其他监护人；未成年学生的父母或者其他监护人应当支持、配合

---

① 申请离婚 240 对和好 46 对，普陀区民政局用了这招挽救"最后一丝温情" ［EB/OL］.（2021-09-17）［2021-10-18］. 中华人民共和国民政部官网，http：//mzzt. mca. gov. cn/article/zt_2021hsgg/xwbd/202109/20210900036593. shtml.

② 康德. 法的形而上学原理 ［M］. 沈叔平，译. 北京：商务印书馆，1991：100.

③ 参见《中华人民共和国家庭教育促进法》第 4、48、49 条。

学校进行管理教育。[①] 未成年人的父母或者其他监护人应当学习家庭教育知识，接受家庭教育指导，创造良好、和睦、文明的家庭环境。[②]《中华人民共和国社区矫正法》规定："未成年社区矫正对象的监护人应当履行监护责任，承担抚养、管教等义务。监护人怠于履行监护职责的，社区矫正机构应当督促、教育其履行监护责任。监护人拒不履行监护职责的，通知有关部门依法作出处理。"[③] 因此，家长应当认真履行职责，及时与学校共同沟通交流，关注着孩子的教育成长。家长应强化对于家庭教育相关法律法规的学习，明确自身的法定职责，注重家庭建设。家长如果以身作则，言传身教，提升教育能力和智慧，给孩子形成潜移默化的示范作用。尤其是引导孩子参加家庭劳动，鼓励孩子积极参与，凡事自己动手，引导孩子尊重劳动，热爱劳动，形成正确的劳动价值观，培养其劳动责任感，而不是好逸恶劳，游手好闲，惹是生非。同时，加强对孩子的反欺凌教育，正确引导孩子树立法治意识、规则意识、自我防范意识，以自己的行为告诉孩子，怎样与人和谐相处，进行有效沟通，才能有效预防校园欺凌事件的发生。家长也要积极参与到家校共育活动中，与学校同向同行，形成合力，共同守护孩子的成长。目前有些校园欺凌行为的发生归根结底是由于家庭教育观念、家庭环境、教养方式不当造成的，如有的家长重智育轻德育，只关心孩子的学习成绩，对其身心健康关注不够。单亲、继亲或婚姻动荡家庭，教育方式不当、缺乏有效沟通的家庭，疏于管教、过度溺爱的家庭等，学生最容易成为欺凌者。因此，防治校园欺凌必须压实家长教育责任，学校、社区等以问题为导向积极开展预防欺凌培训，提升家长素质，及早发现，源头杜绝。

5. 社会支持

治理校园欺凌离不开全社会的支持，社会应当形成关心爱护未成年人的良好风尚。"在美国，学校建立了以学区为主、家长和相关社会团体为辅 的校园安全网络体系，共同制定并实施本学区的欺凌预防。"[④] 如纽约市社区组织为学校提

---

① 参见《中华人民共和国预防未成年人犯罪法》第 29、32 条。
② 参见《中华人民共和国未成年人保护法》第 15 条。
③ 参见《中华人民共和国社区矫正法》第 53 条。
④ 杨文杰，国睿. 美国中小学校园安全治理审思 [J]. 全球教育展望，2019，48（8）：3-17.

供的协助项目有：帮助学生用正确的方法达到课业要求；提供适合学校发展的方式和做法，提供防治校园暴力（包括欺凌行为）的方案，并在学校运用这些方案时给予指导；提升校长的学校领导力；寻求外在专家资源，建立学校与学校之间的协同联系并分享彼此间的办学经验；担任学校与教育局之间的沟通桥梁。① 我国台湾地区，"社会资源的介入体现为职业化的少年志工参与、少年案件的辅导、少年之家、少年警队、青少年福利中心等"。②《预防未成年人犯罪法》规定：学校应当聘任从事法治教育的专职或者兼职教师，并可以从司法和执法机关、法学教育和法律服务机构等单位聘请法治副校长、校外法治辅导员。学校应当配备专职或者兼职的心理健康教育教师，开展心理健康教育。③《加强中小学生欺凌综合治理方案》规定：学校根据实际成立由校长负责，教师、少先队大中队辅导员、教职工、社区工作者和家长代表、校外专家等人员组成的学生欺凌治理委员会（高中阶段学校还应吸纳学生代表）。因此，地方政府要组建以学校为主体，公检法司、民政、人社、卫生、团委、妇联、残联等部门参与的欺凌综治理联席会议，及时对本地区的欺凌治理开展形势研判、政策评估、教育宣传以及重大事件的处置。还可以在社区层面设置反欺凌项目、社区矫正制度的完善、健康的社区文化、社会组织对校园欺凌的普遍关注、充满正能量的舆论引导等都是有效根治校园欺凌的支持措施。2011 年"国际计划（中国）"在陕西 4 县 16 所学校中开展了包括欺凌预防、早期防治、个案应对的"无忧校园"项目，内容有反欺凌宣传、传授自我保护方法、鼓励自信等。2012 年广东市海珠区"青年地带"向海珠区 12 所学校分别派驻两名社工，由社工组织召开班会、演出欺凌剧目、提供个案辅导、聊天咨询服务，调解与介入欺凌等多种形式，在学校设立了"社工站"。社区也举办"预防欺凌"宣传讲座，形成了"社区中心+学校驻点"的服务模式。

北上广等一线城市已经开始尝试在校园内引进志愿者、驻校社工等，一校一社工专门负责校园欺凌的疏导和相关防控工作，并且取得了一定的实效。④ 以社

---

① Department of Education, N. Y. C. School Support ［R/OL］. （2016-11-16）［2021-03-18］. http：//schools. nyc. gov/AboutUs/schools/support/SSOfaq. htm.

② 陈正祥 . 少年法院与社会资源之运用［M］. 台湾地区"司法院"刊印，2002：139.

③ 参见《预防未成年人犯罪法》第18~19 条。

④ 宋雁慧 . 网络欺凌与学校责任［J］. 中国青年社会科学，2015（4）：56-60.

区矫正为例，美国很早就设立了社区矫正制度，对未成年人判决案件采取非监禁执行措施，对于破坏财产、盗窃、伤害等较轻微的行为，强制其参加一定期限的社区服务。我国目前的社区矫正制度尚不完善，更缺乏社区层面的反欺凌项目。因此，治理校园欺凌的社会支持首先要在社区设置反欺凌项目，如开展系列反欺凌讲座，向居民传授什么是欺凌、欺凌的危害性、如何识别与防治等基本知识。要完善社区矫正制度，对触犯刑法须负刑事责任的未成年欺凌者，经社区矫正机关对其进行全面评估后适合矫正的可以进行社区矫正，由社区矫正志愿者对其进行监督、教育、帮扶和管理，增强教育矫正效果，以利于其回归社会。社会各界尤其是公安司法机关应提高对校园欺凌现象的关注度，加强与学校的沟通联动，防止欺凌的发生和蔓延。媒体应正确引导社会公众对校园欺凌的关注，报道未成年人的案件需要特别谨慎，"首先要保护被害人的隐私权、名誉权和肖像权；对于加害人的相关信息也应持谨慎态度，应在相关部门调查清楚取证之后，视情况而定，逐步曝光"。① 网络、书刊、影厅等中的不良思想的腐蚀，使原本心智发育就不成熟的中、小学生很容易在社会中迷失自己，社会环境净化以后，可以使中、小学生受此类的影响降到最低。公众应树立既不能"一罚了之"，也不能"一放了之"，宽容但不纵容理念，平衡好对欺凌者和被欺凌者的保护，同时要积极宣传遵纪守法典型案例，通过榜样的引领传递社会正能量。

（三）治理措施：多措并举、系统治理

欺凌行为的发生是多种因素综合的结果，治理校园欺凌是一项系统工程，需要刚柔并济，多措并举，综合治理，只有这样才能有效防治校园欺凌的发生。

1. 健全完善法律法规体系

德国著名的法学家柯勒曾经说过："没有永恒的法律，适用于这一时期的法律决不适用于另一时期，我们只能力求为每种文明提供相应的法律制度。"② 虽说目前有相关的法律和政策规制校园欺凌，但非法律层面的规定，效力弱，位阶低，威慑力和执行力不强，需要制定反校园欺凌专项法律。运动式的专项治理缺

---

① 王大伟. 校长如何应对校园欺凌？[J]. 中小学管理，2016（8）：12-15.
② 杨兴培，等. 中外法律名言录 [M]. 上海：学林出版社，1987：24.

乏长期有效性，"专项行动结束后，校园欺凌行为是否会抬头？原有的集中力量整治的效果很有可能会因人员和时间等客观因素的制约而减弱，甚至回归常态。这样一来，就容易出现时紧时松的执法现象，容易使学生、学校乃至社会人士产生一种只要在专项整治行动中遵守法规校规，过了之后无所谓的错误信号，不利于校园欺凌事件的有效解决"。①

欲知平直，则必准绳；欲知方圆，则必规矩。2021年全国"两会"期间，民革中央向大会提交了《关于防治"校园欺凌"专项立法的提案》，呼吁尽快制定反校园欺凌法。虽未提上日程，也足以说明问题的重要性。因此，治理校园欺凌急需由政策上升为法律。

（1）制定《反校园欺凌法》。立善法于天下，则天下治；立善法于一国，则一国治。立善法于教育，则教育治。因此，要想根治校园欺凌，必须尽快制定专门法。根据宪法上的法律保留原则和《立法法》规定，建议由全国人大或常委会制定专门法律加以规制欺凌行为，这也是世界各国的经验做法。如2021年12月1日，法国国民议会通过《反校园欺凌法案》草案，明确规定对被认定犯有"校园欺凌罪"的大中小学学生和工作人员予以重罚。该法案的处罚内容有："有若施暴者行为致受害者完全丧失工作（学习）能力8天及以下，将被处以3年有期徒刑和4.5万欧元罚款；若施暴者行为致受害者完全丧失工作（学习）能力超过8天，将被处以5年有期徒刑和7.5万欧元罚款；对造成受害者自杀或自杀未遂者，将被处以10年有期徒刑和15万欧元罚款。其中，加害者的年龄将在具体判决时予以考虑。"②

本着与国际反欺凌接轨的原则，制定《反校园欺凌法》要吸纳《儿童权利公约》中保护儿童合法权益的基本精神，特别是对欺凌者的处罚（如休学、开除、劳动教养等）以及对其基本权利的限制（如教育权、人身自由等）要体现惩罚与保护相结合原则，实现青少年权益的最大化。"儿童利益最大化"原则是联合国《儿童权利公约》中明确规定的原则，是指任何公私福利机构、立法机构、司法机关、行政当局对于处理儿童的一切行为，均应以儿童的最大利益为首

---

① 尹力. 我国校园欺凌治理的制度缺失与完善 [J]. 清华大学教育研究, 2017 (4): 101-107.

② 龙思帆. 法国：校园欺凌或将入罪 [J]. 人民教育, 2022 (2): 11.

先考虑，这里的儿童被定义为未满 18 岁的任何人。《儿童权利公约》第 40 条第 4 款的规定："应采用多种处理办法，诸如照管、指导和监督令、辅导、察看、寄养、教育和职业培训方案及不交由机构照管的其他办法，以确保处理儿童的方式符合其福祉并与其情况和违法行为相称。"1985 年联合国通过了《少年司法最低限度标准规则》（北京规则）倡导减少对未成年人司法的干预，儿童利益最大化已经成为了多个国家未成年人司法的指导规则，贯彻落实"儿童权利最大化"原则，为保护未成年人健康成长提供司法保护。我国是《儿童权利公约》的缔约国之一，除我国保留条款外应当认真履行这一原则。

立法首先要明确界定校园欺凌概念。将欺凌发生地点扩大为校内外，欺凌发生主体除了学生之外教师欺凌也要加以规制，同时将欺凌行为可以界定为单次或多次，对目前欺凌概念加以补充完善，以增强可操作性。

建立反欺凌机制要包括预防教育、报告识别、应对处理、部门联动等多方面机制等。要明确界定国家、学校、教育行政主管部门、家长及欺凌者的法律责任。第一，国家层面：要明确教育行政主管部门具体的监督职责，明晰公检法司等教育职责，尤其是公安机关社会治安职责，保障好学校及周边安全。第二，学校层面：明确学校及教师的欺凌防治职责，建立健全校园欺凌防控机制，形成事前预警、事中及时干预和事后快速跟进机制。如借鉴挪威"零容忍欺凌预防项目"方案，设立预警机制与干预机制，预警机制包括学校防范识别、加强监控，强化教师权威。干预机制主要对被欺凌者和欺凌者及时干预，与其监护人单独会谈以及教师调解，终止欺凌行为的发生。同时，加强青少年德育与法育教育，形成反欺凌意识和法治思维。如果学校疏于管理对校园欺凌不能及时发现、制止，造成一定后果的，应当追究其相应的法律责任，教育行政主管部门也要承担失察责任。如瑞典《学校法》规定，"教师、校长、学校经营者违反报告义务及事实调查义务，致使欺凌行为给学生造成损害的，学校经营者应给与损害赔偿"。①第三，家庭层面：加强监护人的教育保护职责，以及疑似和发现欺凌时的及时报告义务，夯实家长责任，明确法律责任。如果因家长的疏于管理而发生欺凌现象，需要追究家长的法律责任。责令家长管教并缴纳保证金、设定一至三年的管

---

① 陶建国. 瑞典校园欺凌立法及其启示［J］. 江苏教育研究，2015（12）：5.

教期限等，也可引入"强制亲职教育"。① 第四，欺凌者层面：对欺凌的直接实施者、组织者以及协助者可按照主犯从犯进行区分并追究相应的法律责任。对未成年人具有违法阻却事由的，应由监护人承担法律责任。同时要加大惩罚力度，可借鉴美国的恶意补足年龄制度，强化对校园欺凌的惩处力度，弥补因为欺凌者年龄限制而忽视其主观恶意引起的有失公正的问题。第五，社会层面：明确社区发现报告义务，以及教育矫正、帮扶责任，充分发挥社区矫正作用。社会要表明对欺凌的零容忍态度。如 2002 年挪威《反欺凌宣言》由挪威区域和地方协会、中小学家长协会、儿童监察员协会，挪威教育联盟等有影响力的社会团体与政府共同签发，体现了全社会意志。第六，法律责任层面：明确相关主体责任，包括教育行政主管部门不履行职责的行政和刑事责任、学校及相关责任人的法律责任、监护人不履行相关教育职责法律责任。同时，既要尊重考虑现实，又要适度超前。尊重现实才能稳步发展，适度超前才能保证其稳定性和指导性，以避免脱离实际或过于局限。

同时也要加强地方立法。2015 年新修改的《立法法》第 72 条规定："省、自治区、直辖市的人民代表大会及其常务委员会根据本行政区域的具体情况和实际需要，在不同宪法、法律、行政法规相抵触的前提下，可以制定地方性法规。"② 各地区可以根据本地实际情况，出台地方性法规。地方政府及教育行政主管部门在法律法规允许的范围内出台针对性政策和措施，学校制订应对方案，形成一套自上而下的法治治理体系。

在制定专门法之前，要开展欺凌数据调查统计工作，一般充分了解欺凌形式、现状、原因，治理手段、治理效果等，尤其是充分掌握目前欺凌出现的一些新的苗头、手段等，如下药、灌酒后实施欺凌，校外人员利用校内学生实施欺凌，建立帮派组织进行欺凌，等等。如被告人汤某某强制侮辱案③，汤某某、朱某与付某某三人是舍友，付某某因个人原因想教训朱某，于是纠集汤某某等人一

---

① 强制亲职教育指司法机关在办案过程中，发现未成年人的父母或其他监护人存在侵害未成年人合法权益、不依法履行监护职责或履职不当、不力等情形，联合有关部门，责令未成年人父母或其他监护人接受一定时间的家庭教育辅导，督促和引导其正确履行监护职责。

② 参见中国人大网公布的《中华人民共和国立法法》，http：//www.npc.gov.cn/npc/dbdhhy/12-3/2015- 03/18/content_1930713.htm.

③ 参见《福建法院未成年人权益保护典型案例》。

同威胁朱某饮酒，趁朱某醉酒状态付某某用残忍手段对其进行强制侮辱，并由汤某某拍摄视频送给同学，经诊断朱某伴有精神病性症状的重度抑郁发作。这起案件采用了灌酒方式的欺凌，性质恶劣。再如"建水女生被打"事件①，欺凌者万某某、高某某等将张某某邀约到冯某家中，非法限制其人身自由并公然侮辱、殴打、录视频上传网络平台，涉案人 16 名均为学生。这起案件采用了诱骗方式将被害人骗至他人家中进行非法拘禁、欺凌，录制视频传播，给被害人造成二次伤害，等等。这些苗头必须引起高度重视，只有在充分调研的基础上出台有针对性、符合实际的反欺凌法才能有效根治欺凌现象，还青少年一片健康成长的蓝天。为此，可以借鉴国外先进做法，如日本持续收集、统计和整理欺凌数据长达三十多年，美国各州反欺凌立法也是在充分调查研究的基础上出台的；挪威多个反欺凌项目不断改进和完善也是在深入调研、反复试验的基础上进行的。要利用高校资源，充分开展校园欺凌学术研究，为制定可操作性的干预措施奠定基础。

（2）完善多元处罚措施。针对我国目前只有单一刑罚处罚形式的问题，发挥好现有的《刑法》《治安管理处罚法》《未成年人权益保护法》《预防未成年人犯罪法》《义务教育法》等作用，可以明确欺凌的多元处罚措施。如《预防未成年人犯罪法》第 38 条明确列举了 8 种严重不良行为，第 41 条规定了具体的矫正措施：训诫、赔礼道歉、赔偿损失、具结悔过、定期报告活动情况、遵守特定的行为规范、接受心理辅导、行为矫治、参加社会服务活动、接受社会观护，以及其他适当的矫治教育措施。除此之外，可以借鉴国外"以教代刑"②的制度设计，以尽量避免刑罚的使用。也可以增设"社会服务令"，对符合不起诉条件的未成年犯罪嫌疑人，推荐至公益性机构从事无薪工作并给予感化教育，进行劳动教育矫正。如德国《少年法院法》规定了教育处分、惩戒措施和少年刑罚三大类刑事处分，并确立了它们的优先等级。它们又可以分为指示和教育帮助，训诫、义务和少年拘禁，缓处、缓刑、假释等多种具体措施。③

法国《少年犯罪法令》对未成年犯罪嫌疑人规定了多种非羁押诉讼保障措

---

① 2021 年度依法维护未成年人权益典型案件发布 [N]. 青权周报，2022-03-30（1）.

② 所谓以教代刑，即针对未达刑事责任年龄的罪错未成年人，以教育代替刑罚，帮教挽救未成年人。以教代刑不同于教育刑，后者本质上仍是一种刑罚，其萌发得益于自然科学向社会科学的延伸。

③ 刘昶. 德国少年刑事司法体系评介 [J]. 青少年犯罪问题，2016（6）：88.

施，同时分年龄阶段规定了非常详细的先行拘押条件，只有在其他非羁押措施不能保障诉讼时才能先行拘押，还要特别说明理由。① 同时，要将工读教育纳入国家教育体制总体规划，"做好与义务教育、高等教育的无缝衔接，特别是毕业生的学历和中考、高考参与机制，避免将接受工读教育变成仅具有单纯惩罚性质的不良标签"。② 专门学校应当对接受专门教育的未成年人分级分类进行教育和矫治，有针对性地开展道德教育、法治教育、心理健康教育，并根据实际情况进行职业教育；对没有完成义务教育的未成年人，应当保证其继续接受义务教育。③

2. 建立健全少年司法制度

未成年人司法制度，是以未成年人的不良行为、违法犯罪行为以及对未成年人的保护处分为内容的诉讼及其教育改造方法的总称。④ 未成年人司法活动在人类历史上经历了四个发展阶段：18 世纪之前朴素的保护主义阶段、18 世纪末至19 世纪初人道主义阶段，19 世纪末至 20 世纪初理论准备阶段、20 世纪上半叶至今专门化阶段。⑤ 形成了挪威、瑞典为代表的儿童福利一元少年法模式、以美国为代表的未成年人司法为核心的一元模式、以日本为代表儿童福利和少年司法并存二元少年法模式。我国的未成年人保护工作取得了重大成就，如社会调查制度、附条件不起诉、圆桌审判、犯罪记录封存等司法工作机制，也有"两法"的专门保护以及《中华人民共和国刑法》《中华人民共和国刑事诉讼法》《治安管理处罚法》等相关保护，但未形成中国特色社会主义未成年人司法保护体系。

事实上，从古至今我国都倡导"恤幼"的思想理念。管仲提出的"九惠之教"是我国古代关于未成年人保护的最早记载。秦朝《睡虎地秦墓竹简》规定了"善杀养子者法当弃市"，魏晋南北朝时期成立了孤独园，两宋时期明文禁止杀婴、溺婴的行为，设立了未成年人救助机构——福田院和居养院和未成年人收

---

① 宋佼沙，译. 法兰西共和国少年犯罪法令 [J]. 国家检察官学院学报，2011（6）：141-156.

② 姚建龙，孙鉴. 从"工读"到"专门"——我国工读教育的困境与出路 [J]. 预防青少年犯罪研究，2017（2）：12.

③ 参见《预防未成年人犯罪法》第 47 条。

④ 孙谦，黄河. 少年司法制度论 [J]. 法制与社会发展，1998（4）：43.

⑤ 康树华. 论青少年立法发展阶段及其趋势 [J]. 国外法学，1998（5）：1.

养机构——举子仓、慈幼局、婴儿局。并规定"故杀子孙，徒两年"。① 明清时期明文禁止杀婴、溺婴行为，成立了育婴堂、保婴会等。同时，"恤幼"思想也体现在相关律令中。《法经》规定"罪人年十五以下，罪高三减，罪卑一减"，《二年律令》规定"若年不赢十七岁，有罪当刑者，皆完之""吏、民有罪当笞，谒罚金一两以当笞者，许之。有罪年不盈十岁，除；其杀人，完为城旦舂"。② 唐朝《名例律》第 30 条规定，15 周岁以下犯流罪以下的，可以用金钱物赎刑；7 岁以下，虽实施了应当判处死刑的犯罪，但是必须对其免除死刑。"犯罪时幼小，事发时长大，依幼小论""犯罪时幼小，事发时长大，如七岁犯死罪，八岁时法，不予追究。十岁杀人，十一岁事发，仍得上请。十五岁时做贼，十六岁事发，仍可收赎。"③《大清新刑律》规定"凡未满十二周岁之行为人，不为罪；但因其情节，得施以感化教育"。1922 年国民政府颁布了《感化学校暂行章程》，建立了一系列未成年人专门机构，如香山感化院、北京感化院、济南少年监狱、武昌少年监狱等。④ 之后又颁布了《审理少年案件应行注意事项》，概括性地规定了未成年人犯罪案件的起诉、审前调查、审理方式、未成年犯羁押等事项，但未真正发挥作用。

中华人民共和国成立后，政务院于 1954 年发布了《中华人民共和国劳动改造条例》，条例体现了"教育为主、惩罚为辅"的理念，规定少年犯管教方式包括政治教育、道德教育和技术教育，同时要注重少年犯的身体状况，对象为 13 周岁以上未满 18 周岁的少年犯。真正的少年司法制度一般认为是以 1984 年上海市长宁区人民法院少年法庭的建立为标志，1987 年《上海市青少年保护条例》出台，被称为中国第一部地方少年法规。1988 年开始，最高人民法院在有条件的法院开始试点，到 1998 年少年法庭的数量共计 3694 个。⑤ 从 2006 年开始法院系统启动涵盖刑事、民事、行政审判职能的少年综合审判庭试点工作，截至2014 年已有少年综合审判庭 598 个，少年法庭呈现出多元化审判机构模式的发

---

① 苏东坡. 苏东坡全集［M］. 北京：中国书店，1986：30.

② 朱红林. 张家山汉简《二年律令》集释［M］. 北京：社会科学文献出版社，2005：38.

③ 参见《唐律疏仪·名例律》。

④ 朱胜群. 少年事件处理法新论［M］. 台北：三民书局，1976：46.

⑤ 姚建龙. 中国少年司法的历史、现状与未来［J］. 法律适用，2017（19）：2.

展格局。① 2010 年最高人民法院颁布了《关于进一步加强少年法庭工作的意见》，明确提出"当前和今后一个时期，少年法庭工作只能加强，不能削弱"。形成了专门法和相关法共同保护的局面。

近年来，我国坚持教育保护为主理念，"少年司法不仅在机构设置上陆续发展和完善了未成年人检察部处、少年法庭等专门司法部门，在规范机制上也针对未成年人特殊需求通过立法或部门规范设置了未成年人刑事案件诉讼程序、未检捕诉监防一体机制等专门制度"。② 1991 年 6 月 1 日，最高人民法院等联合颁布实施《关于办理少年刑事案件建立互相配套工作机制的通知》，建构了历史上第一次国家层面政法系统跨部门合作的实践模式。2012 年依托《刑事诉讼法》修改创设了未成年人刑事检察机构。"截至 2016 年 3 月，全国共建少年检察机构1027 个，其中省级 19 个，公诉部门下设未检办案组 1400 多个，专门的检察官7000 余人。"③ 少年检察与少年法庭相互配合，公检法配备了专门工作人员，至2017 年 3 月共有 7000 多名检察人员从事未检工作。④ 少年检察很好发挥了作用，维护了青少年合法权益。如伤害未成年人强制猥亵、侮辱案中，黄浦区检察院在例行走访时了解到，学生金某被多名同学殴打、脱衣，围观十余人，欺凌时间长达 2 小时并被拍摄视频上传微信群，行为人仅被治安处理。于是检察院启动了诉讼监督程序，严肃追究当事人的刑事责任，对未成年犯罪嫌疑人开展训诫、帮教等，对相关家长责令管教并开展亲职教育。同时，发出检察建议，避免类似案件的再次发生。⑤ 这些创新做法有效维护了当事人的合法权益，同时又严惩了犯罪，做到了该宽则宽，当罚则罚。

另外，司法实践中设置了社区矫正制度，"将未成年人司法社工引入到未成年人犯罪案件的社会调查及判后矫治帮扶工作中，将人文关怀纳入未成年人司

---

① 骆惠华. 为了孩子幸福为了国家未来——人民法院少年法庭工作辉煌 30 年回顾 [N]. 人民法院报，2014-11-25（3）.

② 姚建龙. 中国少年司法的历史、现状与未来 [J]. 法律适用，2017（19）：2-11.

③ 全国独立未检机构达 298 个 [N]. 法制日报，2012-05-23（2）.

④ 史兆琨. 最高检办理代表加强未检工作队伍专业化建设建议纪实 [EB/OL].（2017-03-10）[2018-01-10]. http：//news. jcrb. com/jszx/201703/t20170310-1727134html.

⑤ 参见最高人民检察院发布 10 起未成年人全面综合司法保护典型案（事）例。

法"。① 据《中国少年司法》的统计数据，"在全国范围内，2009—2014 年未成年人犯罪按照从宽处理的整体思路，非监禁刑的适用率表现出不断增强的趋势，由 32.23%上升到 41.76%经过 30 年的发展，我国少年司法制度已经向着专业化、专门化、社会化方向迈进"。②

成绩有目共睹，但现实不能回避，我国目前青少年违法犯罪、欺凌事件频发必须引起高度重视，重新审视少年司法制度之不足，以便更好地完善并发展之。为此，2016 年最高人民法院发布了《完善制度强化治理有效遏制校园暴力》调研报告。明确指出"加大对严重校园暴力违法犯罪的惩治力度……给予未成年犯罪人在正常环境下改过自新的机会，同时也要防止对未成年人只讲从宽而不讲从严的认识偏差"。最高人民检察院也在 2019 年制定下发了《2018—2022 年检察改革工作规划》，规划提出探索建立"罪错未成年人临界预防、家庭教育、分级处遇和保护处分制度"。其实，我们可以借鉴西方国家的成功做法。西方国家为有效防治青少年违法犯罪，建立了较为完善的加重对未成年人惩治和强制教育的司法制度。如美国联邦和诸多州完善了少年司法弃权转送成人司法制度、形塑了影响至今的少年司法福利与惩罚的二元机制。③ 而日本则进一步增强了少事法体系中检察机关的先议权威，进一步完善了从少年司法转回普通刑事司法的逆送制度。④ 德国所施行的《少年法院法》的条文中，"可以看到有关少年司法中教育原则的确立，专门规定了少年法院的组织样态，并明确少年司法审判程序中教育处分制度的适用规则"。⑤ 针对我国目前欺凌事件处罚措施单一化、刑事案件审判成人化，以及缺少专门少审法庭等问题，为了更好根治欺凌，应当建立完善的少年司法制度。

（1）引入"恢复性司法"原则。对于严重的校园欺凌案件，基于案件的特

① 胡羽，王义嫔. 机制帮助少年犯走上自新之路——北京市门头沟区人民法院创新机制加强少年审判工作 [J]. 中国审判，2018（10）：58.

② 马康. 宽严相济刑事政策在未成年人司法中的再审视—以人身危险性为视角 [J]. 中国石油大学学报（社会科学版），2017（6）：53.

③ Amy M. Thorson. From PrensPateiae to Criminal Control, A Comparison of the History and Effectiveness of the Juvenile Justics Systems in the United States and Canada [J]. Ariz. J. Int'I &Comp. Law, 16, 1999：853.

④ 李茂生. 日本少年法制之理论与实践 [J]. 台大法学论丛，1992（2）：87.

⑤ 刘灿华. 德国、日本少年司法制度的变迁及启示 [J]. 时代法学，2011（12）：102.

殊性，建议吸纳恢复性司法处理原则，"以区别于普通的暴力犯罪的处罚，具体采用调解、和解会商、和解和共同确定责任判决方式。虽然犯罪儿童应受到法律制裁，但其仍然享有提升和完善自我的发展权，以更好地融入社会"。①

（2）设立专门的少年司法机构。建立专门机构负责少年司法工作是法治国家和地区普遍的做法，如德国的少年司法机构主要有警察、检察院、少年法院、少年监狱组织机构等；日本的少年司法机构主要有警察、检察厅、家庭裁判所、少年鉴别所、少年监狱等。②1899年7月1日，美国《伊利诺斯少年法院法》颁布实施，建立了世界第一个少年法庭。美国已经有超过600个青少年法庭，青少年法庭的设置成为司法系统制度中的一大亮点，有力地惩治和纠正了青少年的不良行为，成为一个典范。③同时，美国应对未成年人案件，"从立案、侦查、起诉、审判、执行，注重承接性与连贯性。从立案到执行，除专门机构负责外，还设置多层听证程序，环环相扣，注重未成年人司法各程序之间的融合与贯通"。④德国1923年颁布的《少年法院法》规定，"该国的少年法院独立于成人刑事法院，并规定按照案件的不同，设置未成年人法庭、未成年人合议庭、未成年人刑事法院"。⑤德国警察局设置了专职负责未成年人案件侦查的警察。检察院配备专门的检查人员。审判环节除专职法官还有社会工作者对未成年人提出处遇方案。英国1908年颁布了少年法并设立了少年法庭，澳大利亚的南澳州1895年设置了独立的少年法庭，新西兰在1925年成立了独立的少年法庭，印度1915年设立了少年法庭，匈牙利1913年设立。日本1923年颁布了少年法，我国台湾地区于1962年颁布了少年事件处理法。

《联合国少年司法最低限度标准规则》第2.3条规定："应努力在每个国家司法管辖权范围内制订一套专门适用于少年犯的法律、规则和规定，并建立授权实施少年司法的机构和机关，其目的是：（a）满足少年犯的不同需要，同时保护

---

① 参见《联合国保护被剥夺自由少年规则》第1条，https：//www.un.org/zh/documents/treaty/files/A-RES-45-113.shtml。

② 张美英.论现代少年司法制度——以中、德、日少年司法为视角［J］.青少年犯罪问题，2006（5）：59-65.

③ 李洪海.国外校园欺凌经验研究［N］.青年时报，2018-04-18（2）.

④ Federle K H. Children and the Law：An Interdisciplinary Approach with Cases，Materials and Comments［M］. New York：Oxford University Press，2012：232-268.

⑤ Albrecht H J. Youth Justice in Germany［J］. Crime and Justice，2004（31）：445.

他们的基本权利；（b）满足社会的需要；（c）彻底和平地执行下述规则。"规则明确要求建立独立的少年司法机构和专门适用于少年犯的法律、规则和规定。

全国政协委员、农工党宁夏区委会主委戴秀英在调研中发现，"目前全国四级法院虽然设立少年法庭 2300 多个，但合议庭占 1000 多个，很多法院少年法庭仍然设置于普通刑事司法体系下，存在'机构挂靠'情况，高级法院以上的少年法庭机构建设很不完善。全国高级法院中，只有北京等 4 省高院设立了独立少年法庭，其他高院尚没有启动此项工作"。① 最高人民法院院长周强指出："少年法庭只能加强不能削弱。各级法院要从全面建成小康社会，实现中华民族伟大复兴中国梦的战略高度，深刻认识做好少年法庭工作的重要性和紧迫性，努力把这项事关国家和民族未来的工作做得更好。"少年法庭制度建设亟待完善。设立少年法庭制度，不仅包括少年警务、未成年人检察院和少年法院等机构，还包括未成年人审前拘留中心与少管所。② 将虞犯行为③、违警行为④、触法行为⑤以及刑事犯罪行为统一由少年法庭进行"先议"，严重的刑事案件逆送给检察院起诉。同时配备专门人员，以实现未成年人权益保护的最优化。如瑞典法律则要求"少年嫌疑犯、少年犯所接触到的所有人员（警察、社会服务工作者、检察官、法官、陪审团等）都应该有兴趣与年轻人打交道，并且具有一定的知识"。⑥ 如我国台湾地区要求少年法院院长、庭长、法官应由具有少年保护之学识、经验及热忱者任之。⑦ 山东邹城检察机关在办理"红玫瑰"社团案件中创新了"五色工作法，对情节恶劣的成员依法提起公诉；对情节轻微的，依法不起诉；对其他成

① 戴秀英委员. 建议完善我国少年法庭制度 细化"以教代刑"措施［EB/OL］.（2020-05-24）［2020-10-11］. http：//big5. china. com. cn/gate/big5/cppcc. china. com. cn/2020-05/24/content_76084382. htm.

② 姚建龙. 儿童友好型司法的理念与实践——以欧盟国家为例的初步研究［J］. 中国青年社会科学，2019（1）：129.

③ 有可能导致未成年人更加堕落，有严重犯罪之虞的行为。

④ 即触犯治安管理处罚法的行为。

⑤ 因为未达到刑事责任年龄而不予以刑事处罚的行为。

⑥ 戈德贝克·洛·卡米拉. 瑞典少年司法制度概述（上）［J］. 张紫千，译. 青少年犯罪问题，2012（1）：94-103.

⑦ 张知博. 从"教罚并重"到"保护优先"——论台湾地区少年司法理念的转变［J］. 山西师范大学学报（社会科学版），2016（4）：36-39.

员，跟踪督促学校及当事人家长严加管教。最终，"红玫瑰"社团被彻底拔除。①在司法程序方面，对未成年人规定更短的诉讼期间的规定，防止其遭受不必要的诉累。② 要指派专门人员对其进行心理健康教育，促进身心康复，重返社会。

（3）坚持分类处理原则。依据新修订的《预防未成年人犯罪法》和《刑法修正案（十一）》对欺凌行为分类处理。《预防未成年人犯罪法》严格区分不良行为和严重不良，采取不同处罚措施，实现处罚措施的多元化。"未成年学生有轻微的殴打、辱骂、索要财物等欺凌行为，学校采取相应管理教育措施。对殴打、辱骂、恐吓，或者故意伤害他人身体，由公安机关采取矫治教育措施；因未满刑事责任年龄而不予处罚的，公安机关径行采取矫治教育措施，经专门教育指导委员会评估同意可以对其进行专门矫治教育。"③《刑法修正案》（十一）已满12周岁不满14周岁的人，"犯故意杀人、故意伤害罪，致人死亡或者以特别残忍手段致人重伤造成严重残疾，情节恶劣，经最高人民检察院核准追诉的，应当负刑事责任的条款"。④ 所以，对待不同欺凌行为分类处理，要严厉打击团伙型欺凌，该严则严，该宽当宽，树立"宽容而不纵容"理念，避免极端态度，对于监禁刑尽量减少适用，对未成年人犯罪记录严格遵守封存制度规定，防治"标签效应"的产生，以利于其实现再社会化。如《2018—2022年检察改革工作规划》提出应建立包括保护处分、分级处遇以及临界预防等多种措施。也可以结合域外做法，设立警告训诫、具结悔过、赔偿损失、社区服务、保护观察等阶梯型处分措施，如德国《少年法院法》规定了教育处分、惩戒措施和少年刑罚三大类刑事处分，并确立了它们的优先等级。它们又可以分为指示和教育帮助，训诫、义务和少年拘禁，缓处、缓刑、假释等多种具体措施。⑤ 同时也要贯彻《联合国预防少年犯罪准则》，预防校园欺凌应当遵循以儿童为中心的原则，重在预防和教育，

---

① 山东省人民检察院2015年度检察机关加强未成年人司法保护典型案（事）例：神秘的"红玫瑰"［EB/OL］.（2019-06-04）［2020-11-21］. http：//www. sdjcy. govxn/htl/2015/aj3604/13890. html.

② 参见《儿童权利委员会关于少年司法系统中的儿童权利问题的第24（2019）号一般性意见》第73段。

③ 参见《预防未成年人犯罪法》第33、38条。

④ 参见《中华人民共和国刑法修正案》（十一）第1条。

⑤ 刘昶. 德国少年刑事司法体系评介［J］. 青少年犯罪问题，2016（6）：87.

司法是最后的、迫不得已的手段。虽然犯罪儿童应受到法律制裁，但其仍然享有提升和完善自我的发展权，以更好地融入社会。①

（4）完善社区矫正制度。少年司法不仅关注对违法行为的处罚，更重要的是关注行为人重新回归社会，这就需要社会为其提供服务与帮助，以满足其未来生活、教育、就业等需求。学者姚建龙将其需求概括为六个方面："完成未成年人刑事诉讼活动所必需的非司法机关力量的介入，主要包括社会调查、心理测试、合适成年人参与、人民陪审员参审等；未成年人的考察帮教需求，主要包括采取非羁押性强制措施期间的考察帮教、附条件不起诉期间的考察帮教、社区矫正期间的考察帮教等；未成年人的身心康复需求，主要包括心理辅导需求和医疗需求；未成年人的就学需求，即为未成年人提供教育支持；未成年人的就业需求，即为未成年人提供就业服务；未成年人的生活需求。"② 美国建立了多元化的社会矫正机构，可以分为机构式和社区式两种。目前，全美28%的少年罪错者被安置在各类矫正机构接受教育、治疗与改造。③

我国社区矫正制度开始于2003年。早在2001年5月河北省石家庄市长安区检察院就出台了《关于实施"社会服务令"暂行规定》。2003年7月10日两院两部联合印发的《关于开展社区矫正试点工作的通知》，首批确定京、沪、津、苏、浙、鲁6个省（市）为试点地区。2009年9月两院两部联合发布了《关于在全国试行社区矫正工作的意见》标志着社区矫正工作全面展开。2011年2月25日首次将"社区矫正"一词纳入《宪法修正案（八）》，明确指出对于判处管制、宣告缓刑和裁定假释的犯罪分子，依法实行社区矫正。2012年1月，两院两部联合制定并出台《社区矫正实施办法》，明确规定了社区矫正的监督管理体系、执行机关以及执法权限。2020年7月1日《中华人民共和国社区矫正法》颁布实施，这是我国制定的首部社区矫正法，标志着我国社区矫正已进入法治化轨道。

社区矫正是一种社会化的非监禁性刑罚执行方式，"是将符合法定条件的接

---

① 参见《联合国保护被剥夺自由少年规则》第1条，https：//www. un. org/zh/documents/treaty/files/A-RES-45-113. shtml。

② 姚建龙. 少年司法的转介：一个初步的探讨 [J] //未成年人检察（第一辑）. 北京：中国检察出版社，2016：16.

③ 刘用军. 少年司法制度比较与启示 [J]. 公民与法（法学版），2011（7）：62.

受刑罚人员放置在社区之中，由司法行政机关负责监督，由相关部门或社会力量协助，在法定的期限内，对接受刑罚人员进行监管、教育、帮扶"。① 少年的生理、心理不成熟，对问题的判断分析缺乏社会经验，容易受社会不良因素影响，行为出现偏差，是社会弊病受害者，因此需要国家、学校、社会的帮助以及教育矫治。社区矫正可以不脱离家庭教育和学校教育，对惩治校园欺凌效果显著。通过对罪错行为的规范性矫正实践，帮助罪错少年逐步发展出自我控制与自我规定的能力，这也是行为规范、塑造以及教育矫正的真正要义。② 因此社区教育矫正应针对不同个体特点设置差别化的矫正方案，否则，把少年儿童客体化为塑造对象，用一个理想化、标准化的模型去塑造不同个体的少年儿童，结果必然是少年儿童越来越远离儿童的本质，长成一种畸形状态。③ 采用科学合理的矫正手段，既开展学习辅导，又开展专业培训，既要惩罚过错行为，又要保护好合法权益。要积极引导青少年自我反省，理性思考，培养自我控制能力，实现自我管理，敢于为自己的行为承担社会责任，主动修复已破坏的人际关系，实现其再社会化。

（5）建立校园欺凌判例制度。何为判例？判例即法院先前的某一判决具有法律的效力，进而成为以后同类案件的审判依据即为判例。在国外，终审法院或各个州及联邦最高法院形成一个先例之后，以后所有下级法院，都必须要依循先例原则。如美国判例法在校园欺凌治理中发挥了重要作用。"1999 年在校学生戴维斯长期遭到性别歧视，对其学习生活产生很大影响，在其家长向学校投诉无任何处理，后家长将学校告上法院，判决该校承担相应法律责任。"④ 这一判决为之后规制因性别歧视欺凌行为起到了指引作用。英美法系国家是以判例法为主的国家，大陆法系国家一般不承认判例是法的渊源。在我国最高法院对一些具体案件所做的司法解释与英美法系国家的判例有类似的作用。

其实，在我国古代判例早已有之。皋陶造律就说明中国"法生于例"。自春秋战国始，经秦、汉、宋、唐、明清等各历史发展时期，都有过判例法的存在。

① 贾宇. 未成年人社区矫正制度研究 [J]. 人民检察，2011（5）：5.
② 胡春光，董泽芳. 规范还是规训？——对中小学行为规范教育的反思 [J]. 教育学术月刊，2013（7）：79.
③ 姚建龙. 青少年犯罪与司法论要 [M]. 北京：中国政法大学出版社，2014：328.
④ 吴纪树，马莹莹. 英美法的未成年人侵权责任承担规则 [J]. 学理论，2013（22）：159.

1985 年创刊的《最高人民法院公报》以及相应的其他刊物曾明确提出，所刊登的案例不同于法治宣传或是学者为说明观点而编撰的教学案例，它们具有典型性、公正性和权威性，应该是最高法院指导地方法院审判工作的重要工具。① 判例是曾经的判决结果有着法律一般的效力，对同类案件有约束意义，其公正、稳定、透明等特点是成文法无可替代的。如前所述"红玫瑰"社团案，已经发挥了校园欺凌判例的作用。因此，我们可以总结以往的成功做法，建立和完善校园欺凌的判例制度。

3. 构建反欺凌政策支持体系

国家要加大资金投入，建构反欺凌政策支持体系，具体表现为以下几个方面：

（1）建立反欺凌数据统计系统。我国可以借鉴美国做法，发挥大数据作用，建立国家反校园欺凌数据库，收集校园欺凌的相关数据，对校园安全进行有效管理分类，增强治理的有效性，为完善反校园欺凌法与学校相关政策提供数据支持。同时，要设立反校园欺凌欺举报平台，对举报者的信息要保密，防治遭打击报复，这种做法在我国早有探索，如 2015 年 6 月中央政法委宣教室副主任陈里设立了微博"校园暴力举报台"，表示"所有校园暴力的视频信息，尽管向这个地方举报，我和所有关注校园暴力的网友第一时间公布于众"，等等，这种做法值得推广。

（2）强化反欺凌理论研究。整合科研资源、集中学术力量支持高校及其他研究机构积极开展校园欺凌理论研究。相比严峻的社会现实，国内关于校园欺凌的基础研究和实证研究匮乏。因此，理论研究要以问题为导向，从单一学科视角的研究转向交叉学科视角研究，多学科、多视角、深层次、全方位探究校园欺凌群体行为特征（网络欺凌特征）、不同年龄段的欺凌形式、欺凌频发原因、防治对策等，为分层次预防和治理提供有效对策，为解决屡禁不止的欺凌现象提供有效指导。

（3）建立反欺凌专业网站。专业网站的作用一是宣传校园欺凌的基本知识、识别技巧、干预策略与技术，为家长、学生、学校、教师等提供指导。二是利用网站招募具有相关专业背景的志愿者提供预防欺凌志愿服务，建构强大的反欺凌

---

① 姚云. 美国高等教育法治化的特征［J］. 教育研究，2004（5）：71.

防治队伍。三是开展在线咨询服务活动，随时解答相关疑难问题，将苗头消灭于萌芽之中。

（4）开展反欺凌专题培训。为提高反欺凌的应对能力，需要国家资金保障开设相应的反校园欺凌的专题研修班，培训中小学师资，提升中小学教师鉴别和处理欺凌的素质能力。可以借鉴西方国家做法。如英国反欺凌工作是教师入职培训计划的一部分，教育部在《学校反欺凌指南》（*Anti-Bullying Guidance for Schools*）中建议学校要审查教职工入职培训及专业发展计划，确保师资培训能让教师掌握反欺凌技能，确保所有教职工都知道自己在处理欺凌事件中的角色。① 挪威"国家能力建设项目"（2000—2002 年）为全国中小学的校长以及各地的教育心理服务团队，"共 4500 名骨干人员进行了专业培训，帮助他们了解更多关于校园欺凌的发生机制、预防和干预的知识，以及学校与地方的教育心理服务团队之间如何合作开展欺凌的防治工作"。②

4. 加大依法治校力度

中小学要全面、认真贯彻落实依法治校精神，提高师生法律素养，对待校园欺凌要依法治理、依法惩处，绝不姑息。

（1）强化法治教育。③ 针对欺凌案件折射出的青少年法治思维缺失现象，在优化德育教育内容和形式，使德育常态化、生活化、长效化的同时，必须强化法治教育。《未成年人学校保护规定》④ 要求，学校应当结合相关课程要求，根据学生的身心特点和成长需求开展以宪法教育为核心、以权利与义务教育为重点的法治教育，培养学生树立正确的权利观念，并开展有针对性的预防犯罪教育。

法治教育不仅是向学生传输法律知识，更重要的是引导学生领会法治精神和

---

① Anti-bullying Guidance for Schools ［EB/OL］. https：//www. london. gov. uk/what-we-do/ health/healthy-schools-london/awards/sites/default/files/Anti%20Bullying%20-%20Guidance%20for%20Schools. pdf.

② Lie，T. Evaluation of a Program for Competence Training of the Educational Psychological Service and School Leaders（Report RF-2003/246）［R］. Stavanger，Norway：Rogalands for Skning，2003：121.

③ 本部分来自姚建涛：校园欺凌治理的重心调适：一种教育法学的思考［J］. 河北师范大学学报，2022（3）：135-140.

④ 参见《未成年人学校保护规定》第 43 条。

价值取向，从而树立法律至上的思维意识，传递法治精神，引导学生树立正确观念，做到心中有法、遵纪守法、维权依法。①

第一，强化法治信仰，涵养法治自觉。心中有规则，行为不失范。校园欺凌发生的主要原因是青少年法律敬畏感不强。因此，要引导青少年信仰法治，涵养法治自觉。法律的权威来自于人民的真诚拥护和信仰。"中国现代法治不可能是一套细密的文字法规加一套严格的司法体系，而是与亿万中国人的价值、观念、心态以及行为相联系的。"② 信仰决定了人民的价值取向、生活方式和精神面貌，是一切行为的出发点和归宿。"只有当法治真正内化为全体公民头脑里的一种思维、一种意识，成为行为的习惯、内心的信仰时，法治中国目标才能最终实现。"③ 只有树立起对法治的虔诚信仰和自觉遵循，才能杜绝包括校园欺凌行为在内的一切违法犯罪行为。因此要积极引导青少年信仰法治，这是养成法治自觉的前提和基础。

涵养法治自觉需要自律和他律。自律是主体的自我约束，是内因、基础，是成事之要、修身之本。要引导青少年自我管理、自我监督、自觉遵循法律，及时自省、自纠，养成抵御不良诱惑的定力。同时又要加强他律，即通过外部力量对主体进行监督和约束。他律是外因，具有强制性、制裁性、教育性的特点。自律固然重要，但当主体缺乏自我反省能力时需要他律的保障。治理校园欺凌只靠自律（道德）难以奏效，还需要他律（法律）才能做到有效根治。因此，法治自觉的养成需要自律与他律的有机结合。

第二，突出法治思维培育。法治思维是"以合法性为出发点，以追求公平正义为目标，按照法律逻辑和法律价值观思考问题的思维模式"。④它以法为价值之要、行为之规、治理之本，是一种理性的思维方式和办事原则，也是一种有序的社会生活方式。

---

① 黄明东，周登超，刘婷. 我国高校学生法制素养状况分析［J］. 国家教育行政学院学报，2013（5）：79.

② 苏力. 法治及本土资源［M］. 北京：中国政法大学出版社，1996：93.

③ 江雯斐，张赛清. 试论公民法治信仰培育的实现途径［J］. 江西师范大学学报，2019（5）：37.

④ 胡建淼. 法治思维的定性及基本内容——兼论从传统思维走向法治思维［J］. 国家行政学院学报，2015（6）：83.

法治思维主要包括以下四方面内容：首先，合法性思维。合法性思维是法治思维的核心，是指想问题、办事情都要进行是否合法的判断。合法性思维是青少年法治思维培育的重心。要积极引导青少年做任何事情都考虑目的、权限、手段、内容是否合法，对校园欺凌行为要有正确判断与认知，明晰欺凌有哪些主要表现形式以及其违法性、社会危害性和应受处罚性等，只有了解问题，才能做到严格规制自己行为，使得合法性思维成为习惯。培育合法性思维重点培育其守法意识，守法是每一个公民的基本素养和基本要求，也是青少年必须具备的素养和要求。守法是公民、社会组织和国家机关以法律为自己的行为准则，依照法律行使权利、权力，履行义务的活动。日本著名法学家川岛武宜认为，"一个制定得良好的法律并不必然导致人们对它的服从，其中守法精神是一个不可或缺的中间环节。守法精神要求的是主体不仅遵守法律，更重要的是把守法内化为道义上的一种义务，变被迫守法为自愿守法，由强力守法到良心守法，由他律守法到自律守法，并把这种行为视为自己为自己承担义务"。①其次，权利义务思维。权利义务思维是公民精神和品格的核心，即从权利义务的角度考虑、观察、分析、处理问题，明晰什么可以做、什么不可以做和什么应当做，以及权利和义务限度。《青少年法治教育大纲》要求："以宪法教育为核心，以权利义务教育为本位。"因此，要将权利义务教育贯穿于青少年法治教育始终，引导其树立正确的权利义务观，明辨权利义务界限，依法维护自己的合法权利，认真履行法定义务，积极承担法律责任，同时要尊重他人的基本权利，为应对欺凌行为赋能。再次，公平正义思维。公平是指客观公正裁决，正义是指公正没有偏私。"正义是社会存在制度的首要价值。"② "公平正义主要包括权力法定、利益均衡和程序正当三大原则。"③ 公平正义是法的实质，也是社会主义法治的核心价值追求。公平正义思维是青少年法治思维培育的重要内容之一。通过公平正义教育，激发青少年对公平正义的心理诉求，引导其树立公正、平等理念，学会尊重他人，不欺凌、不旁观，建构平等、友善、和谐、互助的同学关系，强化社会责任感。最后，正当程序思维。秩序是人类生存和发展的基础，是法最基本的价值之一，也是其他价值

---

① 杜承铭. 论法治与人的本性 [J]. 湖湘论坛，1998（2）：4.

② 罗尔斯. 正义论 [M]. 何怀宏，译. 北京：中国社会科学出版社，1998：128.

③ 周佑勇. 习近平法治思想的立场观点方法 [N]. 中国社会科学报，2020-11-23（3）.

实现的前提和基础。"法律秩序能够被看作法律实现的终点。"① 正当程序思维是现代公民必备素养，即把保障法律关系主体的程序权利放在优先地位，发挥正当程序的作用，强调"过程好结果才好"的思维方式。②。正当程序思维包括程序正义、程序优先、程序保障和程序效力等内容。引导青少年树立正当程序思维就是要引导其处理任何问题都要树立程序优先、程序公正理念，对待校园欺凌要选择正确的解决方式，不能以暴制暴，合法、公平、公正地解决校园欺凌问题。

法治思维培育要注重养成教育。法治既是一种理念，又是一种实践形态。中国现代化法治不可能只是一套细密的文字法规加一套严格的司法体系，而是与亿万中国人价值、观念、心态以及行为相联系的。法治思维、法治意识养成是一个长期过程。习近平总书记曾指出，法治也并不体现于普通民众对法律条文有多么深透的了解，而在于努力把法治精神、法治意识、法治观念熔铸到人们的头脑之中，体现于人们的日常行为之中。③ 毛泽东同志曾指出，无论何人要认识什么事物，除了同那个事物接触，即生活于（实践于）那个事物的环境中，是没有法子解决的。教育者要根据不同年龄段和学段青少年成长规律、认知程度，有针对性地设计法治教育内容，将法律知识传授延伸到日常生活中去，培养其规则意识、公平意识、程序意识、监督意识等，做到润物细无声。如班级选举活动，要在教师指导下发挥学生自主性，有序开展，要严格程序，民主投票，采用少数服从多数原则进行决策，使学生体验到整个过程所体现出的公平正义、程序正当、民主参与的法律价值，促使其养成学法、尊法、守法、用法和信法的好习惯。只有让青少年亲身体验到法治在生活中的运用，体验到法治与每个人的关系时，才会使其得到真正的教育，才能够让法治成为自己的行为准则。因此，学校要积极引导教师在自觉实践和主动参与中学习法治知识、坚定法治理想、塑造法治品质树立法律至上理念。

第三，坚持"四性"原则。首先是价值性原则，即坚持社会主义核心价值观。"以人民为中心、以公正为生命线，是法治最核心的价值……是社会主义核

---

① 雅维茨. 法的一般理论——哲学和社会问题 [M]. 沈阳：辽宁人民出版社，1986：133.

② 吴传毅. 法治思维的基本向度与运用逻辑 [J]. 党政论坛，2010 (1)：9.

③ 苏力. 变法、法治及本土资源 [M]. 北京：中国政法大学出版社，1996：83.

心价值观在法治领域的体现。核心价值观承载着一个民族、一个国家的精神追求。法治作为社会主义核心价值观重要内容，既是国家的价值目标、社会的价值取向，也是全体人民尊法、守法、用法、护法的价值准则。"①根植于全民心中的法治精神，是社会主义核心价值观建设的基本内容和重要基础。②校园欺凌践踏了青少年的基本人权，背离了社会主义核心价值。因此，青少年法治思维培育要融入社会主义核心价值观，尤其是融入核心价值观对个人层面的要求，以此增强青少年的使命担当。其次，贯通性原则，即法治思维培育要一以贯之，有效衔接、循序渐进、梯次推进。青少年因年龄、认知、知识、受教育程度等原因，法治意识尚未养成，因此必须结合其身心特点和成长规律，将法治理念、法治原则、法律制度融入可培养的全过程。义务教育阶段侧重启蒙教育，做到"初步了解"，高中阶段侧重认知培养，注重"全面了解"，高等教育阶段侧重应用教育，强化"具备能力"，各阶段有效衔接，由浅入深，循序渐进，使青少年既学到知识又能受到法治文化的熏陶，高度认同社会主义法治道路、法律原则、法律规范，坚决杜绝校园欺凌等违法现象发生。再次，实践性原则，即法治思维培育要突出实践性。实践性是法的鲜明特征，法治思维培育同样具有实践属性。法治教育应当坚持理论教育与社会实践的有机结合，让学生对法治有更切身的体验，学生法治意识的培养要从自身日常生活场景开始，"使现实的人在其日常生活中通过对法治的近距离甚至面对面的直观感悟，逐步确立起对法治及其规范与制度的信任和耐心，直至建立起对法的神圣信仰"。因此，青少年法治思维的培育不能只停留在法律知识层面，必须回归实践。习近平曾指出，法治并不体现于普通民众对法律条文有多么深透的了解，而在于努力把法治精神、法治意识、法治观念熔铸到人们的头脑之中，体现于人们的日常行为之中。社会实践是磨炼意志、砥砺品格的重要方式，是汲取营养、补充学识的过程。③中共中央印发的《法治社会建设实施纲要（2020—2025年）》明确指出要健全青少年参与法治实践机制，因此，要引导青少年积极参加法治实践活动，通过法治实践，引导其严格按照法律原则、规则和方法思考解决问题，正确处理人际关系，实现法治思维由理性认

---

① 社会主义核心价值观与法治建设［J］. 中国人大，2019（19）：49.

② 关于进一步把社会主义核心价值观融入法治建设的指导意见［N］. 人民日报，2016-12-26（1）.

③ 熊礼杭. 青年学生现代社会责任意识的培养［J］. 中国青年研究，2007（9）：71.

知、情感认同到内化于心、外化于行的生成，提升法治思维能力。最后，渗透性原则，即将法治思维培育渗透到青少年的学习生活中，做到有的放矢，增强实效性。一方面要做到"德法智"三育融合。习近平总书记指出，法律是准绳，任何时候都必须遵循；道德是基石，任何时候都不可忽视。①德育与法育相互融合，二者才能相互促进、协调发展、相得益彰。学校是法治思维培育的主场域，课程教学中要融入法育和德育元素，使知识传授、价值塑造、能力培养融为一体，在潜移默化中涵养法治思维。另一方面，将法育生活化。要在法育中体现生活要素，使法育目标、内容、手段贴近学生思想实际、生活过程和成长规律。校园欺凌行为发生时，要引导学生充分认识校园欺凌行为不仅违背道德、违反法律，而且给他人、社会造成极大危害，要牢固树立反校园欺凌意识，不欺凌、不旁观，发现欺凌及时报告等。除此之外，加强纪律约束。"在学生的培养过程中，纪律要求是加强约束力量、挖掘青年人潜能以及矫正他们弱点的最好方法。"② 法律是更加严格的纪律。有了遵守纪律的品德，才能够自觉遵守包括法律。

　　第四，建构多元路径体系。③ 教育的职能是培养合格的社会公民。青少年法治思维培育不能仅靠单一的课堂灌输，需要建构多元路径体系。

　　①明确青少年法治教育的目标定位。《中共中央关于全面推进依法治国若干重大问题的决定》明确指出：必须弘扬社会主义法治精神，深入开展法治宣传教育，使全体人民都成为社会主义法治的忠实崇尚者、自觉遵守者、坚定捍卫者。要完成这一任务，就必须明晰青少年法治教育定位。首先，厘清法治教育与法制教育的关系。法治教育与法制教育既有联系，又有区别，二者侧重点不同。法制教育是法治教育的基础和前提，而法治教育则是法制教育的目的和归宿，前者侧重静态的法律制度教育，后者侧重法治价值教育，如法律至上、权利义务、公平正义、人人平等等。知识传授与价值引领是青少年法治教育的两大重要任务，因此，青少年法治教育除了普及宪法和法律法规知识，更重要的是强化日常法治实

---

　　① 习近平. 坚持依法治国和以德治国相结合［EB/OL］.（2016-12-10）［2021-12-15］. http：//www. xinhuanet. com/politics/2016.

　　② 马小洁. 管理、服务与引领：高等学校学生事务国际学术研讨会文集［M］. 武汉：华中科技大学出版社，2008：168.

　　③ 本部分来自姚建涛，牟昱凝. 青少年法治教育：现实考察与理性回归［J］. 社科纵横，2020（3）：134.

践教育，弘扬法治精神，建设法治文化，提升青少年法治素养，树立正确的法治观。其次，明确青少年的法治教育目标。党的十九大报告提出："要全面贯彻党的教育方针，落实立德树人根本任务，发展素质教育，提高全民族法治素养和道德素质。"因此，我国青少年法治教育目标应为培养其法治素养，一方面要注重增强其宪法意识，培养依法治国的理念；另一方面，要加强法律知识的传授和法治意识的培养。具体包括基础性阶段规则意识的养成，发展性阶段权利保障意识的加强，提升性阶段责任意识和法治意识的养成。①

②"六结合"助推。自育与他育结合。自育与他育是促进个体发展的两种手段，二者相辅相成，他育是自育形成的基础，在自育缺乏的情况下，他育可以有效助力自育的形成与发展。但对个体发展而言，自育是更有效的教育方式，理应成为青少年自觉行为。"自我教育是在思想政治教育工作的启发和引领下，被教育者发挥主观意愿，从而进行自我认识、调控和提升的思想和行为的教育活动。"② 校园欺凌有效治理必须强化自育，让青少年从内心深处强化反欺凌意识和自我保护意识，这是有效遏制校园欺凌的前提和基础。

课上与课下结合。课堂是启迪人生智慧的主阵地，也是提升青少年法治素养的主渠道。一方面要发挥好学生的主体和教师的主导作用，积极引导学生思考法治热点、社会焦点，激发法治热情，优化培育效果。另一方面，积极推行案例教学，引导青少年独立思考、深入反思。"从越轨行为、违法行为到犯罪行为的考察结果显示，对青少年权利包括日记等隐私权的尊重，良好的学校风气，尤其是同辈群体的高参照性，是学生法治教育有效性重要条件。"③ 因此，要将典型校园欺凌案例、暴力犯罪案例、社会热点引入课堂，以此触碰学生心灵深处，在案例分析中增强法治思维。

传统与现代结合。传统的课堂讲授具有面对面优势，但信息量、视觉冲击力不足，教学时空受限。多媒体计算机、网络教学以及微信、QQ、抖音等人工智能技术，可以将图形、文字、声音、动画等有机组合，形成丰富的知识信息，具

---

① 汪蓓. 日本青少年法治教育改革经验及其启示［J］. 学校党建与思想教育，2015（19）：93.

② 孙其昂. 思想政治工作基本原理［M］. 南京：江苏人民出版社，1999：121.

③ 许晓童. 从法制教育到法治教育的历史意蕴及实践策略［J］. 教育评论，2017（4）：32.

有强大的交互功能，与传统教学形成互补。因此，青少年法治思维培育可以利用现代信息技术实现快速、便捷、有趣的普法。如将校园欺凌特征、种类、危害、以及如何识别、防治、自我保护等知识制作成动画、微视频等开展宣传，使得青少年在形式多样的活动中增强法治自信心、自觉性，成为法治的忠实宣传者、传播者和实施者。

校内与校外协同。习近平指出，办好教育事业，家庭、学校、政府、社会都有责任。① 青少年法治思维培育离不开校内外"共育"。卡尔·雅斯贝斯认为，"双亲和学校对他施加的有目的的教育，以及社会生活的各种风俗习惯的影响，最后，还有他所有的见闻与经历给予他的影响——这一切都使他获得了所谓的他的文明化"。② 因此，青少年法治教育首先要发挥学校主导作用，学校是青少年法治思维培育的主阵地，"法治思维方式和法治信仰的形成关键在学校"。③ "中小学生在学校养成的行为习惯，以及在此基础上形成的价值观将直接决定他们未来社会生活的道德认同、心理特点和行为模式。"④ 学校要在有限保护的职责下充分发挥教育功能，在配强师资、精选内容、课时保障、经费投入、培育效果上下工夫。学校还要尊重学生的参与权和表达权，发挥学生的主体作用，让其参与到欺凌治理中。同时，还要发挥家庭与社会的作用，构建家校社协同的法治教育网络。家庭教育作为青少年的本源教育是学校法治教育的有效补充。家长要改变过去只关注孩子成绩，把教育责任推给学校的错误做法，不仅要关注孩子的学习成绩，更要关注孩子的纪律意识、责任意识、网络安全意识、权利义务意识；不仅注重自我法律素养提升，更要以身作则，知法、懂法、守法、护法，给孩子以榜样示范力量；不仅要注重优良家风的传承，更要营造和谐民主的家庭氛围。同时，家长还要积极配合学校做好孩子的法治教育工作，发现问题及时向学校反馈信息，做到相互配合、有效联动，给青少年健康成长营造良好范围。学校要通过

---

① 习近平. 坚持中国特色社会主义教育发展道路，培养德智体美劳全面发展的社会主义建设者和接班人［EB/OL］.（2018-09-10）［2021-10-23］. http：//politics. people. com. cn/n1/2018/0910/c1024-30284579. html.

② 卡尔·雅斯贝斯. 时代的精神状况［M］. 王德峰，译. 上海：上海译文出版社，1997：89.

③ 朱永新. 法治观念要从娃娃抓起［N］. 人民日报，2014-10-31（2）.

④ 张新民. 校园欺凌治理的跨学科对话［J］. 华东师范大学学报，2017（2）：12.

"家长学校"普及法律知识和校园欺凌防治知识，提升家长识别校园欺凌能力水平。早在 2012 年教育部颁布的《全面推进依法治校实施纲要》要求，中小学、幼儿园应当建立健全家长委员会制度。家长委员会承担支持学校各项教育工作。学校应当提供必要条件，保障家长委员会开展工作。学校实施直接涉及学生个体利益的活动，要提交家长委员会讨论做出决定。① 《未成年人学校保护规定》要求："学校与家长应当建立有效联系机制，利用家访、家长课堂、家长会等建立沟通。学校应当建立学生重大生理、心理疾病报告制度，发现学生身体状况或者情绪反应明显异常、突发疾病或者受到伤害的，应当及时通知家长。"② 还要发挥社会育人作用，建立公、检、法、司等与学校联动机制，利用好法律专业机构和专业人员的作用，对青少年法治思维培育、校园欺凌治理提供专业支持，夯实队伍之基，使青少年不仅学习法治知识，而且了解社会现实，提升自我防护能力，实现内外协同育人目的。

理论与实践融合。教育即生活。古人云："知先行重。"波利亚曾说过："学习任何知识的最佳途径是通过自己的实践活动区发现，因为这种发现理解最深，也最容易掌握内在的规律、性质和联系。"闻之不若见之，见之不若知之，知之不若行之。单一课堂讲授的法治教育达不到理想的效果，要增强法治教育的实效性必须采用多元互动模式。学校要广泛开展各类法治实践活动，鼓励学生组建法治兴趣小组和各类社团，如模拟法庭、法治话剧、知识竞赛、演讲比赛、法庭旁听、主题班会、校园法治月、社区实践等，并形成长效机制。制定校规、班级公约时鼓励学生参与，对待违规行为要一视同仁。要充分发挥青少年法治教育实践基地作用，通过体验式教育、现场观察、实践模拟、互动等形式，培养青少年法律思维、法治方式，提升其发现问题、解决问题的能力。

教学与研究结合。要强化法治教育理论研究，为青少年法治思维培育提供有效指导。同时，理论研究要增强实践观念，坚持问题导向。因此需要瞄准校园欺凌治理的热点、难点、焦点，有针对性地提出解决对策，促进青少年健康发展，实现法治教育理论研究与实践活动有机融合、相互促进、协调发展。青少年法治思维培育实现理论与实践融合共进，需要强化实践教学活动，在知行合一上下工

---

① 参见《全面推进依法治校实施纲要》。
② 参见《未成年人学校保护规定》第 46 条。

夫，结合社会热点问题引导青少年的法治需求，让青少年在实践中尊法、学法、守法、用法，感知法律力量，领悟法治精神，培养运用法治思维、法治方式解决校园欺凌问题的能力。

③法治教育效果评价科学。立法规律的探寻离不开法律规律的遵守，法治社会建设离不开对普适的法治理念的遵守。① 建构青少年法治教育评价体系的目的是科学诊断目前青少年对法治知识掌握的情况，法治意识、法治思维的形成状况，明晰法治教育存在的问题，以便正确指导未来法治教育工作，做到精准施策。同时，科学的评价体系有利于全面考察青少年法治教育成果，促进青少年法治教育不断创新发展。这就需要根据不同年龄段学生特点及成长规律建立科学的评价体系，即谁来评、评什么、怎样评。

谁来评即确立评价主体。鉴于目前青少年法治教育评价主体是本部门、本单位，有失公允问题，可以委托中立的第三方评价机构，如高校研究中心或者社会评价机构进行，以保证评价的客观性、公正性、实效性，摸清家底，对症下药，以便更好创新青少年法治教育的方式方法。

评什么即评价内容问题。具体应该分为两个部分，一是学生。根据法治教育的目标定位，青少年法治教育的评价内容应当包括法治常识、法治意识、法治思维、法治能力和法治实践。法治常识包括以宪法为核心的法律法规知识，法治意识包括宪法意识、法律至上意识、规则意识、公民意识等，法治思维应包括合法性思维、规则思维、底线思维、权利义务思维、程序思维，法治能力包括履行法定义务（职责）、依法解决纠纷、正确维权、自我保护等能力，法治实践包括遵守维护校纪校规，维护宪法和法律权威，信仰法律等。二是学校。评价学校时要结合青少年法治教育制度与规划、法治教育课程及学时设置、其他学科法治育人情况、法治副校长岗位设置、校园法治文化建设、校园安全预警机制、法治教育系列活动的开展情况等内容开展。

怎样评即如何实施的问题。第三方评估机构可根据评价内容对学校和青少年分别进行评价进行。可以是座谈、问卷、暗访，访谈对象可以是教育专家、教师、学生、教育行政主管部门、司法部门、社会公众等。既要评价取得的成绩，

---

① 罗亚海. 法律共同体的中国特色素禀及其宪法构造［J］. 法学论坛，2018（6）：57-63.

又要评价存在的问题，从多视角、全方位对青少年法治教育的效果进行客观、公正的评价。

"邦国虽有良法，要是人民不能全都遵循，仍然不能实现法治。"① 因此，青少年法治教育任重道远。要围绕其法治素养提升目标，坚持问题导向，不断优化教育内容，构建多元教育模式，增强教育实效，为实现依法治国的战略目标打下坚实的基础。

（2）提升学生道德自觉。② 道德是社会关系维系的基本纽带。要想使道德规范转化为人的精神力量和道德品质，就必须培育人的道德自觉意识和自律精神。习近平总书记曾指出，利益关系得到协调，思想情绪得以理顺，社会发展中的不稳定因素就能得到及时化解，各种矛盾冲突就能得到有效疏导，社会和谐也就有了牢固的基础。③ 党的十八大报告也强调要加强社会公德、职业道德、家庭美德、个人品德教育，弘扬中华传统美德，弘扬时代新风。"一切道德体系都在教诲向别人行善……但问题在于如何做到这一点。光有良好愿望是不够的。要加强个人品德建设就必须提升个体道德自觉。"④ "德育是一切教育之本，欺凌行为是一种道德失范行为，其本质是学生的道德认知出现了偏差。在'道德推脱'的心理慰藉下，欺凌者表现出道德掩饰、自我麻痹，道德认知偏离正常道德观。"⑤ 因此，要提升学生道德自觉与法律自觉尤为重要。

第一，强化道德教育。2009 年习近平总书记提出要加强青年干部的道德修养。这不仅是对青年干部的要求，也是对当代青少年的要求。2017 年 5 月 3 日习近平总书记到中国政法大学视察时提出，青年学生要德法兼修。2017 年 8 月教育部印发的《中小学德育工作指南》要求发挥学校主导作用，引导家庭、社会增强育人责任意识，提高对学生道德发展、成长成人的重视程度和参与度，形成学

---

① 亚里士多德. 政治学［M］. 北京：商务印书馆，1965：149.

② 本部分来源于姚建涛. 高校师生法律关系研究［M］. 北京：中国政法大学出版社，2018：201.

③ 习近平. 加强基层基础工作夯实社会和谐之基［J］. 求是，2006（21）：23.

④ F. A. 哈耶克. 致命的自负——社会主义的谬误［M］. 冯克利，胡晋华，译. 北京：中国社会科学出版社，2000：9.

⑤ 全晓洁，靳玉乐. 校园欺凌的"道德推脱"溯源及其改进策略［J］. 中国教育学刊，2017（11）：91.

校、家庭、社会协调一致的育人合力。① 可见，加强道德教育可以增强学生对道德的深刻认识和准确把握，有助于提高其道德自觉，增强公民对道德的认可。

强化道德教育，要把社会主义核心价值观作为重要内容。由于部分学生道德理想和公德意识缺失，所以加强道德理想教育势在必行。习近平主席在 2014 年的五四讲话中提道：核心价值观，其实就是一种德，既是个人的德，也是一种大德，就是国家的德、社会的德。国无德不兴，人无德不立。② 强化德育教育，就是把社会主义核心价值体系渗透于德育教育中，通过道德教育活动，使社会主义核心价值体系被他们认同并接受，转化成为内在的品质，形成正确的道德意识，养成良好的道德品质和行为规范。

强化道德教育要积极弘扬中华民族优良道德传统。传统道德文化是中华文明最核心的内容，它源远流长、博大精深。优秀传统美德中的讲仁爱、重道义、守诚信、尚和谐、求大同等思想，积淀了中华民族的智慧，铸就了中华民族辉煌的历史，弘扬传统美德就是让学生对其产生认同感，只有认同，才会继承和发扬。

强化道德教育要强化道德责任教育。责任是人类的特征之一，是个体成熟的重要标志，深刻的自我责任意识是一切的根基，要坚持尊重个人合法权益与承担社会责任相统一，积极承担社会责任。强化道德责任教育也是世界各国的普遍做法。早在 1972 年，联合国教科文组织就倡导"学会关心"和"学会负责"。日本也将"培养有强烈责任感和充满独立精神的人"列入了它的《教育基本法》，出于校园欺凌防治的需要，日本于 2015 年实行道德学科化，将道德教育升格为必修课程。③ 强化道德责任教育主要强化其生命责任教育、行为责任教育、成才责任教育和回馈责任教育等。

强化道德教育要发挥学生的主体作用，重点培养学生的独立思考能力。道德教育要改变传统的说教方式，充分发挥受教育主体的作用，使受教育者能动地自主塑造道德人格品质、生成道德自觉的主体性的创造活动。如针对欺凌事件发生

---

① 参见《中小学德育工作指南》。

② 习近平 . 青年要自觉践行社会主义核心价值观——在北京大学师生座谈会上的讲话［EB/OL］.（2014-05-05）［2021-10-29］. http：//news. xinhuanet. com/politics. /2014-05/00/c_126477806. htm.

③ 李晓红 . 日本德育的新路径："道德学科化"的背景、内涵与挑战［J］. 外国教育研究，2016，43（6）：119.

后作为旁观者该不该制止等组织学生进行课堂辩论，并引导学生透过事件表象深入分析潜在的道德思想，调动学生主动地参与道德的讨论与学习积极性。

强化道德教育要加强自律教育。加强自律教育就是使受教育者自觉、自主、自愿地践行道德要求，养成具有自律品格的人。加强自律教育就是要培养主体的道德责任感、耻辱感、良心、自我调适和自我反省的能力，培养学生的道德自觉意识，塑造道德自觉品质，养成道德自觉行为，使其不断提升道德自觉水平和境界。

第二，发挥典型示范作用。榜样的力量是无穷的，榜样教育是培育学生道德自觉的重要途径。有研究表明，建立行为规则、重视榜样引导、惩罚违规行为，可以有效阻断欺凌的行为模式的形成和延续，从而逐步改变整体社会环境。① 一方面从榜样的价值取向和行为取向上，会给学生带来生活目标与方式上的教益，能引导学生学习榜样的行为；另一方面，通过榜样精神感染、熏陶和激励，使学生思想境界得以净化与提升。因此，要加大宣传力度。党的十七届六中全会指出："要评选表彰道德模范，学习宣传先进典型，引导人民增强道德判断力和道德荣誉感，自觉履行法定义务、社会责任、家庭责任，在全社会形成知荣辱、讲正气、作奉献、促和谐的良好风尚。"② 如在尊师方面，毛泽东同志就是一个非常好的榜样。

第三，强化道德实践。针对"知行脱节"问题，需要强化其道德认知体验、提升其道德践行能力。道德意识转化为道德行为不是由外力强制实现，而是由行为主体自我控制、自我约束实现。主体能否对自身道德行为进行自控约束是道德自觉的重要表现。道德教育的最终目的在于养成道德习惯，这就需要通过道德实践，它是养成道德自觉的重要途径。道德实践包括社会实践活动、公益活动、志愿者服务活动、社团活动、校园文化活动、专题教育活动（如学雷锋活动），等等。这方面可以借鉴美国做法。美国要求学生学习承担社会责任的方式是做志愿者，其"志愿服务时间"是美国大学录取新生的一个很重要的参考指标。如老布什总统在1990年颁布了学生必须参加服务的"国家与社区的服务法案"，本法案

① Olweus, D. & Limber, S. The Olweus BullyingPrevention Program Implementation and Evaluation over Two Decades ［A］//Jimerson, S. Swearer, & Espelage, D. The Handbook of Bullying in Schools: An International Perspective. New York: Routledge, 2010: 84.

② 中共中央关于深化文化体制改革推动社会社会主义文化大发展大繁荣若干重大问题的决定 ［N］. 人民日报，2011-10-26 （1）.

在 1999 年 12 月 l7 日通过修正。同时，还要重视生活化的道德行为养成，引导大学生在体验、感悟、反思生活的过程中不断提升自身道德素养。因此，我国需要将道德教育融入各项活动之中，并使其常态化。

（3）提高教师依法执教能力。①《全面推进依法治校实施纲要》要求，提高教师依法执教的意识与能力。要认真组织教师的法制宣传教育，在教师的入职培训、岗位培训中，明确法制教育的内容与学时，建立健全考核制度，重要的和新出台的教育法律、法规要实现教师全员培训。要围绕全面推进依法治校的要求，组织教师深入学习有关落实国家教育方针、规范办学行为、维护教师合法权益、保障教职工民主管理权的法律规定，明确教师的权利、义务与职责，切实提高广大教职员工依法实施教育教学活动、参与学校管理的能力。对专门从事法制教育教学的教师，要组织参加专门培训，提高其对法治理念、法律意识的理解与掌握程度。②

治理校园欺凌，教师是核心力量。因此，只有提升教师依法执教能力，才能有效防止校园欺凌。多项研究结果表明，当教师表现出对欺凌的学术理解并被请求协助干预欺凌时，学生们至少一定程度上将更加意识到欺凌的不道德，而当学生认识到教师和整个学校都在积极应对校园欺凌时，他们会觉得与学校的联系更紧，从而减少了欺凌行为。③《未成年人学校保护规定》要求，教职工应当关注因身体条件、家庭背景或者学习成绩等可能处于弱势或者特殊地位的学生，发现学生存在被孤立、排挤等情形的，应当及时干预。教职工发现学生有明显的情绪反常、身体损伤等情形，应当及时沟通了解情况，可能存在被欺凌情形的，应当及时向学校报告。④

蔡元培先生曾说过：要有良好的社会，必先有良好的个人；要有良好的个

---

① 本部分来自姚建涛. 高校师生法律关系研究［M］. 北京：中国政法大学出版社，2018：210.

② 参见《全面推进依法治校实施纲要》。

③ Bronfenbrenner, Urie. The Ecology of Human Development. Cambridge［M］. MA：Harvard University Press，1979；Smith，Emilie Phillips，Christian M. Connell，Gary Wright，Monteic Sizer，Jean M. Norman，Alice Hurley，and Stephen N. Walker. An Ecological Model of Home，School，and Community Partnerships：Implications for Research and Practice［J］. Journal of Educational & Psychological Consultation，1997，8：339.

④ 参见《未成年人学校保护规定》第 22 条。

人，必先有良好的教育。习近平认为，教师的工作是塑造灵魂、塑造生命、塑造人的工作。① 可见教师素养的重要性。依法执教也就是教师要依据宪法、法律法规和教育法律法规履行教书育人的职责，使教育教学活动法治化。依法执教包括两方面含义：一方面教师的教育教学行为要在法律法规所允许的范围内进行，即教育教学行为要遵循民主、自由、平等等实体价值准则，并且有明确的法律规范对教育教学行为加以规范。另一方面教师要善于利用法律手段来维护合法权益，理性化解冲突。依法执教的"法"是广义上的法，既包括国家根本大法宪法和普通法律法规，也包括《中华人民共和国教育法》《中华人民共和国教师法》《中华人民共和国高等教育法》等教育法律法规，教育行政部门颁发的部门规章和规范性法律文件。② 自觉守法是依法执教的关键，守法既要遵守宪法、法律法规，也要遵守教育法律法规。能否做到自觉守法，主体的法律素养至关重要。教师作为依法执教的主体，如果自觉守法，将有利于法律法规的实施，依法执教才能落到实处。教师法律自觉程度如何，能否真正做到知法、懂法、守法、用法，能否在教育教学工作中依法执教，必将影响到依法治校的实现，影响到欺凌能否有效防治。为此，需要提升教师的法律自觉。

第一，提升教师法律自觉。法律自觉是一种文明素养，是主体对法律功能意义、法律规范、法律权威等予以能动地认同和崇尚，并养成良好的法治意识，积极维护法律秩序的主体内在规定性。法律自觉包括：一是自觉认知即主体在充分认识法律意义及其功能的基础上，自觉自愿地学习掌握法律知识、法律规范、法律理论，在此基础上进而养成法治意识，从心理、思维和行为上接受法律的熏陶和作用，做到态度上自觉。自觉认知是法律自觉养成的基础。二是法治意识是"反映公民对法律的认识水平以及基于这种认知所形成对法律、法律的效用和功能的基本态度和信任、依赖程度"。③ 法治意识包括法律至上意识、规则意识、权利义务意识、程序意识、公平正义意识等。法治意识是公民正确理解、尊重、执行和维护法律的重要保证，法治意识是法律自觉的重要组成部分，是自我认知的深化，是依法治国的内核，它不会自我生成，需要主体有意识地培养。三是自

---

① 习近平. 做党和人民满意的好老师——同北京师范大学师生代表座谈时的讲话 [N]. 人民日报，2014-09-10（2）.

② 姚建涛. 我国高校依法执教的逻辑理路及重心 [J]. 江西社会科学，2016（9）：239.

③ 柯卫. 法治与法治意识 [J]. 山东社会科学，2007（4）：98.

觉约束自己行为即积极守法，在日常生活、学习、工作中自觉规范自己的行为，自觉遵守和服从法律，养成办事依法、遇事找法、解决问题用法、化解矛盾靠法的良好习惯，做到正确行使权利，认真履行义务，即行为上的自觉自愿。"人们遵守法律不是由于强权，而是出于自愿；人们遵守法律不仅仅是人们生存的一种手段性方式，更应是人们生活的一种目的性需要。"① 守法是法律自觉的外在表现，是主体的行为体现，它影响到法律的实现。离开了法律主体的法律自觉，法在社会中的作用将会大大降低。四是积极维护法律秩序，即积极同违法行为做斗争。法律秩序是法律运行的最后一环，是按照法律规范的要求、通过主体的法律行为、建立法律关系最终达到的社会生活呈现法律化的有序状态。法律秩序是法的价值实现的基础和前提。"如果某个公民不论在自己家中还是在家庭以外，都无法相信自己是安全的、可以不受他人的攻击和伤害，那么，对他侈谈什么公平、自由，都是毫无意义的。"② 维护法律秩序既是每个公民的权利，也是义务。人民权益要靠法律保障，法律权威要靠人民维护，积极维护国家法律是每个公民应尽的义务。

要提升法律自觉，一要引导教师自觉认知法律。人的行为受制于人的认知，认知水平越高，行为就越明确。教师作为育人者必须先育己。针对部分教师法律知识尤其是教育法律法规知识以及防反欺凌知识缺乏的现象，学校要引导教师既要学习普通法律法规，也要学习教育法律法规，尤其是反欺凌政策法规。为此，学校要建立教师学法的动力机制，制定激励措施，采取考核、评比、表彰等措施提高学习的自觉性、主动性、创造性。教师自身也要充分认识到学习法律知识、养成法治意识、运用法治思维和法治方式处理问题的重要性，变被动为主动，自觉强化学习主动性，自觉提升自身法律素养，做到心中有法，行不逾矩。二要引导教师自愿信仰法律。法律信仰是基于对法律油然而生的神圣情感，是对法律发自内心的认同和尊崇。《韩非子》曰："奉法者强则国强，奉法者弱则国弱。"这就是强调法治信仰。伯尔曼在《法律和宗教》一书中指出："法律只有在受到信任并且因而并不要求强制力的时候，才是有效的。真正能阻止犯罪的乃是守法的

---

① 葛洪义. 法理学（第2版）［M］. 北京：中国法制出版社，2007：138.

② 彼得·斯坦，约翰·香德. 西方社会的法律价值［M］. 北京：中国人民公安大学出版社，1990：142.

传统，这种传统又根治于一种深切而热烈的信念之中。""法律信仰是如下两方面的有机统一，即一是主体以坚定的法律信念为前提并在其支配下把法律规则作为其行为准则；二是主体在法律规则严格支配下的活动。"① 信仰法律就要内心敬畏、认同法律，认同法律目标和法律所体现的民主、自由、平等、公平、正义价值，要厘清权与法、礼与法、情与法的关系和责任担当，要增强宪法法律至上的坚定性，要敬畏宪法法律，带头维护宪法权威，保证宪法实施；要理性处理校园欺凌，对学生的行为作出正确评价判断，不回避，不偏袒，不放纵，该宽则宽，当严则严，公正处理。三是教师要做守法护法表率。孔子曾经说过：其身正，不令则行。其身不正，虽令不行。育人要先正己，正己才能育人。要想把学生培养成法治社会合格公民，教师必须率先垂范，为人师表，做到"心中有法，模范守法"，做遵纪守法表率。教师要自觉规范教育教学行为，严格遵守《中华人民共和国教育法》《中华人民共和国教师法》《中华人民共和国高等教育法》等教育法律法规及刑法、民法等相关法律，做到合法、严谨、规范，只有当教师教育教学行为合法了，才能去考虑这种行为是否有利于学生发展、是否给学生树立了守法的榜样等问题。学生也会以老师为榜样，养成自律性，自觉守法，勇于护法，正确行使权利，履行义务，运用法治思维法治方式解决问题，成为防治校园欺凌的主力军。如果教师课堂上不用正确的课程语言去引导学生，就会给学生造成相当严重的心理负担。四是中小学要加大力度，利用好高校法学资源，分层次、有计划、有重点培训、轮训中小学教师法律常识、基本法律技能，提升其与学生沟通交流的能力，构建和谐师生关系，及时预防发现学生的异常行为，杜绝不安全因素。同时，要落实教师的教育惩戒权。教师要遵循教育规律和学生成长规律，依法对学生进行必要可行的适度惩戒，维护教育秩序和促进学生健康成长。

第二，提升教师道德自觉。邓小平同志曾说过，一个学校能不能为社会主义建设培养合格的人才，关键在于教师。"高尚的师德，是对学生最生动、最具体、最深远的教育。"② 教师的精神风貌、思想情操、道德品质以及行为习惯等，都对学生产生潜移默化的影响，影响其世界观、人生观、价值观的养成，决定着人

---

① 谢晖. 法律信仰概念及其意义探析［J］. 宁夏大学学报（社会科学版），1996（3）：9.

② 邓小平文选（第2卷）［M］. 北京：人民出版社，1994：94.

才培养的质量，关系着国家和民族的未来。正因为如此，国家历来重视对高校教师职业道德的要求。

①明德修身：即要做到自爱、自省、自律、自警。自爱即要高度认同教师职业，热爱党的教育事业，要充分认识自己所承担的庄严而神圣的使命，发扬主人翁精神，自觉捍卫职业尊严，珍惜声誉，提升师德境界。"广大高校教师要切实肩负起立德树人、教书育人的光荣职责……以高尚师德、人格魅力、学识风范教育感染学生，做学生健康成长的指导者和引路人。"① 教师要坚守知识分子的良知，重拾内心的教育情结，持守职业的神圣感。自爱就是要爱职业、爱岗位、更要要关心保护学生。爱学生就要对待学生一视同仁，不能厚此薄彼，既关心学习，又关心其成长。课堂教学中要管理好自己的情绪，不将偏激的情绪发泄在学生身上，甚至言语伤人，侵犯学生隐私权。自省即保持自我反省之心，守住道德的底线，不随波逐流，不人云亦云，不能一切向钱看，过分注重经济利益，要耐得住清贫，要做到三省吾身，教学方面是否认真履行了自己职责，有没有不到位现象；育人方面是否带头培育和践行社会主义核心价值观；是否做到了受学生爱戴的品行之师、学问之师，做社会主义道德的示范者、诚信风尚的引领者、公平正义的维护者，等等。自律即遵循法度，自我约束，严格要求自己，树立正确的世界观、人生观和价值观，做遵纪守法模范，做学生表率。要加强自我学习，自我改进，把师德规范转化为内在信念和行为品质。要积极投身教育实践，在教育实践中提高道德意识，积累情感体验，磨炼道德意志，坚定道德信仰；对待学术要忠诚真理，在追求真知的路上不断求索，捍卫知识尊严，不抄袭、不剽窃他人学术成果。对待学生要坚持"育人为本，立德树人"，遵循教育规律，实施素质教育。自警即时刻警醒自己，心中有一盏"红绿灯"，言行不能越过"黄线"，要牢记学术研究无禁区，但课堂讲授有纪律，坚决杜绝有损国家利益的行为，坚决杜绝不利于学生健康成长的言行，时刻牢记坚持正确的政治方向，正确引导大学生健康学习，快乐成长。正如陶行知所言："先生不应该专教书，他的责任是教人做人。学生不应当专读书，他的责任是学习人生之道。"

②要强化教师的理想信念教育和职业道德教育。强化师德建设，就是使教师

① 胡锦涛在庆祝清华大学建校 100 周年大会上的讲话［N］. 中国教育报，2011-04-25
（1）.

充分认识到其重要性，认识到高等教育必须坚持以学生为本，积极引导大学生学会做人做事，成长成才，培养其创新精神和创业能力。在增添学识才干的同时，增进身心健康，全面发展。同时，教师应该具备求真务实、勇于创新、严谨自律的治学态度和学术精神，努力发扬优良学术风气和学术道德。① 建立师德激励机制。要完善师德表彰奖励制度，将师德表现作为评奖树优的首要条件。

③要强化师德监督，有效防止师德失范行为。要推进青年教师师德师风建设，强化职业理想和职业道德教育，激发青年教师树立崇高的职业理想，严守教育教学纪律和学术规范。② 采用多种方式督导检查师德建设情况，对师德问题做到有诉必查，有查必果，有果必复，建立健全违反师德行为的惩处机制。对师德考核不合格者年度考核应评定为不合格，并在教师职务（职称）评审、岗位聘用、评优奖励等环节，实行一票否决。

第三，依法行使教育惩戒权。教师惩戒权是教师依法对学生的不合范行为施予否定性制裁，避免失范行为的再次发生，以促进合范行为的产生和巩固的一种教育措施或手段。③ 教育惩戒通过制止、管束和纠正不良行为的柔性治理，可以实现软法功能，其目的在于引导学生懂法、明规、知畏，养成良好规则意识，树立法治信仰。在学校建立教育惩戒制度，实施明确的纪律处分和相应的惩戒措施，是解决校园欺凌和暴力的可行路径。④欺凌事件频发与教育惩戒权有很大关系，因此，解决欺凌问题必须回归教育惩戒权。英、美、日、韩等较为发达的国家，都通过立法来确定学校的教育惩戒权，明确规定了学校采取的教育惩戒的具体形式、所遵循的原则、正当程序等。⑤ 如日本文部省函令各级学校教师将上课罚站、留校察看及停止上学等做法明列于教师管教权条例中而不纳入体罚的范畴，以避免教师因疑于体罚而慑于管教。⑥

《中小学教育惩戒规则（试行）》明确规定，"学生实施属于预防未成年人

---

① 十五大以来重要文献选编（下）[M]. 北京：人民出版社，2003：2557.

② 加强和改进高校青年教师思想政治工作 16 条意见出台 [EB /OL]. （2013-05-28）[2020-12-27]. http: //cpc. people. com. cn /n /2013/0528/c164113 -21645326. html.

③ 梁东荣. 教师惩戒权存在的合理性及实施初探 [J]. 中国教育学刊，2003（8）：4.

④ 王鹏炜. 学校教育惩戒的制度构建 [J]. 中小学管理，2016（8）：19-21.

⑤ 余雅枫. 防治校园欺凌和暴力，要抓住哪些关键点 [N]. 人民论坛，2017-01-15（1）.

⑥ 翁福元. 校园霸凌：学理与实务 [M]. 台北：台湾高等教育出版社，2013：214.

犯罪法规定的不良行为或者严重不良行为的，学校、教师应当予以制止并实施教育惩戒，加强管教；构成违法犯罪的，依法移送公安机关处理。"[1] "教师在课堂教学、日常管理中，对违规违纪情节较为轻微的学生，可以当场实施以下教育惩戒。"[2] 上述规定可以看出，惩戒分为一般惩戒、较重惩戒和严重教育惩戒三个级别。一般教育惩戒适用于情节较轻的行为，包括批评、做检讨、完成学校公益服务任务等；较重教育惩戒适用于违规违纪情节较重的学生，包括训导、承担校内公共服务、接受专门的校规校纪和行为规则教育等；严重教育惩戒适用于违规违纪情节严重或者影响恶劣的学生，包括停课停学、法制副校长或者法治辅导员训诫、专门人员辅导矫治等。惩戒适用于较轻的欺凌行为，如果欺凌行为触犯治安管理处罚法或刑法，要移送司法机关处理。

正确实施教育惩戒权，必须遵循法治原则和教育规律，结合学生特点，选择与过错程度相当措施，引导学生认识错误，改正行为，客观公正实施惩戒。实施惩戒时要注意惩戒措施公开透明性、惩戒程序的正当性，理由充分，方式恰当，要充分保护学生的知情权、参与权，不能主观臆断，严禁体罚或变相体罚，防止惩戒权的滥用，增强教育惩戒的认同感。《中小学教育惩戒规则（试行）》规定："学校应当支持监督教师正当履行职务。教师因实施教育惩戒与学生及其家长发生纠纷，学校应当及时进行处理，教师无过错的，不得因教师实施教育惩戒而给予其处分或者其他不利处理。"[3] 这一规定赋予了教师正常实施教育惩戒的免责权。实施教育惩戒之前要告知惩戒理由，听取被惩戒学生的陈述和申辩，必要时征询家长的意见。要加强惩戒过程的全程监督，惩戒过程要有记录，有法治副校长的监督和指导，有相关人员的签字备案。如果欺凌行为超过了惩戒范围，则要及时向教育行政主管部门报告或转介到专门学校或者未成年人司法系统。同时也要引导家长正确看待惩戒权，"对于家长来说，有两种极端情况要避免和改

---

① 学生有下列情形之一，学校及其教师应当予以制止并进行批评教育，确有必要的，可以实施教育惩戒：故意不完成教学任务要求或者不服从教育、管理的；扰乱课堂秩序、学校教育教学秩序的；吸烟、饮酒，或者言行失范违反学生守则的；实施有害自己或者他人身心健康的危险行为的；打骂同学、老师，欺凌同学或者侵害他人合法权益的；其他违反校规校纪的行为。

② 参见《中小学教育惩戒规则（试行）》第8条。

③ 参见《中小学教育惩戒规则（试行）》第15条规定。

正。一是对教师言听计从，自己撒手不管和不愿教育孩子，认为教育学生不能手软，给教师粗暴实施教育惩戒或体罚埋下隐患；二是不能理解和体谅教师教育惩戒的善意或教育性。一旦自己的孩子因违纪犯规受罚，不问青红皂白就恶意攻击教师，没有意识到孩子不仅是父母的，也是社会的，溺爱和纵容孩子只会导致教育的副作用，诱使儿童滋生坏的习惯甚或违法犯罪"。① 关于此可以借鉴日本做法。日本文部省函令各级学校教师将上课罚站、留校察看及停止上学等做法明列于教师管教权条例中而不纳入体罚的范畴，以避免教师因疑于体罚而慑于管教。② 社会公共也要理解支持教育惩戒，真正承担起协同育人的责任。

5. 建立欺凌预警评估处理机制

研究成果表明，"从整体上来看，开始实施防治政策的学校与未实施的学校相比，欺凌行为数量降低了五分之一左右，效果比较明显"。③ 做好事前预防、事中及时处理、事后快速跟进的有效预警评估处理机制，发现有相关线索后应该积极进行调查并采取相应的应急处理办法，力求将校园欺凌行为产生的危害降到最低。要定期研判分析欺凌事件，有效追踪辅导，开展人文关怀与成长教育。

（1）营造良好校园氛围。积极向上的校园氛围能够激发学生的强烈学习热情，消除不良社会环境造成的负面影响，降低暴力欺凌发生率，促进学生的健康成长。学校应为学生提供安全有序的校园环境，营造勤奋学习、积极向上的学校氛围，维护学生的人身安全，保障其身心健康、人格尊严不受侵害。《未成年人学校保护规定》要求，"学校应当加强读物和校园文化环境管理，禁止含有淫秽、色情、暴力、邪教、迷信、赌博、恐怖主义、分裂主义、极端主义等危害未成年人身心健康内容的读物、图片、视听作品等，以及商业广告、有悖于社会主义核心价值观的文化现象进入校园。校应当将科学、文明、安全、合理使用网络纳入课程内容，对学生进行网络安全、网络文明和防止沉迷网络的教育，预防和干预学生过度使用网络"。④

---

① 张笑涛. 教师教育惩戒权的内涵、意义与落实方略 [J]. 中国德育，2017（8）：17.

② 翁福元. 校园霸凌：学理与实务 [M]. 台北：台湾高等教育出版社，2013：214.

③ David P. Farrington, Maria M. Ttofi. Reducing School Bullying：Evidence-Based Implications for Policy [J]. Prospects, 2009, 38（1）：281.

④ 参见《未成年人学校保护规定》第28、34条。

加强教职工培训，定期召开反欺凌研讨会，引导教职工以身作则，关怀学生，制止不良行为，提升教师处理欺凌事件的方法技巧，并加强事件后期的跟进与监管。如日本《校园欺凌防止对策推进法》第18条第1款明文规定："采取以专门知识为基础的妥当举措，并应在教员相关素质、能力培养和提高、师生关系体制调整、配置心理、福祉等包含校园欺凌应对和防止内容在内的有专门知识的教员等相关人员方面采取必要措施。"① 在全校张贴反欺凌宣传材料，定期召开反欺凌主题家长会，向家长宣传反欺凌知识，与学校所在社区建立联系，选出社区联络代表，引导家长与社区参与到反欺凌项目中。

（2）开展积极心理健康教育。2014年，中国教育科学研究院的心理与特殊教育研究课题组调研结果显示，"我国中学生中，年级愈高，心理水平愈差，抽检到的中学生中，63.82%呈现出严重的学习焦虑心理，32%检出人际交往困难、抑郁、焦虑等心理问题，22.72%存在严重自责倾向。2017年山东省进行的中学生心理健康调研显示，中学生的心理问题检出率高达56.7%"。② 在检出的心理问题中，最常见亦是最突出的有：学习压力过大、人际关系紧张、焦虑、抑郁等。此类心理问题的生成多源于中学生成长环境中出现的学业成就压力过大，家长过度关注以及同伴相处关系紧张而产生的负面情绪。③ 因此，要预防和化解各种心理问题，防治欺凌发生，重在教育预防，要引导养成学生健康的心理品格，必须开展积极心理健康教育。

教育是人的灵魂教育，而非理智知识和认识的堆集。④ 心理健康教育的总目标是全面提高学生心理素质，充分发展学生潜能，培养学生健康乐观、积极向上的心理品格，努力促进其身心和谐、健康成长，为未来幸福生活奠定基础。⑤《未成年人学校保护规定》⑥ 要求，学校建立学生心理健康教育管理制度和早期

---

① 向广宇，闻志强. 日本校园欺凌现状、防治经验与启示：以《校园欺凌防止对策推进法》为主视角 [J]. 大连理工大学学报，2017（1）：10.

② 孟万金. 积极心理健康教育在中国 [M]. 北京：教育科学出版社，2017：107.

③ 张良等. 初中生学习成绩对外化问题、抑郁症状的影响：意志控制的作用 [J]. 中国临床心理学杂志，2018（2）：304-308.

④ 雅斯贝尔斯. 什么是教育 [M]. 邹进，译. 北京：生活·读书·新知三联书店出版社，1991：143.

⑤ 参见《中国中小学心理健康教育指导纲要（2012年修订）》。

⑥ 参见《未成年人学校保护规定》第32条。

发现及时干预机制，按照规定配备专兼职心理健康教育教师、建设心理辅导室，或者通过购买专业社工服务等。2012 年修订的《中小学心理健康教育指导纲要》要求，"普及心理健康知识，树立心理健康意识，了解心理调节方法，认识心理异常现象，掌握心理保健常识和技能，引导学生学会学习和生活，正确认识自我，提高自主自助和自我教育能力，增强调控情绪、承受挫折、适应环境的能力，培养学生健全的人格和良好的个性心理品质；对有心理困扰或心理问题的学生，进行科学有效的心理辅导，及时给予必要的危机干预，提高其心理健康水平"。① 习近平总书记提出，要加强社会心理服务体系建设，培育自尊自信、理性平和、积极向上的社会心态。

因此，开展心理健康教育要围绕学生的健康人格培养、情感教育、心理疏导、人际关系处理等内容进行。要结合学生心理特征与欺凌防治，引导其"从消极被动、补救矫正向积极主动、预防发展"转化，鼓励其学会控制情绪，摒弃控制操纵理念，树立平等互助意识与同学友好相处，以积极的心态面对学习生活，保持乐观向上的情绪体验。同时，问题少年形成与社会制度环境以及代际文化冲突、支持系统功能等存在密切的关联，对问题少年的认识要以一种更加包容、开放的心态。② 开展积极的健康心理教育也可以借鉴中国传统儒家文化中的"正心"思想。"正心"之"正"有两层含义："一是不偏斜、平正，与歪对应；二是平和。在此基础上'正心'亦有两层含义：一是指正确的、不偏不倚的心理；二是指端正偏颇的心态。"③ 可利用现代网络技术，通过专题培训、学科渗透、个别辅导、家校合作、文化熏陶等方式方法，引导学生养成健康人格，只有这样才能有效预防和减少欺凌的发生。

（3）设置反欺凌相关课程。为有效防止欺凌，学校必须开设反欺凌课程，并将其纳入教学规划作为学生的必修课。预防和治疗学校欺凌行为的心理教育课程由四部分组成，分别是认识欺凌、体验欺凌、走出欺凌和防治欺凌，主张将心理

---

① 参见教育部《中小学心理健康教育指导纲要（2012 年修订）》教基一〔2012〕15号。

② 刘芮希. "问题少年"形成过程的标签理论分析——基于四川省崇州市"问题少年"的基线调研［J］. 天府新论，2008（S2）：135.

③ 赵炎. 道的居持与充实——船山对正心、诚意关系的一个解读［J］. 中国哲学史，2011（4）：23-25.

课与小组讨论和戏剧配合。① 因此，反欺凌课程应该包括校园欺凌概念、特点、种类、发生地点、发生群体、惩罚措施、法律责任、应对措施、反对欺凌、平等相处、反对歧视，正确掌握欺凌知识，辨别欺凌行为，提高对欺凌危害的认知，增强对欺凌的抵制能力和自我保护意识，训练学生走出欺凌误区，敢于报告、积极抵御欺凌，提升其化解冲突的基本技能。除此之外，可以借鉴国外做法，如美国入学的反欺凌教育，纽约市学校一般在孩子 5 岁刚入学时就会开展反校园欺凌教育，教师和学生会通过各种班级活动进行"谁是欺凌者，何谓欺凌行为"的讨论对话。除直接暴力行为外，教师还会教学生认知一些属于间接欺凌的"冷暴力"行为，包括语言攻击、群体孤立、散布谣言、羞辱戏弄、网络欺凌和骚扰等，教师会告诉学生"当你遇到欺凌应怎么办"，也会警示学生"倘若你要欺凌别人，要承担什么责任和后果"，让被欺凌和可能欺凌的学生都知道怎么去应对欺凌和承担欺凌他人的惩罚责任。② 也可以借鉴英国组织的反欺凌周活动。英国反欺凌联盟（Anti-Bullying Alliance）组织的一年一度反欺凌周（Anti-Bullying Week）活动于每年 11 月的第三周举行，"活动时间持续一周，旨在提高儿童和年轻人的反欺凌意识、应对方法，具体的活动内容如下：第一，反欺凌辩论活动。第二，反欺凌建议活动。第三，宣传反欺凌连环画，帮助学生理解欺凌行为。第四，反欺凌标志活动，学生聚集在一起绘制让欺凌停止的'停止'标志。第五，观看反欺凌视频，告知学生如果他们被欺负时应该怎么办。第六，戴上蓝色的反欺凌周腕带、超级英雄面具，戴上就意味着该生反对欺凌行为。第七，反欺凌周集会演示，宣传反欺凌知识"。③ 通过活动开展提高学生的反欺凌意识，彰显学校反对校园欺凌态度。

（4）提升教师欺凌识别研判能力。教师防止欺凌的作用是不言而喻的，但如果教师疏于管理或反欺凌意识差，发生欺凌就在所难免。2015 年 5 月 8 日《安徽商报》报道了安徽火星小学多名小学生遭班干部勒索：不给钱就被逼吃屎喝尿的欺凌事件。从二年级到六年级，孩子经常从家里偷拿钱"进贡"给副班长小

---

① 单佳楠. 校园欺凌系列心理课程的构建［J］. 中小学心理健康教育，2018（36）：23-25.

② 胡春光. 美国纽约市校园欺凌行为处理方式及其治理启示［J］. 江汉大学学报，2018（10）：45.

③ 参见 https：//www.bullying.co.uk/anti-bullying-week/。

J。小 J 被班主任授予检查作业和背书的权力，如果同学不给钱，就不能通过检查，甚至要被逼吃屎喝尿。4 年的欺凌，小 J 以检查作业和背书的幌子勒索、欺辱同学，班主任却毫不知情，是默认放纵还是管教不够？教师对欺凌行为提高警惕、严格管控、干预欺凌、训导欺凌者、辅导受欺凌者，开展反欺凌专题讲座、主题班会、班级讨论、设立互助小组帮助弱势学生、角色扮演，戏剧表演等，营造和谐氛围，引导学生不参与、不帮助欺凌，应以积极的心态，与同学平等相处，建构和谐人际关系。通过对被欺凌者实施帮助，提升被欺凌者的自信能力，帮助其摆脱困境，养成良好的健康心态，快乐学习生活。通过对欺凌者实施心理干预，使其充分认识欺凌行为的危害性，从内心感知被欺凌者的痛苦，学会换位思考，能以实际行动弥补自己的过失，引导其选择正确的人际关系处理方式，能与被欺凌者友好相处。要定期召开班会，围绕价值观教育（尊重、关怀、信任、忍耐、接纳等）和情绪掌控、责任担当、合作沟通等内容展开讨论，培养学生集体归属感和社会责任感，学会尊重理解包容，建构和谐人际关系。当然教师处理学生冲突时要充分了解情况，把握学生特点，掌握谈话技巧，"不宜用粗鲁性急的方法去督责……教师能用密室谈话、膝前训导等方法去规劝他们，用和颜悦色、循循善诱等态度去感动他们，收效最为可观……教师应当用原谅的言语，同他在密室中细细谈话作诚恳的指示，儿童自然为之感动而改其顽劣的性情了"。[①]

（5）加强监管。《预防未成年人犯罪法》第 20 条规定，教育行政部门应当会同有关部门建立学生欺凌防控制度。学校应当加强日常安全管理，完善学生欺凌发现和处置的工作流程，严格排查并及时消除可能导致学生欺凌行为的各种隐患。教育行政主管部门加强监管，设立反欺凌专线和专门邮箱，不定期对学校进行督导检查，及时发现问题并随时通报，迅速解决，对监管责任落实不到位的学校进行问责。关于这一点可以借鉴英国做法，建议学校记录所有欺凌事件，并利用这些数据来监控他们的反欺凌举措。[②]《未成年人学校保护规定》[③] 也要求教育行政部门应当指定专门机构或者人员承担学生保护的监督职责，有条件的，可

---

① 杨彬如. 乡村小学训育方面之改进［J］. 教育杂志，1926（12）：23.

② Anti-bullying Guidance for Schools［EB/OL］. http：//www. london. gov. uk/what-we-do/health/healthy-schools-london/awards/sites/default/files/Anti% 20Bullying% 20-% 20Guidance% 20for%20Schools. pdf.

③ 参见《未成年人学校保护规定》第 53 条。

以设立学生保护专兼职监察员负责对学生的保护工作，处理或者指导处理学生欺凌、性侵害、性骚扰以及其他侵害学生权益的事件，会同有关部门落实学校安全区域制度，健全依法处理涉校纠纷的工作机制。学校要建立巡查制度，加强欺凌易发地点，如操场、走廊、厕所、宿舍等，以及易发时间，如午休、放学后的监督管理，使得盲区不再成为盲区。在欺凌易发区域安置摄像头，使不轨行为时刻处于被"注视"之下，能够在一定程度上加以抑制欺凌行为。通过建立规章制度及明确惩罚措施，使得学生明晰校纪校规，准确判断识别欺凌行为，保护与捍卫受欺者的权益。还要设置专门的校园欺凌投诉信箱和投诉热线、网站，在校园欺凌事件发生时进行举报投诉，使得欺凌无处可藏。学校还要制定《反欺凌操作手册》，宣传欺凌概念、种类特征、危害以及欺凌发生应承担的法律责任，培育学生的反欺凌意识，向校园欺凌坚决说"不"！

（6）成立反校园欺凌委员会。学校在社会化方面有以下优势："比家庭更有效的监控、在识别越轨行为或者破坏行为方面更加容易、在维护秩序和纪律方面有很明显的优势、在理论上有惩罚自我控制问题的权威和方法。"[1] 为有效防止欺凌事件，借鉴世界各国成功经验，成立反校园欺凌委员会。对此，《加强中小学生欺凌综合治理方案》规定：学校成立由校长负责，教师、少先队大中队辅导员、教职工、社区工作者和家长代表、校外专家等人员组成的学生欺凌治理委员会（高中阶段学校还应吸纳学生代表）。《未成年人学校保护规定》也明确要求，"学校成立由校内相关人员、法治副校长、法律顾问、有关专家、家长代表、学生代表等参与的学生欺凌治理组织，负责学生欺凌行为的预防和宣传教育、组织认定、实施矫治、提供援助等。定期针对全体学生开展防治欺凌专项调查，对学校是否存在欺凌等情形进行评估，实现多元协同防治欺凌"。[2] 如英国国家儿童成立反欺凌联（ABA，Anti-Bullying Alliance），联合了教师、儿童工作者、家长、社会青年等来了解和预防校园欺凌。[3] 除此之外，在对学生进行处分时要遵守程序的合法性，可以借鉴加拿大的做法。加拿大的安大略省教育部引入了安全校园

---

① 迈克尔·戈特弗里德森，特拉维斯·赫希. 犯罪的一般理论［M］. 北京：中国人民公安大学出版社，2009：100.

② 参见《未成年人学校保护规定》第19条。

③ DFE. Characteristics of Bullying Victims in School［R］. London：National Center for Social Research，2010（8）：119.

行动小组，"促进了管、办与评的相对分离，运用专业化的评价工具和行动议程确保行为实施的客观性与公正性"。①

6. 完善家庭教育指导制度

自中华人民共和国成立以来，国家一直非常重视家庭教育。从《中华人民共和国宪法》《中华人民共和国婚姻法》《中华人民共和国义务教育法》《全国家庭教育指导大纲》《中国妇女发展纲要（2021—2030 年）》《中国儿童发展纲要（2021—2030 年）》，再到《中华人民共和国家庭教育法》《关于指导推进家庭教育的五年规划（2021—2025 年）》，家庭教育逐渐走向成熟，家庭事业健康发展，青少年权益得到了有力保护。根据 2021 全国两会期间舆情报告显示，家庭教育成为教育领域探讨的第二大热点，较 2020 年上升 10 个位次。② 但同时也必须清醒地认识到，家庭教育指导制度仍存在薄弱环节，必须提升完善。

（1）明晰多元主体职责。《家庭教育促进法》明确规定：国家和社会为家庭教育提供指导、支持和服务。各级人民政府指导家庭教育工作，建立健全家庭学校社会协同育人机制。县级以上人民政府负责妇女儿童工作的机构，组织、协调、指导、督促有关部门做好家庭教育工作。③《预防未成年人犯罪法》规定，公安机关、人民检察院、人民法院在办理案件过程中发现实施严重不良行为的未成年人的父母或者其他监护人不依法履行监护职责的，应当予以训诫，并可以责令其接受家庭教育指导。④ 所以，完善家庭教育指导制度首先是明晰各主体职责，充分发挥个主题特性与优势，各展所长，分工合作，形成家庭教育指导合理合力。

①政府主导：即政府要发挥好宏观决策作用。"针对家庭教育立法中的国家义务，从尊重义务、保护义务、给付义务三个维度强调国家应当对家庭教育给予

① 杨廷乾，接园，高文涛. 加拿大安大略省校园预防欺凌计划研究［J］. 比较教育研究，2016，38（4）：62.

② 张以瑾，孙梦捷，孙谦，等. 展望教育高质量发展新征程——大数据透视 2021 全国两会教育热点［J］. 中国民族教育，2021（4）：14.

③ 参见《中华人民共和国家庭教育促进法》第 4、第 6 条。

④ 参见《中华人民共和国预防未成年人犯罪法》第 61 条。

支持，保护未成年人受教育权，在物质和制度上对家庭教育能力的提升加以保障。"① 为此，可以借鉴世界各国先进经验，出台家庭教育指导的相关法律政策及发展规划，鼓励地方制定地方性法规，并加大资金投入，利用现代信息技术，为家长提供免费的法律知识，教育方式方法、心理咨询等各项家长所需的服务内容。如日本早在 1947 年就通过《教育基本法》明确规定了政府职能，之后颁布了《家庭教育手册》，2006 年修订《教育基本法》进一步明确国家尊重家庭教育自主性，并且开展家庭教育支援对策科学研究。2013 年熊本县制定了日本第一部家庭教育地方性法规《熊本家庭教育支援条例》。自上而下的家庭教育立法大大促进了日本家庭教育的发展。

②学校协同：学校在指导帮助家长教育方面有着专业化的师资、专门化的场所和丰富的教育资源，具有得天独厚的优势。《未成年人学校保护规定》② 要求学校应当根据情况给予相关学生家长必要的家庭教育指导。

因此，开展家庭教育必须发挥好学校的协同作用，即家校联合，建立丰富多彩的家校联动方式。要充分发挥家长、学校的作用，利用学校现有的师资设备在家长群体中普及欺凌知识、处理技巧及履行报告义务，并强调家校合作尤为重要。如何有效沟通、如何协调工作与家庭关系、如何经营家庭、如何养成良好行为方式提升自身素养，等等，结合欺凌发生的原因进行有效指导服务。重点关注特殊家庭特殊学生，共同矫正不良行为，不留死角和盲点。

③社区参与：《预防未成年人犯罪法》第 21 条规定，教育行政部门鼓励和支持学校聘请社会工作者长期或者定期进驻学校，协助开展道德教育、法治教育、生命教育和心理健康教育，参与预防和处理学生欺凌等行为。社区作为家庭外部最小、关系最密切的社会单位，"依托多样的物质支持以及专业的精神、心理支持，为家庭教育提供充足、便捷的条件，自下而上地提高家庭教育质量、改善公民福利"。③ 截至 2016 年年底，"全国共有社会服务机构和设施 174.5 万个，职

---

① 杨乐. 家庭教育立法中国家义务的法律规制及实现路径——基于未成年人受教育权保障视角 [J]. 人文杂志，2021（2）：122.

② 参见《未成年人学校保护规定》第 20 条。

③ 范伟，祁占勇，李清煜. 家庭教育指导服务模式：国际经验与启示 [N]. 中国社会科学报，2022-05-06（4）.

工总数 1239.3 万人……全国持证社会工作者共计 28.8 万人"。① 这些资源为防治校园欺凌提供了有利支持。社区是各家庭聚集场所，内部有较为丰富的资源，如社区服务中心、社区图书馆等，同时也拥有专业化志愿者服务团队，可以利用社区资源，定期开展亲职教育服务、心理咨询服务、儿童看护及教育指导服务，共同推动家庭教育发展。

（2）发挥传统文化作用。习近平总书记指出，中华文明根植于农耕文明……从耕读传家、父慈子孝的祖传家训，到邻里守望、诚信重礼的乡风民俗，等等，都是中华文化的鲜明标签，都承载着华夏文明生生不息的基因密码，彰显着中华民族的思想智慧和精神追求。②《家庭教育促进法》明确要求家庭教育要弘扬中华民族优秀传统文化。③优秀传统文化是中华民族的魂，是我们立足于世界文化之林的根基，要深入挖掘优秀传统文化蕴含的人文精神、思想观念、道德规范，并将其传承好、发展好、弘扬好。学校要与家庭通力合作，"通过完善家长委员会、家长学校平台，指导家长树立科学、有效的教育观念和方法"④ "坚持家庭履职、政府主导、学校指导、社会参与的基本原则，为家庭教育工作的开展提供系统全面的支撑和保障"。⑤ 把家庭教育提升到国家战略高度。

（3）成立家庭教育指导专业队伍。日本由政府设立推进家庭教育的专项计划、下发家庭教育指导标准与意见，"建立起以教育、社会保障部门为核心，联合学校、社会福利机构以及其他非营利组织的家庭教育指导团队家长培训学校"。⑥日本首个家庭教育地方性法规《熊本家庭教育支援条例》就鼓励社会团体承担起"营造有利于家庭教育的良好环境，举办各类有利于文化教育的活动"。2004 年台湾地区颁布实施"家庭教育专业人员资格遴聘及培训办法"解决了家

---

① 参见民政部《2016 年社会服务发展统计报》，http：//www.mca.gov.cn/article/sj/tjgb/201708/20170800005382.shtml。
② 习近平. 论党的宣传思想工作［M］. 北京：中央文献出版社，2020：281.
③ 参见《家庭教育促进法》第 3 条。
④ 薛二勇，周秀平，李健. 家庭教育立法：回溯与前瞻［J］. 北京师范大学学报（社会科学版），2019（6）：19.
⑤ 蔡迎旗，胡马琳. 从家规到国法：论我国家庭教育立法的现实诉求与责任分担［M］. 当代教育论坛，2020（4）：1.
⑥ 田辉. 解读日本家庭教育支援政策［J］. 中国德育，2017（13）：21.

庭教育指导人员专业化水平参差不齐的问题。① 我们可以借鉴上述经验，各级政府应统筹协调各方资源为家庭教育服务，将家庭教育纳入公共服务领域。教育行政部门应积极探索研究多元化家庭教育指导方式，如线下开设家长学校、专题讲座等活动，线上利用信息化共享服务平台，向家长推广网络课程、在线咨询等活动，有效指导家长提升综合素质。

家庭教育指导服务站要进社区，方便社区居民开展交流学习，为亲子互动课堂提供便利。同时利用家庭教育服务站宣传家庭教育基本知识，提升居民对于家庭教育的认同感。公共文化服务机构也要发挥资源优势，开展公益性宣传教育活动和家庭教育志愿者服务活动，与社区联手打造家庭教育实践场所。引导家长树立科学的养育观，掌握基本法律知识，欺凌识别与防控知识，增强家长的监护责任。

（4）落实好家长的监护责任。家长是早期校园欺凌主要辨识者，要预防校园欺凌，必须借鉴国外成功经验，落实好家长的教育责任。进入司法程序，欺凌者父母则会因为监护不当而一同进入审判程序。经过审判，如果法院认为校园欺凌行为的发生与父母的管教之间存在因果关系则有可能剥夺其监护权，且在民事赔偿方面其父母也应当承担相应的责任。可以深化责令家长管教制度和强制性亲职教育制度，对监护疏失较为严重或监护能力存在重大缺陷的罪错未成年人家长，应当责令其加强管教，必要时要求其接受指定时间、地点和内容的亲职教育。建立严重监护疏失家长监护权转移机制，可以由法院根据检察机关或者其他利害关系人的申请，决定将其监护权临时转移给其他相关人员或专门的国家教养机构。必要时可以撤销其监护权。② 英国家长对孩子管教不当则需要承担连带责任。若子女在学校被永久停学或一年之内停学两次，则学校可以向法院提出申请对其父母发布教养令。教养令可要求其父母参加相关培训，学习如何更好地履行作为父母应当承担的责任。在英国如果违反教养令的相关规定，其家长甚至有可能被罚处1000英镑以下的罚款。在美国威斯康星州，2016年发

① 参见《订立〈家庭教育专业人员资格遴聘及培训办法〉》（台参字第0930108458A号），https：//china.findlaw.cn/fagui/p_1/151762.html。
② 孙谦.关于建立中国少年司法制度的思考［J］.国家检察官学院学报，2017（7）：3-18.

布"父母责任"的法规,规定了欺凌者父母的责任,"即父母有 30 天时间教育和纠正孩子,如果父母拒绝合作或者纠正行为无效,父母将面临 366 美元的罚款,情节严重者,则面临 681 美元的罚款"。① 弗吉尼亚州的反欺凌立法对严重欺凌行为的处罚更为严厉,如处一年监禁,并处 2500 美元罚金。② 澳大利亚政府则出台了相关的指导性方案,指导父母应该如何教导子女,多和学校以及孩子沟通。

要加强家风建设,家风是一个人精神成长的源头,良好的家风是无言的教育。习近平指出,家风好,就能家道兴盛、和顺美满;家风差,难免殃及子孙、贻害社会。③家庭是孩子成长的第一所学校,是社会的基本细胞。无论社会怎样发展变化都必须重视家庭建设,注重家教、家风建设。古人云,一家不平何以平天下?身行一例,胜似千言。要加强家风建设,家长要担负起监护职责和家庭教育职责,做子女的模范,形成和谐的父母子女关系和家庭氛围,引导孩子遵守校纪校规,遵守法律法规和社会公共道德规范,培育自尊自律自强意识,增强辨别欺凌和自我保护的能力。一旦发现孩子心理或行为异常,应快速了解情况,及时引导教育,从源头上预防学生欺凌和暴力行为的发生。

7. 营造健康社会文化环境④

人创造环境,同样环境也影响人,社会法治环境优劣对欺凌行为的发生产生重要影响。欺凌的产生,社会亚文化是重要影响因素之一。因此,有效根治欺凌,必须营造健康向上的文化环境。

(1)强化法治文化。要积极引导全社会牢固树立权利意识、规则意识、法律之上意识和公平公正意识,引导公民普遍认同法治基本价值,坚决杜绝有法不依、执法不严、违法不究的现象,为反欺凌营造良好的法治环境。

---

① Fox New Websit. Parents of Bullies Face Fines in Wisconsin School District [EB/OL]. (2016-05-04) [2017-09-21]. http://www.foxnews.com/us /2016/05/04/ parents -bullies-face-fines- in-wisconsin-school-district. html.

② A Watch-dog Organization-Advocating for Bullied Children & Reporting on State Anti Bullying Laws [EB/OL]. (2017-09-21) [2021-07-12]. http://www. bullypolice. org/va_law. html.

③ 中共中央国务院举行春节团拜会 [N]. 人民日报,2015-02-18 (2).

④ 姚建涛. 高校师生法律关系研究 [M]. 北京:中国政法大学出版社,2018:230.

（2）建设理性文化。理性文化是法治文化的重要组成部分，其包含的科学精神、政治观念、思想观念、公民意识、权利义务观念、平等自由观念、多元文化观念等因素对法治文化建设有重要作用。要加强社会文化防控，消除暴力文化的负面影响。相关部门要通力协作、齐抓共管，加大对社会文化活动、影视作品、网络游戏等的管控，尤其是加强对青少年电视节目的分级管理，坚决杜绝暴力文化、亚文化传播。《预防未成年人犯罪法》规定，"各级人民政府及其有关部门、人民检察院、人民法院、共产主义青年团、少年先锋队、妇女联合会、残疾人联合会、关心下一代工作委员会等应当结合实际，组织、举办多种形式的预防未成年人犯罪宣传教育活动"。① 教师应当摒弃唯学业成绩评价学生的做法，"重视对那些扰乱教学秩序、使用烟草和酒精、参与打架斗殴的越轨学生的道德教育，增强教育包容性，以此消除反学校文化和逃离文化滋生的土壤"。② 同时规制校园欺凌事件视频的传播，防止因网络传播等因素导致欺凌事件蔓延，使网络欺凌造成对受害学生的二次伤害。

（3）加强检查监督。一要建立健全权力运行的监督制约机制，加强对欺凌事件惩处的监督检查力度，对于滥用权力、逃避处罚的欺凌案件发挥检察监督作用，坚决惩处，予以纠正，营造良好的欺凌治理法治环境。二要规制媒体介入。舆论是公众的意见和态度。大众传播在反映舆论、形成舆论和引导舆论过程中有很大作用。随着现代传播技术手段的不断发展，这种作用越来越大。但媒体是一把双刃剑，过度的传播会带来负面作用，如果过度强调欺凌负面报道，会扰乱视听。因此需要发挥传播在舆论的形成和引导中的积极功能，减少消极影响。这就需要对其失范行为进行规制。需要尽快制定《新闻法》。新闻法是由国家立法机关制定的管理新闻业的法律，是国家制定的有关新闻工作的法律、法令、条例、决定、规则等法律文件的总称，是新闻活动必须遵守的行为准则。通过制定《新闻法》对媒体监督的范围、对象及内容、监督的程序、方法、主客体的义务和权利进行明确规定。采取新闻立法形式来规范新闻出版等活动是一些国家常有的做法。像法国出台的《出版自由法》（1881 年）是一部内容广泛的（涉及印刷业、

---

① 参见《预防未成年人犯罪法》第 24 条。

② 蔡连玉．"逃离文化"视角下校园欺凌治理研究［J］．中国教育学刊，2016（11）：24．

报刊业、报刊销售业、广告业等）新闻法典。我国宪法规定，公民有言论、集会、结社和出版等自由。但目前没有制定专门的《新闻法》，加强新闻立法，在赋予新闻界以采访、报道、评论等权利的同时，让其承担一定的义务，防止其行为失范，对社会和公民个人造成损害。传媒组织要加强自律，马克思说："道德的基础是人类精神的自律，而宗教的基础则是人类精神的他律。"① 要是实现传媒自律可以像美国、英国、德国、加拿大、日本、瑞典、韩国等建立传媒自律组织。如报业评议会、新闻协会、报业荣誉法庭、报业伦理委员会、民营广播联盟等。传媒组织人员可以由传播界、法律界、学术界等方面的专家学者组成，他们的职责是接受投诉，并对其予以评议、裁决，对媒介提出建议、劝告、警告，或者要求解释、更正、取消、勒令道歉，情节严重者将其开除会籍等。这些措施对传媒发挥了一定的监督约束作用。我国应该借鉴成功经验，尽快建立自律组织。同时，舆论监督应当以理智、严谨、严肃的态度开展，遵守职业道德，遵循适度原则，不夸大、不枝蔓、不偏激，克服"猎奇"心理，避免片面追求"轰动"效应。媒体对某个欺凌事件跟进时，媒体从业人员一定要有自己的客观、全面的调查结论，一定要核实当事人所述的事实，不能不加核实地写入报道中，以免误导舆情。②美国传播学家"传播学之父"施拉姆也认为："新闻并不是绝对的，而是有限制的。控制报刊是法律的任务。"③《宪法》规定了公民的舆论监督权利与义务，事实上，新闻媒体监督权事实上来自于此。因此，新闻媒体应该接受公众监督。

　　文化部门要加大对媒体的监管力度，规制媒体报道，引导媒体对欺凌事件进行正确、客观、适度的报道，既不扩大也不缩小。对媒体的过度报道和传播学生欺凌和暴力事件的现象要严格管理，保护好受害学生个人及其家庭的信息。严格监管发布源头，健全网络审查制度，加强对各媒体、各平台校园欺凌事件报道的真实性和客观性的审查力度，杜绝引导性校园欺凌事件的新闻报道。④ 正如习近

---

① 马克思全集（第2卷）［M］.北京：人民出版社，1995：119.

② 代振华，贾国飚.媒体监督司法的合理性思考［J］.新闻界，2010（1）：78.

③ 威尔伯·施拉姆，等.报刊的四种理论［M］.中国人民大学新闻系，译.北京：新华出版社，1980：57.

④ 李永升，吴卫.校园欺凌的犯罪学理论分析与防控策略：以我国近三年100件网络新闻报道为研究样本［J］.山东大学学报（哲学社会科学版），2019（1）：65.

平指出，要为广大网民特别是青少年营造一个风清气正的网络空间，① 既要让青少年上网，又要过滤掉那些有害的东西。②

　　总之，治理校园欺凌必须对症下药、标本兼治，坚持教育与惩戒相结合的原则，注重事前、事中、事后三个环节，预防为主，强化法治作用，建构常态长效机制，方可有效遏制校园欺凌。

---

　　① 习近平．在网络安全和信息化工作座谈会上的讲话［N］．人民日报，2016-04-26（1）．
　　② 习近平．要从战略高度重视未成年人思想道德建设工作［N］．学习时报，2004-06-21（1）．

结　　语

校园欺凌问题是一个世界性教育难题，治理欺凌需要建构德法结合、多主体协同、多种措施并用的复合治理模式。

从治理结构看，要采取德法结合治理结构。德法并用、以法为主，才能有效实现自律他律结合，实现二者功能互补，相得益彰，也才能有效弥补以往治理模式的短板。从治理主体看，由于校园欺凌是一个复杂的社会问题，因此，治理主体不能单一，需要国家、社会、学校、家庭以及学生本人协同治理。国家提供法律法规及政策支持，条件具备时制定反欺凌专门法，在此之前修改完善相关法律，同时，要建立健全少年司法制度，完善专门学校制度。建立国家反欺凌数据库及相关平台，支持研究机构和高校加大欺凌理论的研究力度，为校园欺凌治理实践提供理论支撑。社会需要高度认知欺凌问题，积极参与学校治理，开展社区教育矫正，开设亲子课堂，优化社会环境。学校要建立健全欺凌防治机制，加大培训力度，提升教师识别、发现、处置欺凌的应对能力。开设相关反欺凌课程，提升学生反欺凌意识。加强青少年法治教育，强化德育教育，涵养其法治思维，提升其道德自觉。家长要转变教育方式方法，提升自身法治意识和道德素养，优化家教家风，积极配合学校参与欺凌防治工作，为孩子的成长营造一个良好氛围。青少年本人要加强学习，掌握基本的法律知识，养成反欺凌意识，培养法治思维，养成法治自觉和道德自觉，正确处理同学关系，健康成长，快乐学习。

本书虽然试图提出一些具有前瞻性的思想和观点，如建构复合治理模式，把学生当成欺凌治理主体而不是客体，等等。但由于积累的资料和理论基础知识不够丰富，实证调查时间、人力，财力投入不够，文章研究的深度不够，实证研究的范围不够广泛，研究内容有待于进一步细化和拓展，尤其是网络欺凌以及低龄化欺凌问题，在今后的工作中笔者还会继续关注，对其予以深化。

　　总之，关于校园欺凌问题的研究是一个跨学科研究的新课题，是一个极富挑战性的难课题，也正因如此，对它的研究就更具动力、压力和较高的期望，但囿于学识和能力，恐难企及，本书虽有志于此，谨冒昧为之。

参 考 文 献

一、中文文献

(一) 著作类

［1］姚建涛．高校师生法律关系研究［M］．北京：中国政法大学出版社，2018．

［2］江必新．领导干部的法治思维与法治方式［M］．北京：中国法制出版社，2014．

［3］俞可平．治理与善治［M］．北京：社会科学文献出版社，2009．

［4］张文新、纪林芹．中小学生的欺负与干预［M］．济南：山东人民出版社，2006．

［5］佟丽华．反校园欺凌手册［M］．北京：少年儿童出版社，2017．

［6］樊浩等．中国伦理道德报告［R］．北京：中国社会科学出版社，2012．

［7］顾军．未成年人犯罪的理论与司法实践［M］．北京：法律出版社，2010．

［8］沈壮海．新时期未成年人思想道德建设概论［M］．武汉：湖北科学技术出版社，2005．

［9］陈正祥．少年法院与社会资源之运用［M］．台湾地区"司法院"刊印，2002．

［10］朱胜群．少年事件处理法新论［M］．台北：三民书局，1976．

［11］姚建龙．青少年犯罪与司法论要［M］．北京：中国政法大学出版社，2014．

［12］翁福元．校园霸凌：学理与实务［M］．台北：台湾高等教育出版社，2013．

［13］孟万金．积极心理健康教育在中国［M］．北京：教育科学出版社，2017．

［14］姚建龙．校园暴力控制研究［M］．上海：复旦大学出版社，2010．

［15］任海涛．为了明天——预防青少年违法犯罪理论与实践［M］．北京：光明日报出版社，2015.

［16］吴立志．恢复性司法基本理念研究［M］．北京：中国政法大学出版社，2012.

［17］侯东亮．中外少年司法模式研究［M］．北京：法律出版社，2014.

［18］黄成荣．学童欺凌研究及对策——以生命教育为取向［M］．香港：花千树出版社，2003.

［19］鞠青．中国工读教育研究报告［M］．北京：中国人民公安大学出版社，2007.

［20］宗春山．少年江湖——校园欺凌的预防和应对［M］．上海：华东师范大学出版社，2018.

［21］基思，沙利文．反欺凌手册［M］．徐维，译．北京：中国致公出版社，2014.

［22］芭芭拉·科卢梭，肖飒．如何应对校园欺凌［M］．上海：华东师范大学出版社，2017.

［23］保罗·塞尔吉奥·皮涅罗．暴力侵害儿童问题世界报告［R］．日内瓦，2006.

［24］南琦．向霸凌 Say No：认识-对付-走出霸凌的校园，暴力防治三部曲［M］．台北：远流出版公司，2011.

［25］罗斯科·庞德．法律与道德［M］．陈林林，译．北京：中国政法大学出版社，2003.

（二）期刊类

［1］姚建涛．校园欺凌治理的重心调适：一种教育法学的思考［J］．河北师范大学学报，2022（3）.

［2］姚建涛．从单一转向复合：校园欺凌治理模式的反思与重构［J］．临沂大学学报，2019（8）.

［3］姚建涛，牟昱凝．青少年法治教育：现实考察与理性回归［J］．社科纵横，2020（3）.

［4］姚建龙. 防治学生欺凌的中国路径：对近期治理校园欺凌政策之评析［J］. 中国青年社会科学，2017（1）.

［5］姚建龙. 校园暴力：一个概念的界定［J］. 中国青年政治学院学报，2008（4）：40.

［6］姚建龙，孙鉴. 从"工读"到"专门"——我国工读教育的困境与出路［J］. 预防青少年犯罪研究，2017（2）.

［7］孙谦，黄河. 少年司法制度论［J］. 法制与社会发展，1998（4）.

［8］康树华. 论青少年立法发展阶段及其趋势［J］. 国外法学，1998（5）.

［9］张文新，谷传华. 儿童欺负问题与人格关系的研究述评［J］. 心理学态，2001，9（3）.

［10］任海涛. 校园欺凌的概念界定及其法律责任［J］. 华东师范大学学报，2017（2）.

［11］任海涛，闻志强. 日本中小学校园欺凌治理经验镜鉴［J］. 复旦教育论坛，2016，14（6）.

［12］黄成荣. 香港学童欺凌行为与全校总动员手法［J］. 预防青少年犯罪研究，2012（7）.

［13］任海涛. 我国校园欺凌法治体系的反思与重构——兼评11部门《加强中小学生欺凌综合治理方案》［J］. 东方法学，2019（1）.

［14］王大伟. 校长如何应对校园欺凌？——基于公安学与教育学视角的综合思考［J］. 中小学管理，2016（8）.

［15］吴会会，姚荣. 校园欺凌的道德引导与法律规制［J］. 中国德育，2017（14）.

［16］杨立新，陶盈. 校园欺凌行为的侵权责任研究［J］. 福建论坛，2013（8）.

［17］但未丽. 从校园暴力到网络暴力：基于数据的观察——以互联网媒体报道的284起校园暴力事件为例［J］. 四川警察学院学报，2018（2）.

［18］吴宗宪. 犯罪亚文化理论概述［J］. 比较法研究，1989（3-4）.

［19］金娣，张远增. 青少年法治教育效果评价的维度、标准及实施［J］. 江西社会科学，2018（3）.

［20］汪蓓. 日本青少年法治教育改革经验及其启示［J］. 学校党建与思想育，

2015（19）.

[21] 李瑾瑜 . 关于师生关系本质的认识 [J]. 教育评论，1998（4）.

[22] 邹泓等 . 中小学生的师生关系与其学校适应 [J]. 心理发展与教育，2007（4）.

[23] 徐淑慧 . 初中生父母依恋对校园欺凌行为的影响及性别和年级差异 [J]. 预防青少年犯罪研究，2019（5）.

[24] 关颖 . 家庭对未成年人犯罪的影响因素分析——基于全国未成年犯调查 [J]. 预防青少年犯罪研究，2012（2）.

[25] 林瑞青 . 青少年学生言语欺凌行为研究 [J]. 天津师范大学学报，2007（3）.

[26] 韦婷婷 . 回顾与反思：国内外校园欺凌研究综述 [J]. 现代教育科学，2018（7）.

[27] 徐玉斌，郭艳艳 . 校园欺凌的原因与对策分析 [J]. 河南教育学院学报（哲学社会科学版），2016（6）.

[28] 吴传毅 . 法治思维的基本向度与运用逻辑 [J]. 党政论坛，2010（1）.

[29] 庞凌 . 作为法治思维的规则思维及其运用 [J]. 法学，2015（8）.

[30] 陈新平，李堃 . 校园欺凌和暴力事件报道的伦理反思 [J]. 新闻战线，2017（6）.

[31] 许明 . 英国中小学校园欺凌现象及其解决对策 [J]. 青年研究，2008（1）.

[32] 许浙景 . UNESCO 确立"反对校园暴力和欺凌国际日" [J]. 世界教育信息，2020（2）.

[33] 黄亮，赵德成 . 中学校园欺凌：现状、后果及其应对策略——基于中国四省（市）与 OECD 国家数据的研究 [J]. 现代教育管理，2018（12）.

[34] 张新民 . 校园欺凌治理的跨学科对话 [J]. 华东师范大学学报，2017（2）.

[35] 王玥 . 心理学视域下校园欺凌的形成机理及对策 [J]. 北京师范大学学报（社会科学版），2019（7）.

[36] 田家龙 . 社会学视角下校园欺凌行动的动因与应对 [J]. 教学与管理，2017（22）.

[37] 李汉学 . 校园欺凌问题检视 [J]. 当代教育论坛，2016（5）.

［38］李琦，田友谊．依法治校视角下校园欺凌现象的审视与防治［J］．教育科学研究，2018（4）．

［39］刘建，闻志强．法治中国建设背景下校园欺凌的法治化防控［J］．教育科学研究，2019（3）．

［40］许锋华，徐洁，黄道主．论校园欺凌的法制化治理［J］．教育研究与实验，2016（6）．

［41］江水长．建立惩治校园欺凌的法律机制［J］．中国德育，2016（6）．

［42］卜卫．从人权角度对校园欺凌和校园暴力的认识［J］．人权，2016（5）．

［43］王静．校园欺凌和校园暴力治理法治化探析［J］．河北工业大学学报，2016（4）．

［44］李婉楠．校园欺凌现象的犯罪学评价及预防路径［J］．重庆交通大学学报（社会科学版），2016（4）．

［45］乔磊．虞犯视角下的校园欺凌防治［J］．江西广播电视大学学报，2017（3）．

［46］王嘉毅，颜晓程，闫红霞．校园欺凌现象的校园伦理分析及建构［J］．中国教育学刊，2017（3）．

［47］李冬．初中生道德推脱对校园欺凌行为的影响［J］．心理月刊，2020，15（6）．

［48］全晓洁，靳玉乐．校园欺凌的"道德推脱"溯源及其改进策略［J］．中国教育学刊，2017（11）．

［49］张茂聪，李玉蛟．校园欺凌惩戒权的理性回归［J］．教育科学研究，2020（1）．

［50］马雪玉，王凌霞，张恒泽．教育感化视角的校园欺凌治理［J］．中学政治教学参考，2017（7）．

［51］苏春景，徐淑慧，杨虎民．家庭教育视角下中小学校园欺凌成因及对策分析［J］．中国教育学刊，2016（11）．

［52］黄思棉，张燕华．国内协同治理理论文献综述［J］．武汉冶金管理干部学院学报，2015（3）．

［53］杨志军．多中心协同治理模式的内涵阐析［J］．四川行政学院学报，2010（4）．

［54］翁士洪．整体性治理及其在非结构化社会问题方面的运用——以西藏林芝地区"希望工程"政策运作为例［J］．甘肃行政学院学报，2009（5）．

［55］赵秉志，金翼翔．CPTED 理论的历史梳理及中外对比［J］．青少年犯罪题，2012（3）．

［56］刘晓农，叶萍．破窗理论与流动人口犯罪控制［J］．河南社会科学，2013（4）．

［57］魏叶美，范国睿．社会学理论视域下的校园欺凌现象分析［J］．教育科学研究，2016（2）．

［58］杨廷乾，接园等．加拿大安大略省校园预防欺凌计划研究［J］．比较教育研究，2016（4）．

［59］韦婷婷．回顾与反思：国内外校园欺凌研究综述［J］．现代教育科学，2018（7）．

［60］胡春光．校园欺凌行为：意涵、成因及其防治策略［J］．教育研究与实验，2017（1）．

［61］余雅风，王祈然．科学界定校园欺凌行为：对校园欺凌定义的再反思［J］．教育科学研究，2020（2）．

［62］马雷军．让每个学生都安全：校园欺凌相关问题及对策研究［J］．中小学管理，2016（8）．

［63］王光明等．高中生数学素养的操作定义［J］．课程·教材·教法，2016（7）．

［64］李永升，吴卫．校园欺凌的犯罪学理论分析与防控策略：以我国近三年100件网络新闻报道为研究样本［J］．山东大学学报（哲学社会科学版），2019（1）．

［65］李爱．青少年校园欺凌现象探析［J］．教学与管理，2016（1）．

［66］孟月海，朱莉琪．网络欺负及传统欺负：综述［J］．中国心理卫生杂志，2010（11）．

［67］陈世平．小学儿童欺负行为与个性特点和心理问题倾向的关系［J］．心理学探新，2003，23（1）．

［68］薛二勇等．家庭教育立法：回溯与前瞻［J］．北京师范大学学报，2019（6）．

［69］蔡迎旗，胡马琳．从家规到国法：论我国家庭教育立法的现实诉求与责任分担［J］．当代教育论坛，2020（4）．

［70］徐玉斌，郭艳艳．校园欺凌的原因与对策分析［J］．河南教育学院学报（哲学社会科学版），2016（6）．

［71］茹福霞，黄鹏．中学生校园欺凌行为特征及影响因素的研究进展［J］．南昌大学学报，2019，59（6）．

［72］于阳，史晓前．校园霸凌的行为特征与社会预防对策研究——基于50起校园霸凌典型事例分析［J］．青少年犯罪问题，2019（5）．

［73］顾彬彬，黄向阳．校园欺凌的真相——基于学龄儿童健康行为国际调查报告的分析［J］．教育发展研究，2017（20）．

［74］宋雁慧．网络时代女生暴力的理论分析［J］．中国青年研究，2016（12）．

［75］陶建国．瑞典校园欺凌立法及其启示［J］．江苏教育研究，2015（12）．

［76］许明．英国中小学校园欺凌现象及其解决对策［J］．青年研究，2008（1）．

［77］黄河．校园欺凌的归类分析及反欺凌预防方案研究［J］．预防青少年犯罪研究，2017（6）．

［78］叶徐生．再谈"欺凌"概念［J］．教育科学研究，2016（9）．

［79］徐久生，徐隽颖．"校园暴力"与"校园欺凌"概念重塑［J］．青少年犯罪问题，2018（6）．

［80］陈轩禹．校园欺凌中不同角色及多主体分别欺凌的侵权问题［J］．少年儿童研究，2020（6）．

［81］王嘉毅等．校园欺凌现象的校园伦理分析及建构［J］．中国教育学刊，2017（3）．

［82］杨岭，毕宪顺．中小学校园欺凌的社会防治策略［J］．中国教育学刊，2016（11）．

［83］宋雁慧．国家治理视角下的校园暴力防治研究［J］．中国青年社会学，2017（1）．

［84］陈道湧等．家庭环境与社区青少年暴力攻击行为的关系及影响因素分析［J］．现代预防医学，2011（14）．

［85］曾晓强．国外道德认同研究进展［J］．心理研究，2011（4）．

[86] 李积鹏，韩仁生．家庭教养方式对儿童道德发展的影响及家庭德育策略 [J]．现代教育科学，2017（8）．

[87] 段乔雨．新生代农村留守儿童家庭教育的困境及其突围 [J]．现代教育科学，2017（12）．

[88] 李勐等．罪错青少年法制教育现状与完善 [J]．中国青年政治学院学报，2014（6）．

[89] 邹红军，柳海民．基于社会控制论的校园欺凌现象初探 [J]．教育理论与实践，2017（22）．

[90] 杨梨．文化生产与预防欺凌：基于一个社会工作服务项目的案例研究 [J]．社会工作，2020（1）．

[91] 王笑妍．校园暴力及其心理干预探析 [J]．中小学心理健康教育，2013（8）．

[92] 杨垠红，裴静．中小学校在校园欺凌事件中的安全保障义务及其民事责任 [J]．福建师范大学学报，2017（6）．

[93] 吴芝仪．他山之石：先进国家学校辅导工作比较和省思 [J]．现代教育论坛（台湾），2006（15）．

[94] 王嘉毅等．校园欺凌现象的校园伦理分析及建构 [J]．中国教育学刊，2017（3）．

[95] 张路．教育"软暴力"与未成年人的违法犯罪——以福建省未成年犯和劳动教养人员为例 [J]．现代教育科学，2010（20）．

[96] 赵炎．道的居持与充实——船山对正心、诚意关系的一个解读 [J]．中国哲学史，2011（4）．

[97] 屈书杰．英国校园欺凌综合治理体系及其对中国的启示 [J]．河北大学学报（哲学社会科学版），2018（1）．

[98] 刘长海．英国中小学生管理新规解读 [J]．比较教育研究，2015（3）．

[99] 胡学亮．中小学校园欺凌高发原因与对策分析 [J]．中国教育学刊，2018（1）．

[100] 张宝书．英国中小学反校园欺凌政生探析 [J]．比较教育研究，2016（11）．

［101］徐晶晶．校园欺凌治理的跨学科对话［J］．上海教育，2016（36）．

［102］管奇刚．我国工读教育未来发展路径选择探究［J］．青少年犯罪问题，2018（3）．

［103］周冰馨，唐智彬．防治校园欺凌的国际经验及其启示［J］．外国中小学教育，2017（3）．

［104］丁英顺．日本是如何应对校园欺凌的［J］．世界知识，2017（2）．

［105］陈立鹏，张靖慧．澳大利亚民族教育立法研究及启示［J］．民族教育研究，2011（3）．

［106］董轩，张先航．打造安全共同体：澳大利亚校园欺凌预防机制研究［J］．教育发展研究，2017（20）．

［107］吕君，韩大东．韩国青少年校园暴力情况及相关政策［J］．当代青年研究，2016（5）．

［108］易谨．韩国儿童保护法律制度的特色与启示［J］．中国社会科学，2018（3）．

［109］凌磊．政府、学校、社会共同参与：韩国应对校园暴力策略研究［J］．比较教育研究，2019（10）．

［110］吕君．韩国"以学校现场为中心"校园暴力应对政策述评［J］．比较教育研究，2016（1）．

［111］陶建国．韩国校园暴力立法及对策研究［J］．比较教育研究，2015（3）．

［112］陈晓慧．韩国：法律先行，全员重视［J］．人民教育，2016（11）．

［113］许育典．校园霸凌的法律分析［J］．月旦法学杂志，2011（192）．

［114］吕君．韩国《"以学校现场为中心"校园暴力应对政策》述评［J］．比较教育研究，2016（1）．

［115］周羚敏．台湾地区校园霸凌的处理机制与经验［J］．吉林公安高等专科学校学报，2011（5）．

［116］张子豪．"校园霸凌"防治路径探索［J］．学校党建与思想教育，2018（5）．

［117］王丙辰．乡村小学儿童缺席的原因及补救办法［J］．教育杂志，1937（6）．

［118］赵廷为. 小学校里的训育标语［J］. 教育杂志, 1928（6）.

［119］吴守谦, 吴鼎, 朱智贤等. 对于全国儿童年实施委员会提倡小学废止体罚的我见［J］. 教育杂志, 1935（12）.

［120］李婉楠. 校园欺凌现象的犯罪学评价及预防路径［J］. 重庆交通大学学报（社会科学版）, 2016（4）.

［121］李英姿. 校园霸凌事件处置历程与困境之案例分析［J］. 青少年犯罪防治研究期刊, 2018（2）.

［122］黄成荣等. 香港学童欺凌行为与全校总动员手法［J］. 预防青少年犯罪研究, 2012（7）.

［123］蔡连玉."逃离文化"视角下校园欺凌治理研究［J］. 中国教育学刊, 2016（11）.

［124］尹毅, 葛蓝. 赋权·增能·法治：校园欺凌治理的理想图景［J］. 常州大学学报, 2020, 21（5）.

［125］刘杨, 李高峰. 新西兰中小学反欺凌行动探析［J］. 比较教育研究, 2019, 41（10）.

［126］赵亭亭. 我国校园欺凌问题的现状、成因及防治：基于两次校园欺凌论坛的会议综述［J］. 当代青年研究, 2018（6）.

［127］罗迪先, 黄紫轩. 小学训育上几个实际问题的处理［J］. 教育杂志, 1929（6）.

［128］边玉芳等. 充分重视家庭对儿童心理发展的重要作用［J］. 北京师范大学学报（社会科学版）, 2016（5）.

［129］杨文杰, 国睿. 美国中小学校园安全治理审思［J］. 全球教育展望, 2019, 4（8）.

［130］龙思帆. 法国：校园欺凌或将入罪［J］. 人民教育, 2022（2）.

［131］骆风, 翁福元. 我国台湾地区家庭教育政策法规及其对大陆的启示［J］. 学术研究, 2017（5）.

［132］刘昶. 德国少年刑事司法体系评介［J］. 青少年犯罪问题, 2016（6）.

［133］宋洨沙译. 法兰西共和国少年犯罪法令［J］. 国家检察官学院学报, 2011（6）.

［134］胡羽，王义嫔．机制帮助少年犯走上自新之路——北京市门头沟区人民法院创新机制加强少年审判工作［J］．中国审判，2018（10）．

［135］马康．宽严相济刑事政策在未成年人司法中的再审视——以人身危险性为视角［J］．中国石油大学学报（社会科学版），2017（6）．

［136］张以瑾，孙梦捷，孙谦等．展望教育高质量发展新征程——大数据透视2021全国两会教育热点［J］．中国民族教育，2021（4）．

［137］田辉．解读日本家庭教育支援政策［J］．中国德育，2017（13）．

［138］张以瑾，孙梦捷，孙谦等．展望教育高质量发展新征程——大数据透视2021全国两会教育热点［J］．中国民族教育，2021（4）．

［139］李茂生．日本少年法制之理论与实践［J］．台大法学论丛，1992（2）．

［140］刘灿华．德国、日本少年司法制度的变迁及启示［J］．时代法学，2011（12）．

［141］张文显，李光宇．司法：法律效果与社会效果的衡平分析［J］．社会科学战线，2011（7）．

［142］姚建龙．儿童友好型司法的理念与实践——以欧盟国家为例的初步研究［J］．中国青年社会科学，2019（1）．

［143］戈德贝克·洛·卡米拉．瑞典少年司法制度概述（上）［J］．青少年犯罪问题，2012（1）．

［144］张知博．从"教罚并重"到"保护优先"——论台湾地区少年司法理念的转变［J］．山西师大学报（社会科学版），2016（4）．

［145］刘用军．少年司法制度比较与启示［J］．公民与法（法学版），2011（7）．

［146］贾宇．未成年人社区矫正制度研究［J］．人民检察，2011（5）．

［147］吴纪树，马莹莹．英美法的未成年人侵权责任承担规则［J］．学理论，2013（22）．

［148］江雯斐，张赛清．试论公民法治信仰培育的实现途径［J］．江西师范大学学报（哲学社会科学版），2019（5）．

［149］胡建淼．法治思维的定性及基本内容——兼论从传统思维走向法治思维［J］．国家行政学院学报，2015（6）．

［150］许晓童．从法制教育到法治教育的历史意蕴及实践策略［J］．教育评论，

2017（4）.

［151］柯卫．法治与法治意识［J］．山东社会科学，2007（4）.

［152］吴传毅．法治思维的基本向度与运用逻辑［J］．党政论坛，2010（1）.

［153］张良等．初中生学习成绩对外化问题、抑郁症状的影响：意志控制的作用
［J］．中国临床心理学杂志，2018（2）.

［154］单佳楠．校园欺凌系列心理课程的构建［J］．中小学心理健康教育，2018
（36）.

［155］胡春光．美国纽约市校园欺凌行为处理方式及其治理启示［J］．江汉大学
学报，2018（10）.

［156］杨彬如．乡村小学训育方面之改进［J］．教育杂志，1926（12）.

［157］杨廷乾，接园，高文涛．加拿大安大略省校园预防欺凌计划研究［J］．比
较教育研究，2016，38（4）.

［158］田辉．解读日本家庭教育支援政策［J］．中国德育，2017（13）.

［159］朱宁宁．惩治"校园欺凌"：从国家层面立法［J］．中国人大，2018
（13）.

［160］黄明涛．国外校园欺凌立法治理体系：现状、特点与借鉴——基于七个发
达国家的比较分析［J］．宁夏社会科学，2017（11）.

［161］刘向宁．我国校园欺凌防治机制的构建与完善——兼评《加强中小学生
欺凌综合治理方案》［J］．预防青少年犯罪研究，2018（3）.

［162］蒋娜．未成年人刑法焦点问题之中英刑法比较——以《儿童权利公约》
的执行为切入点［J］．刑法论丛，2010（1）.

［163］高晓霞．日本校园欺凌的社会问题化成因、治理及其启示［J］．南京师范
大学学报（社会科学版），2017（4）.

［164］刘建．我国中小学生欺凌行为及其治理［J］．南京师范大学学报，2017
（1）.

［165］王德伟．对校园欺凌现象的教育反思［J］．基础教育研究，2015（9）.

［166］新加坡．纪律当头，对校园暴力零容忍［J］．人民教育，2016（11）.

［167］郭俊俏，赵必华．教师支持对4~9年级学生遭受校园欺凌的影响：学校
归属感的中介作用［J］．中国特殊教育，2019（1）.

［168］［美］巴巴拉·M. 纽曼. 社交媒体影响青少年同伴关系：友谊、孤独感和归属感［J］. 中国青年研究，2014（2）.

［169］闵籍，何宁. 中学生自恋与同伴关系的研究：自尊的中介作用［J］. 中国健康心理学杂志，2015，23（5）.

［170］池铭. 我国司法实务中亲职教育实行现状及强制亲职教育制度构建探析［J］. 法制与社会，2019（36）.

（三）报纸网络文章

［1］习近平. 在会见第一届全国文明家庭代表时的讲话［N］. 人民日报，2016-12-16（2）.

［2］习近平. 决胜全面建成小康社会 夺取新时代中国特色社会主义伟大胜利［N］. 人民日报，2017-10-28（1）.

［3］习近平在全国高校思想政治工作会议上强调把思想政治工作贯穿教育教学全过程开创我国高等教育事业发展新局面［N］. 人民日报，2016-12-09（1）.

［4］关于进一步把社会主义核心价值观融入法治建设的指导意见［N］. 人民日报，2016-12-26（1）.

［5］朱永新. 法治观念要从娃娃抓起［N］. 人民日报，2014-10-31（1）.

［6］周佑勇. 习近平法治思想的立场观点方法［N］. 中国社会科学报，2020-11-23（3）.

［7］田辉. 日本多管齐下治理校园欺凌［N］. 光明日报，2017-04-05（15）.

［8］管弦士. 治理校园欺凌的一个现实问题［N］. 广西日报，2021-04-09（2）.

［9］最高人民法院关于校园暴力案件的调研报告［N］. 人民法院报，2016-06-02（2）.

［10］卢焕雄. 治理校园欺凌还要靠法律［N］. 法制日报，2018-10-10（2）.

［11］专家谈校园欺凌. 被欺凌者若缺乏及时疏导，易转为欺凌者［N］. 新京报，2020-05-31（4）.

［12］刘晓. 各界携手对校园欺凌说"不"［N］. 中国青年报，2020-06-29（8）.

［13］王卫东. 有多少校园欺凌不该发生［N］. 光明日报，2016-12-15（2）.

［14］李亚兰. 建议对校园霸凌单独立法细化惩治标准［N］. 人民日报，2020-

05-21（1）.

［15］陈小英．校园欺凌事件频发大量个案被"内部消化处理"［N］．法制日报，2015-07-13（1）.

［16］陈偲，陆继锋．美国如何应对校园欺凌［N］．学习时报，2015-10-15（2）.

［17］张建升．恢复性司法：刑事司法新概念——访中国社会科学院法学所副研究员刘仁文［N］．人民检察，2004（2）.

［18］习近平在中共中央政治局第三十七次集体学习时强调：坚持依法治国和以德治国相结合推进国家治理体系和治理能力现代化［N］．人民日报，2016-12-11（1）.

［19］进一步彰显法律法规的社会主义核心价值观导向［N］．人民日报，2018-05-08（1）.

［20］习近平．动员社会各界广泛参与家庭文明建设 推动形成社会主义家庭文明新风尚［N］．人民日报，2016-12-13（1）.

［21］骆惠华．为了孩子幸福为了国家未来——人民法院少年法庭工作辉煌30年回顾［N］．人民法院报，2014-11-25（1）.

［22］中共中央关于深化文化体制改革推动社会社会主义文化大发展大繁荣若干重大问题的决定［N］．人民日报，2011-10-26（4）.

［23］习近平．做党和人民满意的好老师——同北京师范大学师生代表座谈时的讲话［N］．人民日报，2014-09-10（2）.

［24］胡锦涛在庆祝清华大学建校100周年大会上的讲话［N］．中国教育报，2011-04-25（3）.

［25］余雅枫．防治校园欺凌和暴力，要抓住哪些关键点［N］．人民论坛，2017-01-15（1）.

［26］范伟，祁占勇，李清煜．家庭教育指导服务模式：国际经验与启示［N］．中国社会科学报，2022-05-06（4）.

［27］习近平．在网络安全和信息化工作座谈会上的讲话［N］．人民日报，2016-04-26（1）.

［28］习近平．要从战略高度重视未成年人思想道德建设工作［N］．学习时报，2004-06-21（1）.

［29］唐丽娜，王卫东．青青校园，为何欺凌一再上演［N］．光明日报，2019-11-19（14）．

［30］党小学．降低刑事责任年龄应对"熊孩子"？［N］．检察日报，2015-07-01（5）．

［31］张云．中国校园欺凌调查报告：语言欺凌是主要形式［EB/OL］．（2017-05-21）［2020-12-13］．http：//www. chlna. com. cn/education/2017/25/21/content-40858249. htm.

［32］联合国报告．全球每年有2.46亿儿童遭受校园霸凌［EB/OL］．（2017-01-17）［2021-12-01］．https：//news. un. org/zh/story/2017/01/269362.

［33］联合国教科文组织．数字背后：终结校园暴力与欺凌［EB/OL］．（2019-01-22）［2021-12-01］．https：//unesdoc. Unesco. org/ark：/48223/pf000366483.

［34］联合国大会第七十三届会议第三委员会议程项目．保护儿童免遭欺凌［EB/OL］．（2018-03-12）［2020-11-13］．https：//www. un. org/zh/documents/view_doc. aspsymbol＝A/RES/73/154.

［35］中华人民共和国中央人民政府．李克强：校园应是最阳光、最安全的地方［EB/OL］．（2016-12-12）［2020-03-19］．http：//www. gov. cn/xinwen/2016-12/12/content5146858. htm.

［36］教育部长袁贵仁谈校园暴力现在最大的压力是安全问题［EB/OL］．（2016-03-09）［2020-10-20］．www. guancha. cn/politics/2016_03_09_353369. shtml.

［37］共青团中央维护青少年权益部．中国互联网络信息中心：2019年全国未成年人互联网使用情况研究报告［EB/OL］．（2020-05-13）［2021-01-06］．http：//www. cac. gov. cn/2020-05/13/c _ 2020-05/130c _ 1590919071365700. htm.

［38］治理校园欺凌需预防与惩治并举［EB/OL］．（2018-03-24）［2021-01-15］．http：//news. ifeng. com/a/20n0510/51070362_0. shtml，2018-03-24.

［39］2020年最高人民法院工作报告［EB/OL］．（2020-05-25）［2021-12-01］．http//www. xinhuanet. com/politics/2020-06/01/c-1126059430. htm？baike.

［40］最高人民检察院．未成年人检察工作白皮书（2020）［EB/OL］．（2021-06-01）［2021-12-02］．http：//www. Spp. gov. cn/spp/xwfbh/wsfbt/202106/

t20210601_519930. shtm1#2.

［41］杨伟东．推进法治中国建设［EB/OL］.（2014-06-13）［2020-12-23］.
http：//news. xinhuanet. com/politics/.

［42］李步云．法治国家的十条标准［EB/OL］.（2015-07-06）［2021-03-15］.
http：//www. chinalaw. org. cn.

［43］张翼．破解校园暴力之殇［EB/OL］.（2015-07-27）［2016-03-09］. http：//
zqb. cyol. com/html/2015-07/27/ nw. D110000zgqnb_20150727_1-02. htm.

［44］教育部等十一部门联合印发《加强中小学生欺凌综合治理方案》［EB/
OL］.（2017-12-28）［2020-10-27］. http：//www. gov. cn/xinwen/2017-12/
28/content_5251115. htm，2020-05-10.

［45］市教委等十一部门关于印发天津市加强中小学生欺凌综合治理方案的通知
［EB/OL］.（2018-01-25）［2021-01-18］. http：//gk. ti. gov. cn/gkml/
000125225/201809/t20180925-80170. shtml.

［46］霸凌类型有哪些［EB/OL］. http：//csrc. edu. tw/bully/issue. asp#10.

［47］中国青少年互联网使用及网络安全情况调研报告公布［EB/OL］.（2018-
05-31）［2020-10-19］. http：//tech. cnr. cn/techgd/20180531/t20180531_
524253869. shtml.

［48］中国校园欺凌调查报告：语言欺凌是主要形式［EB/OL］.（2017-05-21）
［2018-03-24］. http：//society. people. com. cn/n1/2017/0521/c1008-20289025.
htmi5. 2018-3-24.

［49］孙汝铭，王亦君．北京一中院发布《未成年人权益保护创新发展白皮书》：
校外培训机构人员侵害未成年人权益犯罪明显增加［EB/OL］.（2019-08-
09）［2020-11-01］. http：//jw. beijing. gov. cn/jyzx/ztzl/bjjypf/fzzx/fzyw/
201908 /t20190813_536859. html.

［50］美国反校园欺凌组织网站：美国新泽西州校园欺凌法［EB/OL］. http：//
www. bullypolice. org/.

［51］最高人民法院关于校园暴力案件调研报告［EB/OL］.（2017-09-24）［2020-
03-18］. http：//www. court. gov. cn/zixun-xiangqing-21681. html.

［52］校园暴力司法大数据揭示了什么［EB/OL］.（2010-09-14）［2020-11-12］.

https：//www. chinacourt. org/article/detail/2018/09/id/3488146. shtml.

［53］ 最高人民法院发布保护未成年人权益十大优秀例［EB/OL］.（2021-04-06）［2021-08-07］. https：//www. pkulaw. com/pfnl/.

［54］ 面对校园霸凌 我们还有多少不知道［EB/OL］.（2018-03-24）［2020-04-13］. http：//mp. weixin. qq. eom/s/MJaq＿eWdBNt912RFnnc5Gg，2018-03-24.

［55］ 报告精读丨教育蓝皮书：中国教育发展报告（2017）［EB/OL］.（2017-04-23）［2018-03-24］. http：//www. ssap. com. en/c/2017-04-23/1053429. shtml.

［56］ 山东省人民检察院2015年度检察机关加强未成年人司法保护典型案（事）例：神秘的"红玫瑰"［EB/OL］.（2015-04-18）［2020-11-17］. http：//www. sdjcy. gov. cn/htm1/2015/aĵj_004/13890_html.

［57］ 国务院教育督导委员会办公室关于开展校园欺凌专项治理的通知［EB/OL］.（2016-05-09）［2020-11-28］. http：//www. gov. cn/xinwen/2016-05/09/content_5081203. htm.

［58］ 十二届全国人大五次会议举行记者会 陈宝生就"教育改革发展"答记者问［EB/OL］.（2017-03-13）［2020-05-10］. http：//www. moe. gov. cn/jyb_xwfb/gzdt_gzdt/moe_1485/201703/t20170313_299293. html.

［59］ 少女遭多名男女围殴，息事宁人就是对恶行的纵容［EB/OL］. https：//baijiahao. baidu. com/s? id=1613910430046369902&wfr=spider&for=pc.

［60］ 《我国中小学校园欺凌形势调研报告》发布［EB/OL］.（2018-07-09）［2020-05-10］. http：//www. nwccw. gov. cn/2018-07/09/content＿213835. htm.

［61］ 校园欺凌，岂是简单"闹着玩儿"！［EB/OL］.（2019-11-15）［2021-03-08］. http：//news. cctv. com/2019/11/15/ARTIAPfAuXWqoQaYGSWuaVd6191115. shtml，2021-3-8.

［62］ 张春莉. 黄绮委员：校园欺凌的预防和处置呼唤［EB/OL］.（2019-03-01）［2020-12-01］. http：www. mizxb，com. cn/c/2019-03-01/2296639. shml2019-03001.

［63］ 北京5名中学生因逼同学厕所里拾粪便被拘留，但不执行处罚［EB/OL］.

（2018-03-24）［2020-11-14］. https：//mp. weixin. qq. com/s/Uh39JO80G2 exwEcFW0nq6A.

［64］ 陈伊纯. 首部社区矫正法今天实施！它将如何保障社矫对象的权益？［EB/ OL］.（2020-07-02）［2020-11-10］. https：// www. thepaper. cn / news Detail_ forward_ 8083629.

［65］ 各级学校防制校园霸凌执行计划［EB/OL］.（2016-10-13）［2020-03-18］. https：//csrc. edu. tw/bully/rule_view. asp？Sno=1608，2016.

［66］ 人权和公民权宣言（1789 年 8 月 26 日）［EB/OL］.（2007-03-31）［2022- 01-11］. http：//www. yihuiyanjiu. org/yhyj_readnews. aspx？id = 2240&cols = 1313.

［67］ 民政部设立未成年人（留守儿童）保护处［EB/OL］.（2016-02-27）［2020- 04-11］. http：//www. gov. cn /xinwen /2016-02 /27 / content_ 5046905. htm.

［68］ 全国独立未检机构达 298 个［EB/OL］.（2012-05-24）［2020-04-29］. http：//mbd. baidu. com/ma/s/85Exb0Jf.

［69］ 史兆琨. 最高检办理代表加强未检工作队伍专业化建设建议纪实［EB/ OL］.（2017-03-10）［2018-01-10］. http：//news. jcrb. com/jszx/201703/ t20170310-1727134html.

［70］ 戴秀英委员. 建议完善我国少年法庭制度 细化"以教代刑"措施［EB/ OL］.（2020-05-24）［2021-07-11］. http：//big5. china. com. cn/gate/big5/ cppcc. china. com. cn/2020-05-24/content_76084382. htm.

［71］ 习近平. 坚持依法治国和以德治国相结合［EB/OL］.（2016-12-10）［2021- 12-15］. http：//www. xinhuanet. com/politics/2016.

［72］ 习近平. 坚持中国特色社会主义教育发展道路，培养德智体美劳全面发展 的社会主义建设者和接班人［EB/OL］.（2018-09-10）［2020-07-09］. http：//politics. people. com. cn/n1/2018/0910/c1024-30284579. html.

［73］ 加强和改进高校青年教师思想政治工作 16 条意见出台［EB/OL］.（2013- 05-28）［2020-04-22］. http：//cpc. people. Cn/n/2013/0528/ c164113- 21645326. html.

二、英文文献

［1］ Caprara G V, Tisak M S, Alessandri G. The Contribution of Moral Disengagement in mediatingindividual Tendencies toward Aggression and Violence ［J］. Developmental Psychology, 2014 (1).

［2］ Yang J, Wang X, Lei L. Perceived School Climate and Adolescents' Bullying Perpetration: A Moderated Mediation Model of Moral Disengagement and Peers' Defending ［J］. Children and YouthServices Review, 2020 (109).

［3］ Bradshaw, C. P. Translating Research to Practice in Bullying Prevention ［J］. American Psychologist , 2015 (7).

［4］ John M. Bryson, Barbara C. Ccrosby, Melissa Middleton Stone. The Design and Implementation of Cross-Sector Collaborations: Propositions Formthe Literature ［J］. Public Administration Review, 2006 (66).

［5］ C. Ansell, A. Gash. Collaborative Governance in Theory and Practice ［J］. Journal of Public Administration Research and Theory, 2007 (5).

［6］ James Q. Wilson and George L. Kelling. Broken Windows: The Police and Neighborhood Safety ［J］. Atlantic Monthly, 1982, 249 (3).

［7］ David P. Farrington, Maria M. Ttofi. Reducing School Bullying: Evidence-Based Implicationsfor Policy ［J］. Prospects, 2009, 38 (1).

［8］ Burk, F. L . Teasing and Bullying ［J］. Journal of Genetic Psychology, 2012 (3).

［9］ Heinemann, P. P. Mobbning: Gruppvald blant barn ogvokane (bullying: Group Violence among Children and Adults ［M］. Stockholm: Naturoch Kultur, 1973.

［10］ Salmivalli C. Participant Role Approach to School Bullying: Implications for interventions ［J］. Journal of Adolescence, 1999, 22 (4).

［11］ RIGBY K. New Perspectives on Bullying ［M］. London: Jessica Kingsey, 2002: 51.

［12］ Brian Noland. Effects of the KiVa Anti-Bullying Program on Adolescents' Perception of Peers, Depression, and Anxiety ［D］. Lawrence: University of

Kansas, 2011.

[13] DanOlweus, LimberS P. Bullying in School; Bullying: Evaluation and Dissemination of the Olweus Bullying Prevention Programf [J]. Awericcan Journal of orthopsychiatry, 2010 (1).

[14] Olweus, D. The Revised Olweus Bully/Victim Questionnaire. [R] Research Center for HealthPromotion (HEMIL Center), Norway: University of Bergen, 1996.

[15] Slee, P. T. & Rigby, K. The Relationship of Eysenck's Personality Factors and Self-Esteem to Bully/Victim Behaviour in Australian School Boys [J]. Personality and IndividualDifferences, 1993 (14).

[16] Kumpulainen, K. Rasanen, E. Henttonen, I. Almqvist, F. Kresanov, K. Linna, S. L. Moilanen, I. Piha, J. Tamminen, T. & Puura, K. Bullying and Psychiatric Symp-toms among Elementary School-age Children [J]. Child Abuse and Neglect, 1998 (22).

[17] Pepler, D. Craig, W. M. O'Connell, P. Peer Processes in Bullying: Informing Prevention and In-terventionStrategies [M] //Jimerson, S. R. Swearer, S. M. Espelage, D. L. (Eds) . Handbook of Bullyingin Schools: An International Perspective. New York: Routledge, 2010.

[18] Salmivalli, C. Bullying and the Peer Group: A Review [J]. Aggression and Violent Behavior, 2010, 15 (2).

[19] Smith P K, Morita Yjunger-tas J, et al. The Nature of School? Bullying: A Ccross_ntional Perspec -tive [M]. London: Routledge, 1999.

[20] Smith, P. K. & Slonje, R. Cyberbullying: The Nature and Extent of a New Kind of Bullying Inandout of School [M] //S. Jimerson, S. Swearer&D. Espelage (Eds), Handbook of Bullying in Schools. New York, NY: Routledge, 2010.

[21] Hawker D. Twenty Years Research on Peer Victimization and Phychosocial Malad Justment [J]. Journal of child Psychology and Psychiatry, 2000 (41).

[22] Olweus, D. Bullying at School: Prevalence Estimation, a Useful Evaluation Design, and a Newnational Initiative in Norway [J]. Association for Child

Psychology and Psychiatry OccasionalPaper, 2004 (23).

[23] Ttofi, M. M. & Farrington, D. P. Risk and Protective Factors, Longitudinal Research, and Bullying Prevention [J]. New Directions for Youth Development, 2012 (133).

[24] Centersfor Disease Control and Prevention. Youth Risk Behavior Surveillance. Surveillance Summaries. Morbidity and Mortality Weekly [R]. United States, 2009.

[25] Kirsti Kum Pulainen. Bulliny and Psychiatric Symptoms among Elemental School-age Children [J]. ChildAbuse&Neglect, 1998, 22 (7).

[26] Shari Kessel Schneider. Cyberbullying, School Bullying, and Psychological Disteess: A Refional Census of High School Students [J]. American Journal of Public Health, 2012 (1).

[27] Ttofi, M. M. & Farrington, D. P. Risk and Protective Factors, Longitudinal Research, and Bullying Prevention [J]. New Directions for Youth Development, 2012 (133).

[28] WHO. Global Consultation on Violence and Health. Violence: A Public Health Priority [J]. Geneva, World Health Organization, 1996.

[29] School Violence and Bullying-global Status Report [EB/OL]. http: //unesdoc. unesco. org/images/0024/002469/246970e. pdfi2018-03-24.

[30] Bennett L R. Adolescent Depression: Meeting Therapeutic Challenges through an Integrated Narrative Approach [J]. Child Adolescent Psychiatry Nurse, 2012, 25 (4).

[31] Björkqvist, K. Ekman, K. & Lagerspetz, K. Bullies and Victims: Their Ego Picture, Idealego Picture and Normative Ego Picture [J]. Scandinavian Journal of Psychology, 1982 (23).

[32] Goldsmid, S, Howie, P. Bullying by Definition: An Examination of Definitional Components of Bullying [J]. Emotional and Behavioral Difficulties, 2014, 19 (2).

[33] Federlekh. Children and the Law: An Interdisciplinary Approach with Cases, Materials and Comments [M]. New York: Oxford University Press, 2012.

[34] Olweus D. Bully/Victim Problems among School Children: Basic Facts and Effects of a School Based Intervention Program [J]. Debra J Pepler & Kenneth, 1991.

[35] Kochanska G, Aksan N. Development of Mutual Responsiveness between Parents and Their Young Children [J]. Child Dev, 2004, 75 (6).

[36] Garbarino, J. An Ecological Perspective on the Effects of Violence on Children [J]. Journal of Community Psychology, 2001 (3).

[37] Doll, B. Song, S&Siemers, E. Bullying in American Schools: Asocio-ecological Perspective on Prevention and Intervention [M]. NJ: Lawrence Erlbaum Associates, 2004.

[38] Sentse M veenstra. A Longitudinal Multievel Study of Individual Characteristics and Classroom Norms in Explaining Bullying Behaviors [J]. Journal of Abnormal child psychology, 2015 (43).

[39] Salmivalli, C. Lagerspetz, K., Bjorkqvist, K. Osterman, K. & Kaukianen, A. Bullying as a Groupprocess: Participant Roles and Their Relations to Social Status within the group [J]. AggressiveBehavior, 1996 (22).

[40] Cillessen, A. & Borch, C. Developmental Trajectories of Adolescent Popularity: A Growth Curvemodeling Analysis [J]. Journal of Adolescence, 2006 (29).

[41] Batsche, G. M. &Knoff, H. M. Bullies and Their Victims: Understanding a Pervasive Problemin the Schools [J]. School Psychology Review, 1994 (23).

[42] Rhee, S. H. &Waldman, I. D. Genetic and Environmental Influences on Antisocial Behaviour: Ameta-analysis of Twin and Adoption Studies [J]. Psycho-logical Bulletin, 2002 (128).

[43] Miklos Z. Molnar, Vanessa Ravel, Csaba P. Kovesdy, Matthew B. Rivara, Rajnish Mehrotra, Kamyar Kalantar-Zadeh. Survival of Elderly Adults Undergoing Incident Home Hemodialysis and Kidney Transplantation [J]. Journal of the American Geriatrics Society, 2016, 64 (10).

［44］ Loeber R, Dishion T J. Boys Who Fight at Home and School: Family Conditions Influencing Cross-setting Consistency ［J］. Journal of Consulting & Clinical Psychology, 1984, 52 (5).

［45］ Whelan Y. Early Experiences of Harsh Parenting, Irritable Opposition and Bullying Victimization: A Moderated Indirect Effects Analysis ［J］. Merrill-PalmerQuarterly, 2014, 60 (2).

［46］ Jungup Lee, Karen A. Randolph. Effects of Parental Monitoring on Aggressive Behavior among Youth in the United States and South Korea: Across-national Study ［J］. Children andYouth Services Review, 2015, 55.

［47］ Olweus D, Developmeng of Stable Aggressive Reaction Patternsin Males ［C］. Advance in the study of Aggression. Orlando. FL: Academic, 1984.

［48］ Hong J S, Espelage D L, Hunter S C, et al. Integrating Multi-disciplinary Social Science Theories and Perspectives to Understand School Bullying and Victimisation ［M］: International Handbook on Aggression: Current Issues and Perspectives. 201 Carl R. Rogers. A way of being ［M］. Boston, 1980.

［49］ Evans I M, Harvey S T, Buckley L, etal. Differentiating Classroom Climate Concepts: Academic, Management, and Emotional Environments ［J］. Kotuitui: New Zealand Journal of Social Sciences Online, 2009, 4 (2).

［50］ Kaeanna. Wood, Restoring Our Children's Future: Ending Disparate School Discipline through Restorative Justice Practices ［J］. Journal of Dispute Resolution, 2014 (4).

［51］ Albercht H J. Youth Justice in Germany ［J］. Crime and Justice, 2004 (31).

［52］ Children Act 1989 ［EB/OL］. https://www. legislation. gov. uk/ukpga/1989/41/contents.

［53］ Office of Children's Commissioner, Bullying Today: Report by the Office of Children's Commissioner, with Recommentations and Links to Practioner Tools ［M］. London, 2006.

［54］ Education and Inspections Act 2006 ［EB/OL］. https://www. legislation. gov. uk/ukpga/2006/40/contents.

[55] Department for Children, Schools and Families. Safe to learn: Embedding Anti-bullying Work in Schools [EB/OL]. http://webarchive. nationalarchives. gov. uk/20100712094408/http://publications. teachernet. gov. uk/eOrderingDownload/SAFE%20TO%20LEARN. pdf. 2007-07-01.

[56] Olweus, D. &Limber, S. The Olweus Bullying Prevention Program Implementation and Evaluation over Two Decades [A]. Jimerson, S. Swearer, & Espelage, D. The Hand Book of Bullyingin Schools: AnInternational Perspective [C]. New York: Routledge, 2010.

[57] Preventing and Tackling Bullying: Advice for Headteachers, Staff and Governing Bodies [EB/OL]. http://www. gov. uk/government/publications/preventing-and-tackling-bullying, 10.

[58] Respect for All: National Approach to Anti-bullying for Scotland's Children and Young [EB/OL]. http://respectme. org. uk/wp-content/uploads/2017/11/RESPECT-FOR-ALL-FINAL. pdf. 2017-11-15.

[59] Approaches to Preventing and Tackling Bullying Case Studies [R]. UK. Cooper Gibson Research, 2018.

[60] Dealing with Bullying [EB/OL]. https://contact. org. uk/media/1546238/dealing_with_bullying. pdf. 2015-07-21.

[61] Smith, Peter K. Bullying in Schools: The UK Experience and the Shef Field Anti-Bullying Project [J]. The Irish Journal of Psychology, 1997, 18 (2).

[62] United Nations Educational, Scientific and Cultural Organization. From Insult to Inclusion: Asia-Pacific Report on School Bullying, Violence and Discrimination on the Basis of Sexual Orientation and Gender Identity [EB/OL]. http://unesdoc. unesco. org/images/0023/002354/235414e. pdf, 2016.

[63] Leanne Lester, Natasha Pearce, Stacey Waters, Amy Barnes, Shelley Beatty & Donna Cross. Family Involvement in a Whole-School Bullying Intervention: Mothers'and Fathers'Communication and Influence with Children [J]. Journal of Child and Family Studies, 2017, 23 (5).

[64] Olweus D. Bullying at School: Knowledge Base and an Effective Intervention

Program ［J］. Annals of the New York Academy of Sciences, 1996, 794 (1).

［65］ Sandra Pavelka, Douglas Thomas. The Evolution of Balanced and Restorative Justice ［J］. Juvenile and Family Court Journal, 2019.